Wolfgang Lauterbach
Thomas Druyen
Matthias Grundmann (Hrsg.)

Vermögen
in Deutschland

Heterogenität
und Verantwortung

VS VERLAG

Bibliografische Information der Deutschen Nationalbibliothek
Die Deutsche Nationalbibliothek verzeichnet diese Publikation in der
Deutschen Nationalbibliografie; detaillierte bibliografische Daten sind im Internet über
<http://dnb.d-nb.de> abrufbar.

1. Auflage 2011

Alle Rechte vorbehalten
© VS Verlag für Sozialwissenschaften | Springer Fachmedien Wiesbaden GmbH 2011

Lektorat: Frank Engelhardt / Cori Mackrodt

VS Verlag für Sozialwissenschaften ist eine Marke von Springer Fachmedien.
Springer Fachmedien ist Teil der Fachverlagsgruppe Springer Science+Business Media.
www.vs-verlag.de

Umschlaggestaltung: KünkelLopka Medienentwicklung, Heidelberg
Gedruckt auf säurefreiem und chlorfrei gebleichtem Papier
Printed in Germany

ISBN 978-3-531-17689-5

Inhalt

III Handlungsvermögen und Vermögenskultur

Vorwort

Rüdiger von Rosen
Vorsitzender der Stiftung Dialog der Generationen

Seit mehr als zehn Jahren beschäftigt sich die Stiftung im besten Sinne generationsübergreifend und dialogsuchend. Anfänglich spielten vor allem die gesellschaftlichen Auswirkungen des demografischen Wandels eine entscheidende Rolle. Die Tatsache, dass in den letzten einhundert Jahren die Lebenserwartung durchschnittlich um dreißig Jahre gestiegen ist, hat essentielle Auswirkungen auf die Lebensgestaltung aller Generationen. Wir stehen mehr denn je vor der großen Herausforderung, dieses hinzugewonnene Potential strukturell und gesellschaftspolitisch nutzbar zu machen. Es gibt keinen Zweifel, dass die Lebensverlängerung, die Globalisierung und die Vielzahl neuer technischer Errungenschaften uns ultimativ die Aufgabe stellt, unseren Lebenszyklus zu überdenken und neu zu gestalten.

Angesichts der Fülle ungelöster Probleme im Generationendialog sowie der Notwendigkeit, Ideen zu bündeln, haben wir uns vor fünf Jahren entschieden, den Fokus unserer Arbeit auf die nachhaltige Transformation des Vermögens zwischen den Generationen zu richten. Die Grundlage unseres Bemühens bildet die von Thomas Druyen entwickelte Vermögensphilosophie, die Vermögen vor allem als Qualität und Potenzial begreift, das in Anspruch genommen und verantwortlich erhalten werden sollte. Diese wertorientierte Wahrnehmung des Vermögens weist über den nur materiellen Reichtumsmythos weit hinaus, so dass nicht mehr die Frage im Vordergrund steht, was jemand hat oder besitzt, sondern was man im Laufe seines Lebens mit und aus seinem Vermögen macht. Insofern konzentriert sich die Stiftung derzeit auf das materielle und immaterielle Geben und Nehmen zwischen den Generationen und versucht, diese zukunftsweisende Vermögenskultur zu verorten und zu belegen.

Diese Intention mündete in die Entscheidung von Vorstand und Kuratorium, die von Thomas Druyen initiierte Vermögensforschung langfristig zu unterstützen. Gemeinsam mit Wolfgang Lauterbach und Matthias Grundmann gründete Druyen im Jahre 2006 das erste „Forum für Vermögensforschung" an der Universität Münster. Dies war sozusagen die akademische Initialzündung für den folgenden Ausbau dieser Vermögenswissenschaft. Mit dem im Jahre 2009 erschienenen

Buch „Reichtum und Vermögen", das die wesentlichen Erkenntnisse und Analysen des zuvor in Münster veranstalteten gleichnamigen Kongresses enthält, haben die drei Wissenschaftler einen weiteren Baustein für die Verbreitung dieser Thematik gelegt. Schon im Gründungsjahr des Forums hat die Stiftung gemeinsam mit den eben genannten Direktoren beschlossen, eine Studie mit dem Titel „Vermögen in Deutschland" zu realisieren.

Für die Stiftung standen hierbei zwei Aspekte vordringlich im Raum: Einmal die Frage der gesellschaftlichen Verantwortung von Reichen und Vermögenden zu klären und zweitens die Entwicklung von der Reichtums- über die Vermögens- bis hin zur Vermögenskulturforschung zu skizzieren. Wir sind stolz, dass wir zu dieser besonderen Untersuchung beitragen konnten, die nun mit einer ersten Studienauswertung vorgelegt werden kann.

Unser herzlicher Dank gilt den drei Herausgebern dieser Studie; insbesondere dem Initiator der Vermögensphilosophie Thomas Druyen, der diese Thematik unermüdlich voran treibt, sowie dem Projektleiter der Studie Wolfgang Lauterbach, der mit seinem Team an der Universität Potsdam diese erste Studie geleitet hat. Das ganze nun vorliegende Material ermöglicht weitere Ausarbeitungen, so dass ergänzende Berichte folgen werden.

Möglich geworden ist diese wissenschaftliche Förderung, weil uns einsichtige Sponsoren tatkräftig unterstützt haben. Unser besonderer Dank gilt hier Frau Monika Schnetkamp und Herrn Jörg Schallehn, ohne deren großzügige Zuwendungen dieses Projekt nicht hätte realisiert werden können.

Insgesamt dürfen die Größe der Studie, die Zahl der Interviewten und auch die unterschiedlichen Perspektiven der wissenschaftlichen Betrachtung in aller Zurückhaltung als ein Meilenstein bezeichnet werden. Wenn es gelingt, mit diesen Arbeiten einen transparenten und verantwortungsbewussten Vermögenstransfer zwischen den Generationen zu verstärken – wozu vielfältige Bereitschaft besteht – sind wir im Sinne der gemeinnützigen Verpflichtung der Stiftung auf einem guten Weg.

Vorwort

Wolfgang Lauterbach

Gegenwärtige Debatten über „die gesellschaftliche Verantwortung Vermögender", „Polarisierungstendenzen in der Gesellschaft" oder das „Schwinden der Mittelschicht" verweisen auf die immense gesellschaftliche Bedeutung der sozialen Stellung reicher und vermögender Familien und Personen in Deutschland. Der Bedeutungsgehalt resultiert insbesondere daraus, dass sie über beträchtliche finanzielle Ressourcen und Handlungspotenziale verfügen, die gerade auch zur Entwicklung der Gesellschaft beitragen können.

Seit der Deutsche Bundestag die Bundesregierung am 27. Januar 2000 damit beauftragte, die soziale Lage der Haushalte in Deutschland regelmäßig zu analysieren, erfährt die Berichterstattung der Bundesregierung zum Wandel der Wohlstands- und Reichtumsverteilung hohe öffentliche Aufmerksamkeit. Mittlerweile liegen drei Armuts- und Reichtumsberichte vor. Dennoch sind Reiche und Vermögende bislang deutlich seltener Gegenstand der Berichterstattung als Bevölkerungsgruppen, deren Ausstattung mit finanziellen Ressourcen unterdurchschnittlich ist.

Mit dieser Publikation und der ihr zugrunde liegenden Studie stellen wir diese erstgenannte gesellschaftliche Gruppe in den Mittelpunkt der Betrachtung, wobei unser Vorhaben wesentlich auf drei Gründen beruht.

Unsere Recherchen ergaben erstens, dass die Meinungen über Reiche sehr unterschiedlich und zudem oft vorurteilsbeladen sind: Sie reichen von schlichter Ablehnung bis hin zur Bewunderung Vermögender, wie etwa von Mäzenen oder Philanthropen und ihrer Verantwortungsübernahme für die Gesellschaft. Ein gesichertes Wissen über das Ausmaß und die Hintergründe ihres Engagements oder eine klare Vorstellung darüber, auf welche Weise Vermögende „Sinnstiftendes für die Gesellschaft tun" bestehen jedoch kaum.

Zudem existiert zweitens eine große Unsicherheit in der Einschätzung, wer und was in der Gesellschaft überhaupt als reich oder vermögend anzusehen ist: Der Millionär, der eine Million Euro gewonnen hat und bei dem das Wort „Million" sinnbildlich für Reichtum steht, oder eher Theo Albrecht, dessen Vermögen laut *Manager Magazin* auf ca. 33 Milliarden US-Dollar geschätzt wird? Es ist zu konstatieren, dass die Spanne zwischen einer Million Euro und 33 Milliarden US-

Dollar so groß ist, dass „Welten" dazwischen liegen. Das Attribut des „Reichs-eins" ist viel zu undifferenziert ist, um Lebenswelten, Einstellungen oder auch das gesellschaftliche Engagement „der" Reichen und Vermögenden hinreichend zu beschreiben.

Drittens sind Beschreibungen der Lebensweise reicher Personen hinsichtlich sozialer, ökonomischer und kultureller Merkmale derart stark medial geprägt, dass sie unseres Erachtens kaum repräsentativ sein können. Strukturierte Darstellun-gen, auch der bestehenden Unterschiede zu anderen Gruppen, sind in der wissen-schaftlichen Literatur bisher nur selten zu finden.

Diese Einsichten dokumentierten vor allem eines: Das Wissen über diese klei-ne – aber sehr bedeutsame – Gruppe der Gesellschaft ist rudimentär. Zweifelsoh-ne ist die Differenzierung unterschiedlicher Einkommens- und Vermögensgrup-pen ein zentrales gesellschaftliches Strukturprinzip jeder modernen Gesellschaft. Sie basiert auf der Vorstellung, dass dem Streben nach Wohlstand und Reichtum sowohl eine wichtige individuelle als auch gesellschaftliche Funktion zukommt. Aus individueller Sicht steht das Streben nach Wohlstand und Reichtum für den Wunsch, eine Lebensführung zu ermöglichen, die zu Unabhängigkeit und Selbst-verwirklichung verhilft.

Aus gesellschaftlicher Sicht dient die Aussicht auf Wohlstand und Reichtum eben gerade der Freisetzung schöpferischer Kräfte, die nach Schumpeter inno-vatives und unternehmerisches Handeln befördern. Die Aussicht auf Wohlstand, Reichtum und Vermögen setzt nicht zuletzt vor allem Risikobereitschaft im Sinne von Pioniergeist voraus. Längerfristig ermöglicht das Streben nach Reichtum die Modernisierung der Dienstleistungs- und Wissensgesellschaft, die Vermeidung in-effizienter Produktion und unökonomischen Handelns sowie die Schaffung von at-traktiven Produkten, Investitionen und wettbewerbsfähigen Arbeitsplätzen, womit wiederum Wohlstand für große Bevölkerungsgruppen entstehen kann.

Zu Wohlstand und Reichtum zu gelangen basiert auch auf dem gesellschaft-lich anerkannten und legitimierten Leistungsprinzip. Die Risikobereitschaft und Innovationskraft – speziell von Unternehmern – gehört wesentlich zu diesen Leis-tungen, wenngleich die Dynamik moderner Gesellschaften immer auch Tür und Tor für Verwerfungen und Missbrauch öffnet. Mit der Möglichkeit, zu Reichtum zu gelangen, stellen sich immer zwei gesellschaftspolitische Fragen, die ganz we-sentlich den Zusammenhalt der Gesellschaft beeinflussen: Erstens, inwieweit kön-nen viele Menschen auf der „Leiter" des Erfolgs aufsteigen, das heißt inwiefern ist die Gesellschaft eine offene Gesellschaft? Können beispielsweise Menschen aus der Mittelschicht aufsteigen und reich werden? Oder ist die „Schicht" der Reichen eine geschlossene Gruppe? Zweitens stellt sich die sehr bedeutsame Frage nach der

Verwendung des materiellen Reichtums. Wir differenzieren ja zwischen Reichtum und Vermögen und konstatieren: Vermögend sein eröffnet die Möglichkeit, weit über die für das Leben finanziell notwendigen Ressourcen hinaus gestalterisch, im klassischen Sinne philanthropisch tätig zu werden. Selbstverwirklichung durch gesellschaftlich sinnstiftendes und gestaltendes Verhalten, beispielsweise durch Mäzenatentum, Spenden, Stiftertum, Sozialunternehmertum, Ehrenamt oder jegliche andere Form sozialen Engagements ist denkbar. Nutzen Wohlhabende und Reiche ihre Möglichkeiten, um Verantwortung für die Gesellschaft zu übernehmen und letztlich sogar Zukunft mitzugestalten? Begreifen Reiche das ihnen zur Verfügung stehende materielle Vermögen als Potenzial für zukünftige Generationen?

Basierend auf der Studie „Vermögen in Deutschland" (*ViD*), die in den Jahren 2007 bis 2009 konzipiert und erhoben wurde, werden diese Fragen aufgegriffen. Die hier vorgelegten Analysen basieren auf einer Erhebung von 500 reichen Haushalten in Deutschland. Sie liefert auf einer empirisch belastbaren Datenbasis wichtige Befunde und Fakten, um Fragen der Entstehung, der Verteilung und des Engagements von Reichen und Vermögenden zu beantworten. Der Band wendet sich daher an unterschiedliche Zielgruppen der Sozialwissenschaft, der Wirtschaftswissenschaft, des Bankenwesens, der Politik sowie an die interessierte Öffentlichkeit, um über die Lebenssituation reicher und vermögender Personen zu informieren. Insbesondere geht es darum, mit dieser bisher einmaligen Datenbasis in Deutschland Einsichten in das Leben dieser Klientel zu ermöglichen, die es bisher auf einer derart fundierten Datenbasis nicht gibt. Im Unterschied zu anderen gesellschaftlichen Bereichen, für die regelmäßig Berichte erstellt werden, fehlten für die Gruppe der Reichen derartige Darlegungen. Dieses Defizit kann mit diesem Bericht teilweise kompensiert werden.

Gerne möchte ich die Gelegenheit nutzen, um mich bei der Stiftung Dialog der Generationen und natürlich den weiteren Sponsoren zu bedanken, die diese mehrjährige Arbeit ermöglicht haben. Vor allem sage ich Dank für den Respekt und die Akzeptanz vor wissenschaftlicher Autonomie. Alle an der Studie Beteiligten begreifen auch dies als einen Akt der Vermögenskultur.

Potsdam, 13.09.10
Wolfgang Lauterbach

I

Struktur der Studie
„Vermögen in Deutschland"

Vermögen in Deutschland –
Die methodische Anlage der Untersuchung

Klaus Kortmann

1. Die Ausgangsituation

Mit der Studie „Vermögen in Deutschland" (*ViD*) wurde in der sozialwissenschaftlichen Forschung in Deutschland weitgehend Neuland betreten. Erstmals wurden im Rahmen einer primärstatistischen Erhebung, die bezüglich der Fallzahlen und der Erhebungsinhalte deutlich über einzelfallbezogene Untersuchungen hinausgeht, Personen und Haushalte mit hohen Vermögen mit einem standardisierten Erhebungsinstrument und einem deutlichen Fokus auf Fragen zur Art und Höhe von Finanzanlagen befragt.

Zielgruppe waren Personen in Haushalten mit einem frei verfügbaren Finanzkapitalvermögen von mindestens 250.000 Euro, definiert als Summe der Geldanlagen des Haushalts bzw. aller Haushaltsmitglieder ohne den Rückkaufwert von Lebens- und privaten Rentenversicherungen sowie nach Abzug eventueller privater Kreditverpflichtungen. Repräsentative Informationen zu dieser Bevölkerungsgruppe liegen nicht vor. Nicht einmal die Größe dieser Bevölkerungsgruppe ist genau bekannt. Bestmögliche Schätzungen auf Basis verschiedener Statistiken ergeben eine Größenordnung von 2,4 Prozent der Gesamtbevölkerung.[1]

Eine Befragung dieser Gruppe könnte sich grundsätzlich auf ein Screening im Rahmen einer repräsentativen Bevölkerungsstichprobe stützen. Für eine Nettostichprobe von 500 Personen müssten somit etwa 16.700 Personen im Rahmen eines kurzen Screeninginterviews bereit sein, zuverlässige Angaben zur Höhe ihres Vermögens zu machen. Zudem müssten alle auf diesem Weg identifizierten Personen mit hohen Vermögen anschließend an der Haupterhebung teilnehmen. Die Bereitschaft, Fragen zur Art und Höhe von Einkommen und Vermögen im Rahmen eines persönlich-mündlichen Interviews an der Haustür oder eines telefonischen Interviews mehr oder weniger unvermittelt zu beantworten, ist bereits in der „Normalbevölkerung" eher gering ausgeprägt. Dies gilt, davon ist auszugehen, umso mehr für die Gruppe der Hochvermögenden. Die Annahme, dass sich

---

1   Vgl. Lauterbach/Kramer/Ströing

die Bezieher hoher Vermögen unterproportional häufig an Screening-interviews beteiligen und überproportional häufig die Teilnahme an der Hauptbefragung verweigern würden, ist daher sehr plausibel. Die Zahl der zu kontaktierenden Haushalte dürfte daher für eine erfolgreiche Befragung von 500 Personen mit hohen Vermögen bei etwa 50.000 liegen. Der damit verbundene – nicht zuletzt finanzielle – Aufwand ist so hoch, dass dieser Ansatz unrealistisch erscheint.

In Anbetracht dieser Situation steht man vor der Entscheidung, auf eine quantitative Untersuchung der vermögenden Haushalte grundsätzlich zu verzichten oder Einschränkungen am methodischen Design in Kauf zu nehmen.

1.1 Die langjährigen Erfahrungen von TNS Infratest

Im Bereich der (Finanz-)Marktforschung ist diese Entscheidung bereits vor über 20 Jahren zugunsten der zweiten Alternative gefallen. Seinerzeit hat die TNS Infratest Finanzforschung einen Ansatz zur Befragung von vermögenden Personen und Haushalten entwickelt. Auftraggeber für den 1985 gestarteten und seither jährlich durchgeführten High-Income-FinanzMarkt-DatenService (High-Income-FMDS)[2] sind Banken und Versicherungen, die auf diesem Wege Informationen über eine für sie wichtige Kundengruppe gewinnen. Das durchschnittliche Finanzkapitalvermögen der jährlich 1.200 Befragten beläuft sich aktuell auf etwa 180.000 Euro.

Der erfolgreiche Verlauf dieser Untersuchungen und der Wunsch nach zusätzlichen vertieften Informationen hat 2005 zum Start einer weiteren Untersuchung, dem Private Banking Monitor (PMB)[3], geführt. Befragt wurden seitdem jährlich (mit Ausnahme von 2008) jeweils mindestens 300 Personen in Haushalten mit einem verfügbaren Finanzkapitalvermögen von mindestens 500.000 Euro, darunter 150 Personen mit einem Vermögen über 1.000.000 Euro. Bezieher dieser Studie sind renommierte nationale und internationale Banken.

Themenschwerpunkte in beiden Erhebungen sind Einstellungen zu Finanzfragen, zu finanziellen Bedürfnissen, zum aktuellen Finanzverhalten sowie zur Reputation und zum Image von verschiedenen Banken und Vermögensverwaltern.

Eine weitere Grundlage für ViD sind die Erfahrungen, die TNS Infratest im Rahmen der seit 2001 laufenden Panel-Studie Spar- und Finanzanlageverhalten privater Haushalte (SAVE) mit der Erhebung von differenzierten Angaben zur Art und Höhe von Vermögenskomponenten gewonnen hat.[4] In diese bevölkerungsre-

---

2   Vgl. Anhang 2.
3   Vgl. Anhang 3.
4   Axel Börsch-Supan u. a. (2008): The German SAVE Study: Design and Results. Mannheim
      Research Institute for the Economics of Aging (MEA), Universität Mannheim, meaStudies 06.
      Vgl. auch Anhang 4.

präsentative Studie – Auftraggeber ist das Institut Ökonomie und Demographischer Wandel der Universität Mannheim (mea) unter der Leitung von Prof. Börsch-Supan – sind grundsätzlich auch die Bezieher höchster Vermögen einbezogen. Die Zielgruppe von *ViD* ist allerdings nur mit wenigen Befragten vertreten. Insbesondere im Bereich der Erhebung der Art und Höhe von Vermögen gibt es aber gewichtige Überschneidungen.

1.2 Die Weiterentwicklung im Rahmen von ViD

Die Untersuchung Vermögen in Deutschland knüpft somit bezüglich der Zielgruppe am Private Banking Monitor (PMB) an. Inhaltlich geht sie an einem zentralen Punkt allerdings deutlich darüber hinaus und greift zentrale Elemente von SAVE auf. Während sich im PBM die Erhebung von Vermögen auf eine einzige Frage mit 8 Größenklassen beschränkt, werden im Rahmen von SAVE und *ViD* differenzierte Angaben zur Art und Höhe von Vermögen, Einkommen, Erbschaften und Schenkungen erfragt. Diese Fragen sind eingebettet in umfangreiche Erhebungssegmente zu den Themen „Leben, Einstellungen und Beruf", zum „Gesellschaftlichen Engagement" sowie zur Demographie mit einem Focus auf Eltern und Geschwistern. SAVE enthält als bevölkerungsrepräsentative Erhebung allerdings nur eine sehr kleine Zahl von vermögenden Haushalten.

Mit *ViD* wurde somit ein weiterer Schritt in der sozialwissenschaftlichen Forschung gemacht, nämlich die Verbindung einer Befragung von vermögenden Personen mit der Erhebung der Art und Höhe ihrer Vermögensanlagen.

2. Untersuchungskonzeption

2.1 Die Grundgesamtheit

Grundgesamtheit der Untersuchung sind Personen in Haushalten mit einem frei verfügbaren Finanzkapitalvermögen von mindestens 250.000 Euro (bzw. 200.000 Euro; siehe unten).

Geplant war die Befragung von

- 200 Personen in Haushalten mit einem frei verfügbaren Finanzkapitalvermögen von 250.000 Euro bis unter 500.000 Euro,

- 200 Personen in Haushalten mit einem frei verfügbaren Finanzkapitalvermögen von 500.000 Euro bis unter 1 Mio. Euro und

- 100 Personen in Haushalten mit einem frei verfügbaren Finanzkapitalvermögen von 1 Mio. Euro oder mehr.

Nachdem sich im Verlauf der Feldphase abzeichnete, dass die geplante Zahl von Interviews nicht realisiert werden konnte, wurden in einer zweiten Welle weitere Interviewer angeschrieben und die Höhe des Mindestkapitalvermögens auf 200.000 Euro verringert.

2.2 Die Stichprobe: Zugang zu den Befragten und resultierende Stichprobenstruktur

Die im Rahmen des seit über 20 Jahren kontinuierlich laufenden High-Income-FMDS sowie des Privat Banking Monitors gewonnenen Erfahrungen waren die wesentlichen Voraussetzungen für *ViD*. Hieraus ergab sich das folgende Design:

1. TNS Infratest verfügt über eine größere Zahl von Interviewern (etwa 200), die in den vergangenen Jahren Befragungen im Rahmen des High-Income-FMDS sowie des Private Banking Monitors durchgeführt haben. Es handelt sich um Mitarbeiter, die aufgrund ihres äußeren Habitus und aufgrund ihres Selbstverständnisses Zugang zu Personen und Haushalten aus dem oberen Vermögenssektor haben. Aus diesem Kreis setzen sich auch die *ViD*-Interviewer zusammen.

2. Befragt werden jeweils Personen aus dem weiteren persönlichen Umfeld der Interviewer.

3. Die Benennung möglicher Zielpersonen durch die Interviewer erfolgt aufgrund von Vorgaben zur Höhe des Vermögens, in der Regel in Form von drei Größenklassen. Zusätzlich wird den Interviewern eine beispielhafte Liste mit Berufen bzw. sozialen Lagen zur Verfügung gestellt, die mit einem hohen Anteil von Personen und Haushalten im oberen Vermögenssegment einhergehen.[5] Sofern den Interviewern die Höhe des Vermögens nicht bekannt ist, werden sie um eine Schätzung gebeten. Den Interviewern ist es freigestellt, die Zielpersonen vorab über die Befragung zu informieren.

4. Da sowohl die Vermögensbereiche der drei Studien (High-Income-FMDS, PBM, *ViD*) als auch die Interviewergruppe jeweils Schnittmengen aufweisen, dürfte dies auch für die von den Zielpersonen gemeldeten Befragten gelten. Diese Möglichkeit wird, ohne dass darauf explizit hingewiesen wird, den Interviewern eingeräumt. Dieses Vorgehen hat den Vorteil, dass die Interviewer die Vermögenssituation eines Teils der zu Befragenden kennen und daher zuverlässig den jeweiligen Größenklassen zuordnen können.

---

5   Diese Listen werden als internes Know-how von TNS Infratest nicht publiziert.

5. Anhand der Angaben zur (geschätzten) Größenklasse des Vermögens der gemeldeten potenziellen Zielpersonen erstellt TNS Infratest eine Unterstichprobe, die an die Interviewer zur Befragung zurückgegeben wird.

2.3 Pretest

Aufgrund des innovativen Ansatzes der Untersuchung war ein Pretest unabdingbar. Hierzu wurden gezielt ausgesuchte erfahrene Interviewer gebeten, Personen mit einem frei verfügbaren Kapitalvermögen von 250.000 Euro oder mehr zu melden. Geplant waren 20, realisiert wurden 22 Pretest-Interviews

Die Auswertung der Interviews führte zu einer Reihe von Änderungen am Fragebogen. So wurden u. a. einige Fragen gestrichen, um die Befragungsdauer von durchschnittlich 56 Minuten zu verringern. Einzelne Fragen wurden auf Wunsch des Auftraggebers neu eingefügt oder neu formuliert.

Zudem hat der Pretest gezeigt, dass die Zielpersonen eher bereit waren, ihr Einkommen und Vermögen klassifiziert anzugeben als den genauen Betrag zu nennen. Aus diesem Grund wurden das Einkommen und das Vermögen mit Ausnahme der Frage nach dem Gesamtvermögen in der Hauptbefragung in Form von Größenklassen erhoben.

3. Feldarbeit

3.1 Maßnahmen zur Optimierung der Stichprobenausschöpfung

Die Befragung befasst sich zum einen mit einem äußerst sensiblen Themenbereich, über die Menschen im Allgemeinen nur ungern Auskunft geben, und zum anderen wird eine Bevölkerungsgruppe befragt, die ihre persönlichen Verhältnisse allen Annahmen zufolge nur sehr ungern gegenüber Dritten offenlegt. Daher war es besonders wichtig, die Zielpersonen – aber auch die Interviewer – von dem wissenschaftlichen Hintergrund und der Seriosität der Studie zu überzeugen, um so den Eindruck zu vermeiden, es könnte sich bei der Studie zum Beispiel um die vorgeschobene Befragung eines Finanzdienstleisters handeln.

3.1.1 Die Erhebungsmethode

ViD wurde als computergestützte persönlich-mündliche Befragung, d. h. in Form von CAPI-Interviews, durchgeführt. In der Haupterhebung hatten die Befragten die Möglichkeit, die Fragen zur Höhe von Einkommen und Vermögen selbst am Laptop zu beantworten. 251 der 452 Befragten in der Haupterhebung (55,2 Pro-

zent) haben diese Möglichkeit genutzt. Für die aus dem Pretest in die Haupterhebung übernommenen Interviews bestand diese Möglichkeit nicht.

Mit 18 Personen, die am Pretest teilgenommen hatten, wurden Ergänzungsin-
terviews durchgeführt, in denen Angaben, die noch nicht Teil des Pretests waren,
nachträglich erhoben wurden. Die Erhebung erfolgte durch die Interviewer mit einem schriftlichen Fragebogen (Paper-and-Pencil-Interview, PAPI).

3.1.2 Anschreiben

Die Zielpersonen erhielten ein gemeinsames Anschreiben von TNS Infratest und
dem Auftraggeber, in dem der Hintergrund der Studie erläutert und die anonymisier-
te Auswertung der Angaben zugesichert wurden. Zusammen mit dem Anschreiben
haben die Interviewer den Befragten auch eine Datenschutzerklärung übergeben.

3.1.3 Incentivierung

Die Zielgruppe kann erfahrungsgemäß mit einem Incentive in Form eines Geld-
betrags nicht motiviert werden. Aus diesem Grund wurde für jedes realisierte Interview eine Geldspende in Höhe von 5 Euro an die Stiftung „Menschen für Menschen" (Äthiopienhilfe von Karlheinz Böhm) überwiesen. Hierüber wurden die
Befragten vorab in dem Anschreiben informiert. Darüber hinaus erhielten die Befragten einen Flyer der Stiftung. Der Hinweis auf das Spendenkonto in dem Flyer wurde überklebt, um den Eindruck zu vermeiden, dass von den Befragten eine
Spende erwartet wird.

3.1.4 Interviewerschulung

Die im Rahmen der Studie eingesetzten Interviewer erhielten eine DVD, auf der
Professor Lauterbach als wissenschaftlicher Leiter der Untersuchung persönlich
die Ziele und den Verlauf der Studie erläutert und für eine möglichst intensive Be-
arbeitung der Fälle geworben hat.

Da für die Studie ausschließlich erfahrene Interviewer eingesetzt wurden und
der Fragebogen keine besonderen inhaltlichen Schwierigkeiten aufwies, war eine
weitergehende Interviewerschulung nicht erforderlich.

3.1.5 Telefon-Hotline

Während der Feldzeit der Befragung wurde eine kostenlose Telefon-Hotline sowohl für die Interviewer als auch für die Zielpersonen eingerichtet, unter der eine
an der Studie beteiligte Mitarbeiterin für Rückfragen zur Verfügung stand. Auf die-

se Hotline wurde in dem Anschreiben hingewiesen. Das hohe Vertrauen der Zielpersonen in die Seriosität der Studie und den damit verbundenen strikt vertraulichen Umgang mit den Befragungsdaten hat sich nicht zuletzt darin geäußert, dass die Hotline von den Zielpersonen gar nicht und von den Interviewern lediglich in einem einzigen Fall genutzt wurde.

3.2 Feldverlauf und Datenprüfung

Im Rahmen der Haupterhebung wurden im Hauptversand zunächst 881 Interviewer angeschrieben. Nachdem sich während der Feldphase abgezeichnet hatte, dass die angestrebte Fallzahl mit den gemeldeten Adressen nicht zu erreichen sein würde, wurden weitere 309 Interviewer einbezogen und die Untergrenze für das frei verfügbare Kapitalvermögen wurde auf 200.000 Euro herabgesetzt. Insgesamt wurden somit 1.190 Interviewer angeschrieben. 134 von ihnen (11,3 Prozent) haben 633 potenzielle Zielpersonen gemeldet (Tabelle 1). Darin eingeschlossen sind 18 Personen, die im Rahmen des Pretests befragt wurden. Durchschnittlich hat somit jeder aktive Interviewer 4,7 potenzielle Zielpersonen benannt (namentlich und mit Angabe von Geschlecht, [geschätzter] Altersklasse und [geschätzter] Größenklasse des Finanzvermögens).

Hiervon konnten 66 Adressen (10,4%) nicht bearbeitet werden, da die Zielpersonen die Teilnahme letztlich verweigert haben oder aus anderen Gründen kein Interview zustande kam. Dieses Ergebnis entspricht in etwa den Erwartungen, da die benannten Zielpersonen zu einem gewissen Teil vorab nicht über die sensible Untersuchung informiert waren. Der weitere Verlauf der Feldarbeit und die Ergebnisse der sich anschließenden Datenprüfung unterscheiden sich allerdings beträchtlich von anderen Untersuchungen. So wurden 51 der insgesamt 567 begonnenen Interviews abgebrochen. Dieser sehr hohe Anteil von 9 Prozent[6] ist – daran dürften nur wenige Zweifel bestehen – auf das sensible Untersuchungsthema in Verbindung mit der „scheuen" Zielgruppe zurückzuführen. Diese Konstellation dürfte auch dafür maßgeblich sein, dass von den 516 realisierten Interviews 44 (8,5 Prozent) im Verlaufe der Datenprüfung aussortiert wurden. Dabei handelte es sich im Wesentlichen um Interviews (1) mit Personen, die über zu niedrige Vermögen verfügten, (2) mit unplausiblen Angaben, u. a. zum Vermögen, und (3) mit einem sehr hohen Anteil von fehlenden Angaben zu einzelnen Fragen (Item-non-Response). Auch der Anteil dieser Datensätze liegt wesentlich höher als bei themennah-

---

6   Im Vergleich dazu: Der Anteil aller abgebrochenen CAPI-Interviews beläuft sich bei TNS Infratest auf unter 2% und bei CATI-Interviews auf weniger als 1%. Aufgrund ihrer sehr geringen Bedeutung werden diese Anteile nicht systematisch erfasst.

en Untersuchungen.[7] Letztlich verblieben sind somit 472 Interviews. Dies waren 74,6 Prozent der Ausgangsadressen.

Tabelle 1: Brutto- und Nettostichprobe

	abs.	%
Angeschriebene Interviewer[1)	1.190	100,0
Gemeldete Adressen[2)	633	100,0
./. Verweigerer / Sonst. Ausfälle	66	10,4
Bearbeitete Adressen	567	89,6
./. Abgebrochene Interviews	51	8,1
Vollständige Interviews	516	81,5
davon:		
Welle 1 (Hauptversand)	438	
Welle 11 (Restmeldungen Hauptwelle)	12	
Welle 21 (neue Meldung ab 200T €)	48	
Welle 80 (Pretest)	18	
Fälle vor Kontrolle	516	81,5
./. Ausgesonderte Interviews	44	7,0
Verfügbare Interviews insgesamt[3)	472	74,6

1) 881 Interviewer im Hauptversand und weitere 309 im Zuge der Welle 21.
2) Einschl. 18 Pretestinterviews.
3) Einschl. 17 Pretestinterviews.
Quelle: *ViD* 2009/ TNS Infratest Sozialforschung

---

7   So wurden im Verlauf der detaillierten Datenprüfung der Untersuchung „Alterssicherung in Deutschland 2007 (ASID '07)", in der differenziert nach der Art und Höhe der Einkommen der Bevölkerung ab 55 Jahren gefragt wurde, 1,6% der Fragebogen wegen unvollständiger oder unplausibler Angaben ausgesondert. Vgl. TNS Infratest Sozialforschung (2009): Alterssicherung in Deutschland 2007 (ASID '07) – Methodenbericht, S. 45, München. Download unter www. bmas.de/ portal/40856/f391__M__forschungsbericht.html.

4. Interviewerkontrolle

Aufgrund der spezifischen Anlage der Studie (Zielgruppe und Inhalte), mit der es bisher keine Erfahrungen gab, wurden im Rahmen der Studie etwa 40 Prozent der Interviews kontrolliert. Hierzu zählten insbesondere Interviews mit kurzen Interviewzeiten in einem der drei Interviewsegmente.

Von Zielpersonen nicht bestätigte Interviews, Interviews von Zielpersonen, die wegen unvollständiger Adresse nicht kontaktiert werden konnten, und prüfrelevante Interviews mit Personen, die in der Prüfphase nicht erreicht werden konnten, wurden aussortiert.

5. Die Struktur von ViD, PBM und SAVE

Mangels empirisch gut gesicherter Referenzdaten sind keine „harten" Aussagen über die Repräsentativität der *ViD*-Daten möglich. Anhand einer Gegenüberstellung von Strukturdaten von *ViD* mit entsprechenden Informationen aus den bisher vier Private-Banking-Monitor-Stichproben sowie den Daten des SAVE-Panels sind jedoch einige Rückschlüsse möglich.

So zeigt die Gegenüberstellung der Strukturen der bisherigen vier Stichproben des Private Banking Monitors und von *ViD* eine gute Übereinstimmung (Tabelle 2). Dies gilt sowohl für die PBM-Stichproben der Jahre 2005 bis 2009 als auch im Vergleich zur *ViD*-Teilstichprobe von den Befragten mit einem frei verfügbaren Finanzvermögen ab 500.000 Euro. Sowohl die Verteilungen über das Geschlecht als auch die Altersklassen und die Größenklassen des Finanzvermögens stimmen gut überein.[8] Diese Übereinstimmung wäre nicht überraschend, wenn die Gruppen der Befragten jeweils weitgehend deckungsgleich wären, es sich also faktisch um eine Panelbefragung handeln würde. Diese Vermutung ist aufgrund der Genese der Stichproben – Benennung der Zielpersonen durch Interviewer mit Zugang zu diesem Bevölkerungskreis – naheliegend. Ein diesbezüglicher Abgleich der Befragten der PBM-Stichproben von 2006 und 2007 hat jedoch gezeigt, dass dies für nur etwa 45 Prozent der Befragten gilt.

SAVE ist eine bevölkerungsrepräsentative Studie, die aufgrund ihrer Konzeption allerdings nicht den Anspruch erhebt, auch den Bereich höchster Vermögen exakt abzubilden. Zumindest näherungsweise trifft dies jedoch zu. So entfallen etwa 2 Prozent der Befragten auf den Bereich hoher Vermögen (Tabelle 2).

---

8   Die in Tabelle 2 ausgewiesenen Strukturen des PBM sind auch aus der Sicht der Auftraggeber dieser Studie plausibel. Dies wurde wiederholt in den jeweiligen Ergebnis-Präsentationen bestätigt.

Dieser Wert liegt recht nahe bei den Ergebnissen der Berechnungen von Lauterbach, wonach der Bereich höchster Vermögen 2,4 Prozent der Haushalte umfasst. Trotz dieser recht guten Übereinstimmung zeigt sich damit jedoch auch, dass es im Rahmen eines bevölkerungsrepräsentativen Ansatzes letztlich nicht zuverlässig gelingt, den oberen Vermögensbereich abzudecken. Darüber hinaus enthält die SAVE-Stichprobe des Jahres 2008 insgesamt lediglich 55 Personen mit einem frei verfügbaren Finanzvermögen von mindestens 200.000 Euro. Um eine mit *ViD* vergleichbare Zahl von Vermögenden zu erreichen, müsste eine Stichprobe des SAVE-Zuschnitts somit etwa 22.500 Befragte umfassen.

Tabelle 2: Struktur der Private-Banking-Monitor-Stichproben 2005-2009, *ViD* 2008 und SAVE 2008 (ungewichtet, in Prozent)

	Private Banking Monitor				ViD		SAVE (Welle VI)
	2005	2006	2007	2009	2008 alle	dar.:	2008[1]
Finanzkapital (T €)	500 +	500 +	500 +	500 +	200 +	500 +	< 0 <
N	305	304	309	246	472	237	2.608
Geschlecht							
Männer	79	72	74	77	73	78	48
Frauen	21	28	26	23	27	22	52
Alter							
b. u. 40	9	9	11	8	9	9	32
40 b. u. 50	25	26	25	22	23	23	22
50 b. u. 60	36	36	32	34	28	27	15
60 u. älter	30	30	33	36	39	41	32
HH-Netto-Eink. p. a. (€)							2)
b. u. 50 T	3	3	2	4	x	x	94
50 b. u. 100 T	26	27	25	19	x	x	5,5
100 b. u. 250 T	40	46	46	53	x	x	0,5
250 b. u. 500 T	10	7	8	9	x	x	0
500 T u. m.	9	5	11	6	x	x	-
Keine Angabe	13	12	8	10	x	x	-
Durchschnitt (T €)	197	175	201	176	x	x	x
Kap.-Vermögen (€)[3]							2)
b. u. 100 T					0		
100 b. u. 250 T					8		
b. u. 200 T							98,2
200 b. u. 250 T							0,8
250 b. u. 500 T					34		0,8
500 b. u. 750 T	43	45	47	40	26	51	
750 b. u. 1.000 T	10	6	6	9			0,2
1.000 b. u. 1.500 T	28	37	37	32	20	39	
1.500 b. u. 2.000 T	12	10	7	13			
2.000 b. u. 5.000 T	6	2	4	4	4	8	0,1
5.000 T u. m.	2	1		2	1	2	
Keine Angabe					6		(11,4)
Durchschnitt (€)							
Finanzverm. 500 T +	1,2 Mio.	1,1 Mio.	1,1 Mio.	1,3 Mio.	x	x	(0,89 Mio.)[4]
Alle							23.100

1) Gewichtet. / 2) Zielperson und (Ehe-)Partner(in). / 3) Verfügbares Kapitalvermögen oh. Immobilien, Versicherungen, Rentenansprüche. / 4) 10 Fälle.

Quelle: TNS Infratest Finanzforschung / TNS Infratest Sozialforschung

Anhang: Methoden- und themennahe Untersuchungen von TNS Infratest

6. FinanzMarkt-DatenService (FMDS) – jährlich seit 1972

Der FMDS ist eine repräsentative Mehrbezieherstudie für aktuell ca. 30 Unternehmen der Finanzwirtschaft. Im Rahmen der Untersuchung werden seit 1972 kontinuierlich Daten zum deutschen Finanzmarkt erhoben. Jährlich werden 30.000 persönlich-mündliche Interviews geführt (Ausnahme 2009: 26.400 Fälle). Der FMDS gilt als Standardwerk der Finanzbranche und kann auch als „statistisches Handbuch" zum deutschen Privatkunden-Finanzmarkt bezeichnet werden. Er enthält detaillierte Informationen zum Banken-, Kreditkarten-, Investment-, Bausparkassen- und Versicherungsmarkt für etwa 65 Millionen Deutsche (deutsche Wohnbevölkerung ab 14 Jahren). Dabei erhalten die Bezieher u. a. Informationen zu Bekanntheitsgraden, Marktanteilen und Produktnutzung im Wettbewerbsvergleich. Neben diesen „Standardfragen" werden jährlich Fragen zu jeweils aktuellen Themen gestellt. Die Inhalte werden mit den Beziehern der Studie gemeinschaftlich abgestimmt. Die Ergebnisse liegen monatlich vor und werden nach Abschluss jedes „Jahrgangs" nochmals jahresweise zusammengefasst. Bezieher dieser Studie sind renommierte nationale und internationale Unternehmen des Finanzsektors (Banken, Bausparkassen, Fondsgesellschaften und Versicherungen). Durchgeführt wird die Studie von der TNS Infratest Finanzforschung.

7. High-Income-FMDS – jährlich seit 1985

Der High-Income-FMDS ist eine Mehrbezieherstudie für Unternehmen des Finanzsektors, die seit 1985 in Deutschland durchgeführt wird und bisher auch zweimal (1999 und 2001) europaweit realisiert wurde. Zielgruppe sind selbstständige Unternehmer, leitende Angestellte und Beamte sowie freiberuflich Tätige in Heilberufen und wirtschafts- und rechtsberatenden Berufen in Deutschland. In einem etwa 45-minütigen CAPI-Interview werden Einstellungen und Verhalten rund um das Thema Finanzen abgebildet. Die Stichprobe umfasst 1.200 Personen mit einem durchschnittlichen frei verfügbaren Kapitalvermögen von 180.000 Euro. Themenschwerpunkte sind die finanzielle Altersvorsorge, Anforderungen an den Bankberater sowie das Image von verschiedenen Banken und Vermögensverwaltern. Die Inhalte werden mit den Beziehern der Studie gemeinschaftlich abgestimmt. Bezieher dieser Studie sind renommierte nationale und internationale Banken. Durchgeführt wird die Studie von der TNS Infratest Finanzforschung. Der High-Income-FMDS ist bezüglich der Höhe des Einkommens als Zielgruppenstudie zwischen dem Private Banking Monitor und dem „normalen" FMDS verortet.

Bei der Stichprobe handelt es sich nicht um eine streng repräsentative Auswahl. Vielmehr wurden ausgewählte Interviewer des TNS-Infratest-Interviewerstabes gebeten, befragungsbereite Personen, die den oben aufgeführten Vermögensklassen zuzuordnen sind, zu benennen. Zur Unterstützung des Suchprozesses haben die Interviewer eine Liste mit Berufsgruppen erhalten, in denen Haushalte mit hohem Vermögen erfahrungsgemäß überproportional vertreten sind.

8. Private Banking Monitor (PBM) – seit 2005

Der PMB ist eine Mehrbezieherstudie für Finanzdienstleister, die seit 2005 jährlich (Ausnahme 2008) durchgeführt und weiterentwickelt wird. Im Rahmen der Studie werden 300 Personen befragt, davon etwa 150 potenzielle Millionäre (frei verfügbares Kapitalvermögen zwischen 500.000 Euro und 1.000.000 Euro), sowie 150 Millionäre (frei verfügbares Kapitalvermögen größer 1.000.000 Euro). In einem etwa 45-minütigen persönlich-mündlichen Interview (CAPI) werden Einstellungen und Verhalten rund um das Thema Finanzen abgebildet. Themenschwerpunkte sind Einstellungen zu Finanzfragen, finanziellen Bedürfnissen, aktuelles Finanzverhalten sowie Reputation und Image von verschiedenen Banken und Vermögensverwaltern. Die Ergebnisse liegen jeweils gegen Ende des Jahres vor und werden sowohl tabellarisch als auch in Chartform aufbereitet. Bezieher dieser Studie sind renommierte nationale und internationale Banken. Durchgeführt wird die Studie von der TNS Infratest Finanzforschung.

Die Stichprobenziehung erfolgt analog zur Ziehung der Stichprobe des High-Income-FMDS.

9. Spar- und Finanzanlageverhalten privater Haushalte (SAVE) – seit 2001

In dieser Studie hat Infratest Sozialforschung im Jahr 2001 im Auftrag von Prof. Börsch-Supan, Ph. D., Universität Mannheim, erstmals in einer eigenständigen Untersuchung die Art und Höhe von Vermögensbeständen privater Haushalte in Verbindung mit Angaben zum Einkommen erhoben. Da mit diesen Erhebungstatbeständen in Deutschland nur sehr rudimentäre Erfahrungen vorlagen, wurde die Studie zunächst als Machbarkeitsstudie konzipiert. Getestet wurden insgesamt sechs methodische Ansätze, vier Varianten computergestützter persönlicher Interviews auf der Basis von Quotenstichproben (CAPI), ein schriftlicher Befragungssatz auf der Basis eines Access-Panels und eine telefonische Befragung (CATI). Insgesamt wurden 2001 ca. 1.900 Haushalte befragt. Die Studie wird seither in Form eines Panels weitergeführt. Weitere Wellen – jeweils mit Aufstockungen zu befragender Haushalte – wurden 2003, 2005, 2006, 2007, 2008 und 2009 durchgeführt. Die Interviews verteilen sich etwa hälftig auf schriftliche Befragungen und CAPI-Interviews. Die CAPI-Interviews enthalten einen Drop-off-Teil, in dem die Zielpersonen sensible Fragen zu ihrer Einkommens- und Vermögenssituation schriftlich beantworten.

Vermögen in Deutschland: Konzept und Durchführung

Wolfgang Lauterbach, Melanie Kramer, Miriam Ströing

Einleitung

Zu der bereits in langer Forschungstradition stehenden politischen und wissen-schaftlichen Diskussion um Armut innerhalb der deutschen Gesellschaft ist seit der Jahrtausendwende eine verstärkte Auseinandersetzung mit Reichtum gekom-men (vgl. z.B. Huster/Boeckh/Mogge-Grotjahn 2008; Lohmann 2008; Sander/ Weth 2008, Deutsche Bundesregierung 2001, 2005, 2008).

Dieses wissenschaftliche und öffentliche Interesse am gesellschaftlichen Phä-nomen des Reichtums resultiert daher, dass die Gruppe der Reichen in den letz-ten Jahren angewachsen ist (vgl. Capgemini/Merrill Lynch 2006, 2009; siehe auch Abbildung 1) und sowohl die Einkommens- als auch die Vermögensungleichhei-ten in Deutschland zugenommen haben. Diese Tatsache hat zudem eine Debatte darüber ausgelöst, welcher Grad an Ungleichheit noch konstruktiv für eine funk-tionierende Gesellschaft ist und ab wann Ungleichheiten destruktiv wirken (vgl. Huster/Eißel 2001: 2). Denn in modernen Dienstleistungsgesellschaften spielen Einkommen und Vermögen als Zeichen des Leistungserfolgs und damit als Krite-rien sozialer Differenzierung eine herausragende Rolle: Sie definieren den gesell-schaftlichen Status und bestimmen die zur Verfügung stehenden Handlungsmög-lichkeiten von Menschen.

Zusätzlich wird die Beschäftigung mit Reichen im Zusammenhang mit der aktuellen Diskussion um das Modell der Zivil- beziehungsweise Bürgergesell-schaft[1] und die Übernahme gesellschaftlicher Verantwortung seitens der Bürger interessant. Denn aufgrund hoher materieller Ressourcen haben reiche Haushalte

---

[1]   In seinem gegenwärtigen Gebrauch ist der Begriff der Bürger- beziehungsweise Zivilgesellschaft positiv besetzt und beschreibt den Raum gesellschaftlicher Selbstorganisation zwischen Staat, Ökonomie und Privatheit. Gemeint sind Vereine, soziale Beziehungen und Nichtregierungsor-ganisationen, öffentliche Diskurse und gemeinwohlorientierte Initiativen und Gruppen (vgl. Kocka 2002: 16f.). Auch gesellschaftliches Engagement von Unternehmen wird diskutiert (vgl. Backhaus-Maul 2006: 36). Die Definition steht im Zusammenhang mit einer Diskussion über Gemeinwohl und dem Versuch, das Spannungsverhältnis zwischen positiver und negativer Freiheit neu auszutarieren, indem das Engagement für die Gemeinschaft eine besondere Bedeutung erhält (vgl. Münkler 2002: 30f.).

und Personen ein hohes Potenzial, derartige Verantwortlichkeiten zu übernehmen. Wie bereits Simmel zu Beginn des letzten Jahrhunderts formulierte (vgl. z.B. Simmel 2001; Simmel/Papilloud 2006), verkörpert Reichtum Einflussmöglichkeiten und die Kontrolle von Unsicherheit und kann jederzeit, an jedem Ort und für beliebige Zwecke – und damit letztlich auch zur Übernahme gesellschaftlicher Verantwortung – genutzt werden. Somit erklärt sich insbesondere ein wissenschaftliches Interesse an den immateriellen Potenzialen, speziell am gesellschaftlichen Engagement reicher Haushalte und Personen.

Gerade unter einer derartigen Perspektive ist es von hoher Bedeutung, die wenigen wissenschaftlichen Kenntnisse über Reichtum und Reiche zu erweitern. Letztlich dienen diese Erkenntnisse auch dazu, eine angemessene Auseinandersetzung mit politischen und öffentlichen Themen zu ermöglichen, beispielsweise den Sinn einer Vermögensbesteuerung. Wie Ernst-Ulrich Huster bereits vor mehr als zehn Jahren feststellte, wird eine Erforschung des Reichtums jedoch dadurch erschwert, dass keine angemessene Datenbasis vorliegt (vgl. Huster 1997: 35). Dies hat sich bis heute kaum geändert und auch in neueren Veröffentlichungen wird konstatiert, „dass die Daten- und Erkenntnislage im Bereich des privaten Reichtums mit Blick auf besonders hohe Einkommen und Vermögen kurzfristig nur schwer zu verbessern ist". (Deutsche Bundesregierung 2008: 4)

Die Studie „Vermögen in Deutschland" (*ViD*) nimmt gerade den Mangel an geeigneten Daten als Ausgangspunkt und erweitert die Analysemöglichkeiten um eine erste quantitative Studie über Reiche. Inhaltlich befasst sich *ViD* mit zwei thematischen Bereichen: Erstens werden sozialstrukturelle Erkenntnisse über die Gruppe am oberen Rand der Einkommens- und Vermögensverteilung vertieft. Dabei wird die Heterogenität der Reichen hinsichtlich der Verteilung materiellen Reichtums, dessen Genese und Verwendung untersucht. Und zweitens werden immaterielle Aspekte von Reichtum betrachtet. Hierbei geht es um familiale und unternehmerische Netzwerke, gesellschaftliches Engagement und die Einstellungen und Lebensstile der betrachteten Gruppe.

Ziel dieses Beitrags ist es, zunächst einen Überblick über Definitionen und Grenzen materiellen Reichtums zu geben und diese anhand der Reichtumspyramide (vgl. Lauterbach/Ströing 2009) zu systematisieren. Diese Grenzen dienen einer qualitativen Einordnung von Reichtum. Damit werden Differenzierungsstufen benannt, die Unterschiede in der Genese und auch in der Verwendung – speziell hinsichtlich der Distanz zum Notwendigen – sichtbar werden lassen. Im Anschluss wird der Fokus auf die Kennzeichen der Reichtums- und Vermögensforschung mit ihrer Ausrichtung und ihren Zielen gelegt. Daraufhin wird das Konzept der Studie

„Vermögen in Deutschland" dargelegt, in den Forschungszusammenhang eingebettet und abschließend beschrieben.

1. Reichtumsgrenzen

Um „Reichtum" begreiflich – und dadurch erst analysierbar zu machen, muss er
zunächst definiert und seine Abgrenzungen müssen geschärft werden. Welche Personen lassen sich der Gruppe der Reichen zuordnen und wie heterogen ist diese
Gruppe? In der aktuellen Auseinandersetzung werden vielfältige Bezeichnungen
verwendet: Wohlhabend, reich, superreich (vgl. z.b. Huster 1997, 2001, 2009),
vermögend (vgl. z.B. Druyen 2009), HNWIs, U-HNWIs[2]. Diese Abgrenzungen
erfolgen immer über Einkommens- oder Vermögenswerte. Teils sind sie methodisch, teils inhaltlich hergeleitet.

Diese unterschiedlichen Definitionen von Reichtum werden jedoch nachvollziehbarer, wenn man sie in einen argumentativen Rahmen einbettet. Zu diesem
Zweck werden die bestehenden materiellen[3] Reichtumsdefinitionen zunächst dargestellt und daraufhin in einen inhaltlichen und methodischen Zusammenhang gebracht. Das Ergebnis dieser Systematisierung ist die Reichtumspyramide, in der
Reichtum und seine Binnendifferenzierungen auf Basis bestehender Definitionen
schematisch dargestellt werden.

Prinzipiell bestehen zwei Möglichkeiten, materiellen Reichtum zu ermitteln:
Einerseits lässt er sich anhand der Verfügbarkeit von Einkommen als Fließgröße
und andererseits am Vorhandensein von Vermögen als Bestandsgröße definieren.
Reichtum anhand der Höhe des Einkommens zu definieren ist ein anfälliges Vor-
gehen, denn der Wohlstand schwindet, sobald die entsprechende Einkommens-
quelle (insbesondere Erwerbstätigkeit) nicht mehr vorliegt. Als Bestandsgröße ist
Vermögen in der Regel dauerhafter und zum Teil oder vollständig unabhängig von
Einkommensbezügen. Beide Größen stehen insofern in Wechselbeziehung zuei-

---

2   HNWIs stehen für „High Net Worth Individuals", unter die all diejenigen Personen oder Haushalte
     fallen, die mindestens eine Million US-Dollar Finanzvermögen aufweisen (exklusive Sammler-
     stücke, Gebrauchsgegenstände, langlebige Konsumgüter und als Hauptwohnsitz dienende Im-
     mobilien). U-HNWIs sind „Ultra-High Net Worth Individuals" mit einem Netto-Finanzvermögen
     von mindestens 30 Millionen US-Dollar. (Vgl. Capgemini/Merrill Lynch 2008: 3)
3   Neben der Herleitung von Reichtumsgrenzen anhand materieller Ressourcen existieren auch An-
     sätze, immaterielle Kennzeichen von Reichtum einzubeziehen, zum Beispiel über den Einbezug
     des Modells von Verwirklichungschancen (vgl. z.B. Arndt u.a. 2006; Sen 1999; Volkert 2005;
     Glatzer u.a. 2008; Druyen 2007, 2009). Auch el Sehity und Schor-Tschudnowskaja fokussieren
     in ihrem Artikel (in diesem Buch) die immaterielle Seite des Reichtums, indem sie einen ver-
     mögenskulturellen Ansatz wählen.

nander, als dass Einkommen zu Vermögen und Vermögen zu Einkommen führen kann (vgl. Deutsche Bundesregierung 2001: 63).

Nutzt man Einkommen zur Gruppenbildung, erfolgen Grenzziehungen in der Regel relativ zum Mittelwert beziehungsweise zum Median des monatlichen oder auch jährlichen Durchschnittseinkommens der Gesamtbevölkerung. Ein hohes Einkommen kann als Reichtum aufgefasst werden, wenn es bei Übersteigen eines bestimmten Prozentsatzes vom Durchschnitt dazu befähigt, über einen durchschnittlichen Konsumbedarf hinaus zum Beispiel Ersparnisse zu bilden oder andere Zwecke zu verfolgen (vgl. Deutsche Bundesregierung 2001: 63). Eine häufig angewandte Grenze ist – analog zum Messkonzept relativer Einkommensarmut – die sogenannte 200-Prozent-Grenze, nach der relativ reich ist, wer mindestens 200 Prozent des durchschnittlichen Nettoäquivalenzeinkommens[4] verdient (vgl. z.B. Deutsche Bundesregierung 2001, 2005, 2008; Huster 1997, 2001; Schupp u.a. 2003). Weitere Konzepte finden sich mit der Millionengrenze, den obersten ein- beziehungsweise fünf Prozent, dem Höchststeuersatz, den obersten zehn Prozent (Dezil-Betrachtung) oder der 150-Prozent-Grenze[5] (vgl. Deutsche Bundesregierung 2001: 36). Auch eine 300-Prozent-Grenze wird zur Identifizierung von Reichtum herangezogen: „Als besonders reich könnten Menschen bezeichnet werden, die mehr als das Dreifache des durchschnittlichen Einkommens (300%-Grenze) verdienen." (Merz/Hirschel/Zwick 2005: 39) Für einen durchschnittlichen Ein-Personen-Haushalt in Deutschland lag diese Grenze im Jahr 2007 bei einem monatlichen Netto-Haushaltseinkommen von 4.521 Euro. Ein Paar mit zwei Kindern muss dagegen durchschnittlich ein Haushaltseinkommen von netto 11.321 Euro (äquivalenzgewichtet 5.391 Euro) erzielen, um das Dreifache des Durchschnittseinkommens dieses Haushaltstyps zu erreichen. Eine Übersicht über die Höhe der durchschnittlichen absoluten und äquivalenzgewichteten Einkommen verschiede-

---

4   Das Nettoäquivalenzeinkommen ist ein bedarfsgewichtetes Personeneinkommen, das genutzt wird, um Struktureffekte auszuschalten (vgl. Deutsche Bundesregierung 2008: 277f.), womit gemeint ist, dass das Haushaltseinkommen auf die Zahl der im Haushalt lebenden Personen bezogen wird (vgl. Schupp u.a. 2003: 11). So werden Personeneinkommen von beispielsweise Alleinlebenden mit denen vierköpfiger Familien vergleichbar. Zu diesem Zweck wird das Haushaltsnettoeinkommen durch Bedarfsgewichte geteilt, um altersspezifische Bedarfe und Einsparungen gegenüber einem Einpersonenhaushalt zu berücksichtigen (vgl. Deutsche Bundesregierung 2008: 17). Die derzeit am meisten verwendete Skala für Äquivalenzgewichtungen ist die neue OECD-Skala, die dem Haupteinkommensbezieher den Gewichtungsfaktor 1, den übrigen Haushaltsmitgliedern von mindestens 14 Jahren den Faktor 0,5 und Haushaltsmitgliedern unter 14 Jahren den Faktor 0,3 zuweist (vgl. Deutsche Bundesregierung 2008: 277f.). Die neue OECD-Skala wurde 1998 auf politischer Ebene für formell gültig erklärt (vgl. Dennis/Guio 2004: 6).

5   Auch die Herleitung der 150-Prozent-Grenze erfolgt analog zu Konzepten der Armutsmessung (vgl. Merz 2002: 22).

ner Haushaltstypen sowie jeweils der 200-Prozent- und der 300-Prozent-Grenze bietet Tabelle 1.

Tabelle 1: Durchschnittliches monatliches Netto-Äquivalenzeinkommen und absolutes Äquivalenzeinkommen

	2006		**2007**	
	Ein-Personen-Haushalte			
	Äquivalenz-einkommen	*Absolutes* Einkommen*	*Äquivalenz-einkommen*	*Absolutes* Einkommen*
Mittelwert	1.470	1.470	1.507	1.507
200 Prozent	2.940	2.940	3.014	3.014
300 Prozent	4.410	4.410	4.521	4.521
	Paare mit 2 Kindern unter 14 Jahren			
	Äquivalenz-einkommen	*Absolutes* Einkommen*	*Äquivalenz-einkommen*	*Absolutes* Einkommen*
Mittelwert	1.695	3.560	1.797	3.774
200 Prozent	3.390	7.119	3.594	7.547
300 Prozent	5.085	10.679	5.391	11.321
	Alleinerziehende mit 1 Kind unter 14 Jahren			
	Äquivalenz-einkommen	*Absolutes* Einkommen*	*Äquivalenz-einkommen*	*Absolutes* Einkommen*
Mittelwert	1.170	1.521	1.146	1.490
200 Prozent	2.340	3.042	2292	2.980
300 Prozent	3.510	4.563	3.438	4.469

* Zur Berechnung der absoluten Einkommenshöhe wurden die Äquivalenzeinkommen jeweils mit dem für den Haushaltstyp entsprechenden Faktor (neue OECD Skala, vgl. Fußnote 4) multipliziert. Ein-Personen-Haushalte erhalten dabei den Faktor 1, Paare mit 2 Kindern unter 14 Jahren den Faktor 2,1 und Alleinerziehende mit 1 Kind unter 14 Jahren den Faktor 1,3.
Quelle: Deckl 2010: 76, eigene Berechnungen

Neben einkommensbasierten Reichtumsgrenzen gibt es Messkonzepte, die auf dem Vermögen basieren. Inhaltlich besteht bei der Identifizierung hoher Vermögen die Vorstellung von einer Unabhängigkeit von Einkommen aus Erwerbstätigkeit. Je nach Kapitalverzinsung müsste man einen Betrag zwischen etwa 600.000 und 1.200.000 Euro anlegen, um über der 200-Prozent-Grenze liegende Einkünfte aus Vermögen zu generieren (vgl. Huster/Eißel 2001: 21). Somit entstünde ein Hocheinkommen aus Vermögen. Dem zweiten Armuts- und Reichtumsbericht zufolge wäre jemand, der langfristig allein aufgrund seines Vermögens ein zumindest durchschnittliches Konsumniveau aufrecht erhalten kann, als reich zu bezeichnen. Das hierzu nötige Vermögen läge im Falle einer fünfprozentigen Verzinsung bei etwa 1,2 Millionen Euro (vgl. Deutsche Bundesregierung 2005: 46f.). Ebenso wie beim Einkommen lässt sich auch bei der vermögensbasierten Grenzziehung die Dezil-Betrachtung heranziehen (vgl. Deutsche Bundesregierung 2001: 52).

Seit Erscheinen des dritten Armuts- und Reichtumsberichts existiert mit der integrierten Betrachtung sowohl des Einkommens als auch des Vermögens ein neuartiges exakteres Messkonzept. Dabei wird das Vermögen in Einkommensgrößen umgerechnet. Somit lässt sich ein umfassendes Bild von finanziellem Reichtum erstellen. (Vgl. Hauser/Becker 2007; Deutsche Bundesregierung 2008: 31f.)

Eine internationale Analyse von Reichtumsgrenzen bietet der seit 1997 jährlich erscheinende World Wealth Report von Capgemini und Merrill Lynch, in dem eine Binnendifferenzierung von Reichtum anhand von Vermögen vorgenommen wird. Es wird zwischen „High Net Worth Individuals" (HNWIs) und „Ultra-High Net Worth Individuals" (U-HNWIs) unterschieden. Mit HNWIs sind Personen gemeint, die über mindestens eine Million US-Dollar Netto-Finanzvermögen (Finanzvermögen exklusive Sammlerstücke, Gebrauchsgegenstände, langlebige Konsumgüter und als Hauptwohnsitz dienende Immobilien) verfügen. U-HNWIs weisen ein Netto-Finanzvermögen von mindestens 30 Millionen US-Dollar auf.

Anhand von Abbildung 1 ist die Entwicklung der HNWIs sowohl europa- als auch weltweit dargestellt. Ihre weltweite Anzahl hat sich zwischen 1997 und 2008 extrem erhöht, zwischenzeitlich (2007) sogar verdoppelt. Seit der Finanzkrise ist die Anzahl der HNWIs jedoch erneut rückläufig, 2008 gab es allein 14,9 Prozent weniger HNWIs weltweit als 2007. Dieser rückläufige Trend ist in Deutschland allerdings nur schwach, hier liegt die Anzahl 2008 lediglich um 2,7 Prozent unter der des Vorjahres. Prognosen von Capgemini prophezeien bis 2013 erneut einen starken Anstieg weltweit (vgl. Capgemini/Merrill Lynch 2009).

Abbildung 1: High Net Worth Individuals (HNWIs, in Millionen)

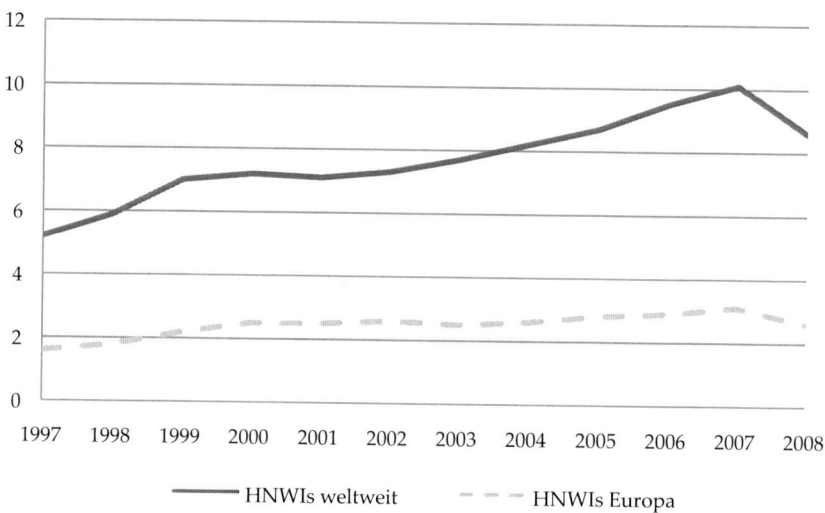

Quelle: Abgewandelt aus: Capgemini/Merrill Lynch 2000, 2003, 2006, 2009

Es wird deutlich, dass die Möglichkeiten, Reichtum zu definieren, analog zu den Konventionen entweder einkommensbasierter oder vermögensbasierter Messungen erfolgen. Danach lässt sich die folgende Systematik entwickeln, die den Erkenntnisstand zusammenfassend darstellt. Als Modell zur Identifizierung von Reichtum sowie zur Binnendifferenzierung Reicher dient uns die Reichtumspyramide (vgl. Abbildung 2; siehe auch Lauterbach/Ströing 2009).

In den unteren Bereichen – also nahe dem Durchschnittseinkommen der Bevölkerung – ist es am sinnvollsten, anhand relativer Einkommensgrenzen zu gruppieren. Das hier erwirtschaftete Einkommen wird zum größten Teil für den unmittelbar notwendigen Konsum verwendet und kann daher nicht zur Vermögensbildung herangezogen werden. Je höher das Einkommen und je höher das zur Verfügung stehende Vermögen, umso sinnvoller wird eine Klassifizierung ausschließlich anhand des Vermögens, denn Einkünfte aus Erwerbseinkommen verlieren gegenüber dem vorhandenen Vermögen und den daraus generierten Einkünften immer mehr an Bedeutung.

Abbildung 2: Die Reichtumspyramide

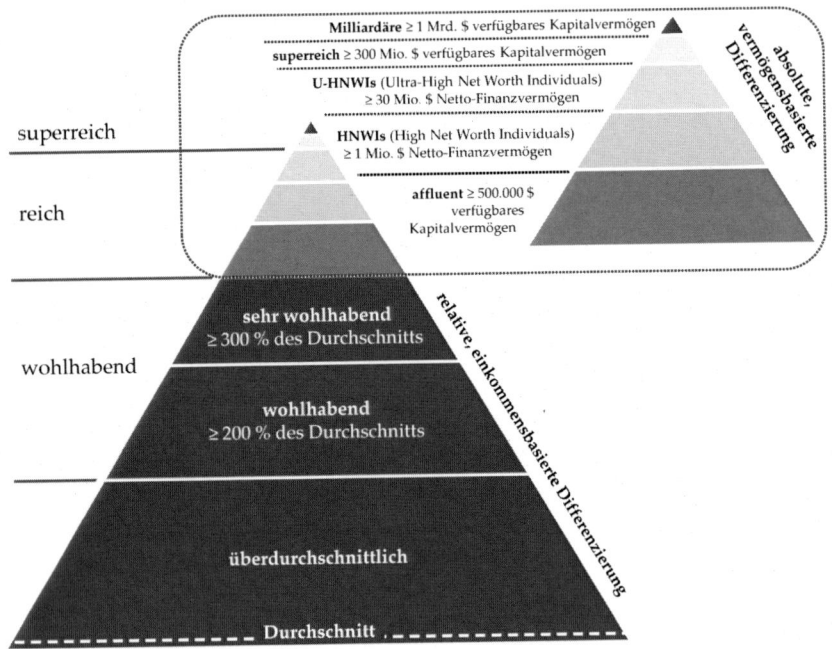

Quelle: eigene Darstellung

Als Grundlage dient zunächst die Orientierung am Durchschnitt anhand realer Äquivalenzeinkommen, wodurch es zu einer relativen, einkommensbasierten Differenzierung der Bevölkerung analog zum Armutsbegriff kommt. Wessen reales Äquivalenzeinkommen über dem Doppelten des Durchschnitts liegt, verzeichnet zwar weit überdurchschnittliche Einkünfte, wird jedoch noch nicht mit einem spezifischen Reichtumsbegriff betitelt, sondern als wohlhabend bezeichnet. Wessen Einkommen das Dreifache des Durchschnitts erlangt oder darüber hinausgeht, gilt als sehr wohlhabend. Die Bezeichnung „reich" wird hier bewusst ausgelassen. Denn während Einkommensarmut in fast allen Fällen auch mit Vermögensarmut einhergeht, kann eine differenzierte Darstellung finanziellen Reichtums nur erfolgen, wenn auch das Vermögen betrachtet wird (vgl. Deutsche Bundesregierung 2008: 31).

So wird mit dem Erreichen einer bestimmten Dimension des Reichtums die Höhe des Vermögens entscheidender als das Einkommen. Am Einkommen lassen sich keine größeren Unterschiede mehr feststellen; diese werden erst anhand des Vermögens sichtbar. Beispielsweise liegen die Erwerbseinkommen von HN-WIs und U-HNWIs nur geringfügig auseinander, gemessen daran, dass sich die Höhe ihrer Vermögen beträchtlich unterscheidet. Wer beispielsweise ein Einkommen von mehr als 300 Prozent des Durchschnitts erreicht, aber kein nennenswertes Vermögen aufweist, ist sehr wohlhabend. Wer darüber hinaus jedoch über ein Netto-Finanzvermögen von 1.000.000 US-Dollar verfügt, ist den HNWIs zuzuordnen. So greifen die Forschungsabteilungen in Banken oder auch Vermögensberater in der Regel auf die Betrachtung von Vermögen zurück, wobei die untere Grenze bei einem verfügbaren Kapitalvermögen von 500.000 US-Dollar angesetzt wird. Diese Personengruppe wird als „affluent" bezeichnet. Sie gilt nicht mehr als wohlhabend, sondern als reich.

Die nächsten Reichtumsgrenzen erklären sich in Anlehnung an die international angelegte Setzung durch den World Wealth Report. So sind „High Net Worth Individuals" (HNWIs) Personen, die mindestens über eine Million US-Dollar Netto-Finanzvermögen verfügen. Wer die 30 Millionen-Grenze überschreitet, gehört zu den „Ultra-High Net Worth Individuals" (U-HNWIs). Personen mit einem Minimum von 300 Millionen US-Dollar an verfügbarem Kapitalvermögen werden als „superreich" bezeichnet. Sie zeichnen sich dadurch aus, dass an dieser Schwelle ein Grad an Reichtum erreicht wird, der einen erkennbaren Unterschied hinsichtlich der Lebenswelt dieser Personen markiert. Es entsteht eine neue „Distanz zur Notwendigkeit" (vgl. z.B. Bourdieu 1992). Die Gruppe mit dem größten Reichtum bilden Milliardäre (Personen mit einem verfügbaren Kapitalvermögen von mindestens einer Milliarde US-Dollar).

Definitionen	
absolute, vermögensbasierte Differenzierung	
Milliardäre superreich	**Milliardäre** besitzen ein verfügbares Kapitalvermögen (Definition siehe „affluent") von mind. 1 Mrd. US-Dollar. **„superreiche"** Personen besitzen ein verfügbares Kapitalvermögen von mind. 300 Mio. US-Dollar.
U-HNWIs HNWIs affluent	**„Ultra-High Net Worth Individuals"** verfügen nach Capgemini und Merrill Lynch (z.B. 2008) über ein Netto-Finanzvermögen (Finanzvermögen exklusive Sammlerstücke, Gebrauchsgegenstände, langlebige Konsumgüter und als Hauptwohnsitz dienende Immobilien) von mind. 30 Mio. US-Dollar. **„High Net Worth Individuals"** verfügen nach Capgemini und Merrill Lynch (z.B. 2008) über ein Netto-Finanzvermögen (Finanzvermögen exklusive Sammlerstücke, Gebrauchsgegenstände, langlebige Konsumgüter und als Hauptwohnsitz dienende Immobilien) von mind. 1 Mio. US-Dollar. **„affluente"** Personen besitzen ein verfügbares Kapitalvermögen von mind. 500.000 US-Dollar. Mit dieser Grenze ist eine weitgehende Unabhängigkeit vom Erwerbseinkommen gewährleistet. Das verfügbare Kapitalvermögen ist „die Summe der Geldanlagen eines Haushalts ohne den Rückkaufwert von Lebens- und privaten Rentenversicherungen sowie nach Abzug eventueller privater Kreditverpflichtungen." (Lauterbach/ Kramer 2009: 285).
relative, einkommensbasierte Differenzierung	
sehr wohlhabend wohlhabend	Die Begriffe beziehen sich auf das durchschnittliche, reale Äquivalenzeinkommen, das beispielsweise im Jahr 2006 bei Wohlhabenden (200-Prozent-Grenze) 2.826 Euro und bei sehr Wohlhabenden (300-Prozent-Grenze) 4.239 Euro betrug (siehe auch Tab. 1).
überdurchschnittlich Durchschnitt	Die Begriffe beziehen sich auf das durchschnittliche, reale Äquivalenzeinkommen, das im Jahr 2006 1.413 Euro betrug (siehe auch Tab. 1).

Die in der Reichtumspyramide erfolgenden Differenzierungen basieren auf drei qualitativen Aspekten: (1) Wohlhabend ist jemand, der zwar mehr als das Durchschnittliche an Einkommen erwirbt, aber auf ein regelmäßiges Einkommen angewiesen ist. Fällt dieses durch außergewöhnliche Ereignisse weg, reduziert sich die Wohlstandsposition augenblicklich. (2) Reiche Personen können teilweise oder ganz von ihrem Vermögen leben. Vermögen als Bestandsgröße wird wichtig und das Einkommen verliert demgegenüber an Bedeutung. Allerdings kann das Vermögen selbst starken Schwankungen unterliegen und in bestimmten Situationen komplett verschwinden. (3) Bei Superreichen hingegen kann das Vermögen kaum noch verbraucht werden. Hier wird eine Schwelle überschritten, die eine „neue" Distanz zur Notwendigkeit schafft.

Betrachtet man abschließend die sozialstrukturelle Verteilung der Wohlhabenden und Reichen in Deutschland und legt die eben beschriebenen Grenzen und

Berechnungsgrundlagen zugrunde, zeigt sich, dass nahezu 60 Prozent der Bevölkerung durchschnittlich oder weniger verdienen (siehe Abbildung 3). Nach der Einteilung anhand der Reichtumspyramide haben ungefähr 32 Prozent der deutschen Bevölkerung ein überdurchschnittliches Einkommen, sind aber nicht wohlhabend. Knapp sieben Prozent generieren das Doppelte bis Dreifache des durchschnittlichen Einkommens, sind also wohlhabend. Weitere mehr als zwei Prozent verdienen mehr als das Dreifache des Durchschnitts und gehören zu den sehr wohlhabenden Haushalten. In Deutschland lebten im Jahr 2008 810.000 HNWIs (vgl. Capgemini/Merrill Lynch 2009), was gemessen am damaligen Bevölkerungsstand (82.000.000; www.destatis.de) etwa einem Prozent der Bevölkerung entspricht.

Es lässt sich konstatieren, dass Reichtum an verschiedenen durch Einkommenserwerb und den Besitz von Vermögen hergeleiteten Grenzziehungen sinnvoll verortet werden kann. Wichtig ist dabei die Unterscheidung von Einkommen und Vermögen. Die Notwendigkeit der Erwerbstätigkeit führt in vielen Fällen vermutlich höchstens zu Wohlstand. Kann die Notwendigkeit zur Erwerbstätigkeit aufgehoben werden, spricht man von Reichtum. Die damit verbundenen qualitativen Unterschiede sind das entscheidende Kriterium. Erst durch Reichtum, also die Loslösung von der Notwendigkeit von Erwerbsarbeit, wird der Mensch frei von alltäglichen Pflichten. Die Fähigkeit, über weite Bereiche des Lebens selbst bestimmen zu können, ist die Freiheit des reichen Menschen. Aber auch Differenzierungen innerhalb der Gruppe der Reichen sind notwendig: Sobald Reichtum verringert oder ganz „vernichtet" werden kann, bleibt ein Bezug zur Notwendigkeit des alltäglichen Lebens vorhanden. Erst die Tatsache, dass Reichtum ab einer gewissen Höhe – verankert bei ca. 300 Millionen Euro – kaum noch gefährdet erscheint, schafft eine absolute Distanz zu Alltagsverpflichtungen.

Abbildung 3: Verteilung Wohlhabender und Reicher in Deutschland (in Prozent)

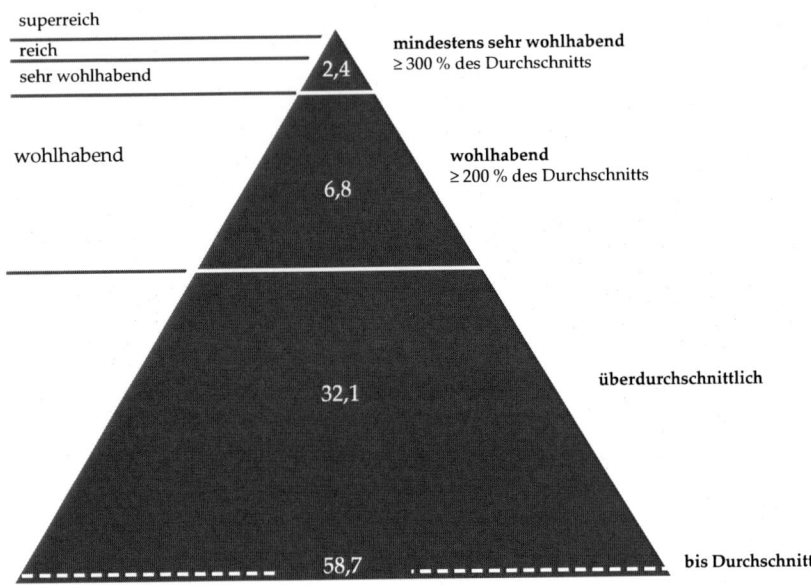

superreich
reich
sehr wohlhabend

mindestens sehr wohlhabend
≥ 300 % des Durchschnitts

2,4

wohlhabend

wohlhabend
≥ 200 % des Durchschnitts

6,8

32,1

überdurchschnittlich

58,7

bis Durchschnitt

Quelle: eigene Berechnungen nach: Frick u.a. 2007: 129; Goebel, Habich und Krause 2008: 165

2. Inhaltliche Anlage der Studie

Wie deutlich geworden ist, handelt es sich bei Reichtum um ein komplexes und noch weitgehend unbestimmtes gesellschaftliches Phänomen. Je nachdem, welche der soeben aufgeführten Abgrenzungen man verwendet, spricht man bei der Gruppe der „Reichen" in Deutschland von weniger als einem bis zu maximal 9,2 Prozent der Bevölkerung. Zusätzlich variiert die Größe der Gruppe je nach wirtschaftlicher Lage und Entwicklung beträchtlich. Zur näheren Bestimmung dieser heterogenen Gruppe benötigt man mehr empirisches Datenmaterial. Denn statistische Daten sind grundlegend und unverzichtbar für eine sachliche Diskussion und gesellschaftspolitische Beurteilung von Reichtum und seiner gesellschaftlichen Bedeutung.

Mit der Studie „Vermögen in Deutschland" (*ViD*)[6] konnten erstmals gezielt reiche Haushalte für die Teilnahme an einer quantitativen Studie zum Thema Reichtum gewonnen werden. Es liegen Daten von knapp 500 reichen Haushalten vor, welche sich zu ihren Einkommens- und Vermögensverhältnissen sowie zu den Themenkomplexen gesellschaftliches Engagement und Einstellungen, Leben und Beruf sowie Vermögensbildung äußern. In den nachstehenden Ausführungen folgt eine Darstellung des Konzepts und Designs der Studie „Vermögen in Deutschland" (*ViD*).

Die Begrifflichkeit der Reichtumsforschung als Forschungsrichtung, in der Phänomene des Einkommens- und Vermögensreichtums im Sinne von Verteilungsgrößen untersucht werden, hat sich im wissenschaftlichen Diskurs bereits etabliert (vgl. Weischer 2007). Dieser Diskurs lässt sich um die Entwicklung einer Vermögensforschung ergänzen, welche zum einen auf die veränderte Vermögenskonzentration anhand einer wachsenden Gruppe von Reichen (siehe auch Abbildung 1) und der wachsenden Einkommens- und Vermögensungleichheiten zurückzuführen ist. Zum anderen ergibt sich die Vermögensforschung aus der Debatte um das Modell der Zivilgesellschaft und aus dem steigenden Interesse an bürgerlichem gesellschaftlichem Engagement sowie dem Interesse an der Lebensweise der betrachteten Personengruppe.

In der Reichtumsforschung wird ausschließlich auf die makrostrukturelle Dimension der Verteilung von Einkommen und Vermögen fokussiert. Das Neue in der Vermögensforschung ist, dass sie eine sozialstrukturelle Verortung und Dimensionierung des Reichtums und Vermögens vornimmt und gleichzeitig auch immaterielle Aspekte des Reichtums mit in die Betrachtung einbezieht. Hierbei ist beispielsweise von Interesse, welche sozialen Netzwerke reiche Personen und Haushalte umgeben und wie dies mit ihrer gesellschaftlichen Position zusammenhängt. Ebenso werden Einstellungen und Lebensstile betrachtet, wobei speziell die Frage der Heterogenität der Gruppe von zentraler Bedeutung ist. Vor allem Unterschiede zu nicht-reichen Personen und Haushalten sind in diesem Zusammenhang interessant, um die besonderen Merkmale der Gruppe der Reichen verdeutlichen zu können. Ebenso geht es darum, zu untersuchen, inwieweit Potenziale zur Übernahme gesellschaftlicher Verantwortung genutzt werden. Ein wichtiger Aspekt der Vermögensforschung ist damit die Auseinandersetzung mit dem Vermögen der betrachteten Bevölkerungsgruppe und ihren individuellen und gesellschaftlichen Einstellungen und Werten in Form aktiver Übernahme gesellschaftlicher Verantwortung. Vermögen entspricht auf diese Weise sowohl dem persönlichen

---

6   Die Studie „Vermögen in Deutschland" entstand unter der Verantwortlichkeit von Wolfgang Lauterbach und Melanie Kramer in Zusammenarbeit mit TNS Infratest.

Willen als auch der materiellen Realisierung, etwas „Sinnstiftendes" zu tun (vgl. Druyen 2007, 2009). Dies kann über Mäzenatentum, Spenden, Stiftertum, Sozialunternehmertum, Ehrenamt oder jegliche andere Form sozialen Engagements erfolgen. So lässt sich feststellen, welche reichen Haushalte und Personen in diesem Sinne vermögend sind.

Die Vermögensforschung beinhaltet somit eine sozialstrukturelle und eine kulturelle Dimension. Gerade die sozialstrukturelle Dimension ist von zentraler Bedeutung, um auch präzise Informationen beispielsweise über Herkunft, Lebenshaltung und Sozialisationsbedingungen zu erhalten. In *ViD* werden beide inhaltlichen Bereiche aufgegriffen und untersucht. Die zentralen Zielsetzungen der Vermögensforschung werden in Abbildung 4 veranschaulicht.

Abbildung 4:   Kennzeichen der Vermögensforschung

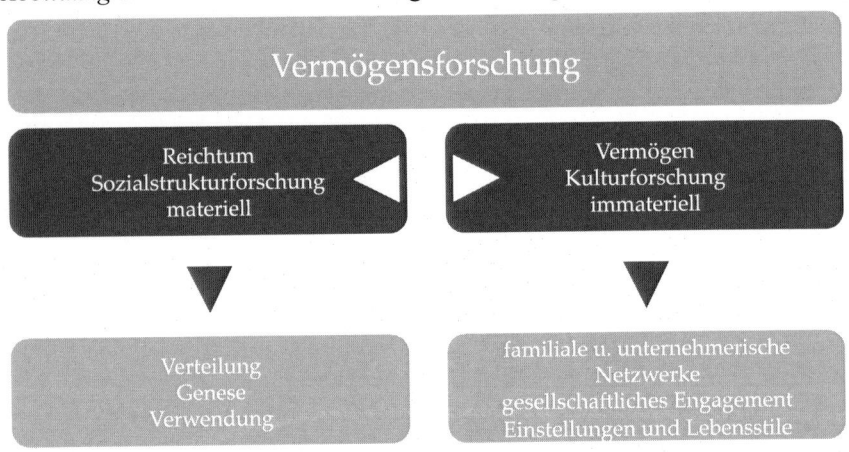

Quelle: eigene Darstellung; siehe auch Lauterbach/Ströing 2009

3. Grundgesamtheit und Auswahlkriterium – Wer wurde befragt?

Da sich „Vermögen in Deutschland" (*ViD*) als Ziel gesetzt hat, sehr wohlhabende und insbesondere reiche Haushalte zu betrachten, reicht eine Auswahl der Stichprobe über das Einkommen – das üblicherweise in Surveys oder der amtlichen Statistik Verwendung findet – nicht aus. *ViD* wählt daher den direkten Weg und definiert Reichtum vornehmlich anhand des materiellen Vermögens.

Durch die Konzentration auf das Vermögen können nicht nur gezielter reiche Haushalte bestimmt werden, es entstehen darüber hinaus weitere erhebliche Vorteile gegenüber der Wahl des Haushaltseinkommens als Selektionskriterium: Zum einen, so wurde bereits ausgeführt, erfasst das Vermögen eine Dimension von Reichtum, die weitaus besser die Lebensrealität reicher Haushalte beschreibt und insgesamt stabiler ist, da es weitgehend unempfindlich gegenüber kurzfristigen Veränderungen wie zum Beispiel der Erwerbssituation ist. Die Höhe des Haushaltsvermögens gibt die materielle Situation der Haushalte also insgesamt besonders gut wieder.

Zudem ist das Vermögen weitaus ungleicher verteilt als das Einkommen (vgl. Grabka/Frick 2007). Daher gelingt es weit besser, Haushalte zu filtern, die tatsächlich neben einem hohen Einkommen auch ein beträchtliches Ausmaß an Vermögen besitzen. Auch der Nivellierungs-Effekt durch staatliche Ausgleichs-Zahlungen (vor allem Einkommensteuerabgaben), die lediglich auf die Einkommensverteilung, nicht jedoch auf die Vermögensverteilung direkt einwirken, schlägt durch eine Selektion anhand des Vermögens nicht stark zu Buche.

Um das Vermögen valide zu erfassen, bedarf es bestimmter Kriterien, die von den Befragten verlässlich erinnert und benannt werden können (ohne sich auf zu grobe Schätzbeträge im Haushalt verlassen zu müssen). Erfahrungen der Finanzforschungsabteilung von TNS Infratest haben ergeben, dass insbesondere das *frei verfügbare Kapitalvermögen* eines Haushalts diesen Anforderungen gerecht wird. Hierbei handelt es sich um die Summe der Geldanlagen eines Haushalts ohne den Rückkaufwert von Lebens- und privaten Rentenversicherungen sowie nach Abzug eventueller privater Kreditverpflichtungen.

Das Selektionskriterium für „Vermögen in Deutschland" ist das frei verfügbare Kapitalvermögen.

Das frei verfügbare Kapitalvermögen ist...

... *die Summe der Geldanlagen eines Haushalts ohne den Rückkaufwert von Lebens- und privaten Rentenversicherungen sowie nach Abzug eventueller privater Kreditverpflichtungen.*

Dazu zählen die folgenden Kapitalvermögensformen: Wertpapiere (festverzinsliche und andere), Bausparverträge und Spareinlagen (Bankkonten und Sparbücher).

Damit ist es Teil des geläufigeren Nettogeldvermögens (siehe Abbildung 5), zu dem nach den gängigen Definitionen auch die Versicherungs- und Rentenwerte gezählt werden. Im Vergleich dazu berücksichtigt das Bruttogeldvermögen darüber hinaus Kreditverpflichtungen. Der übergeordnete Vermögensbegriff, in dem alle Vermögensarten integriert sind, ist das Bruttogesamtvermögen. Werden diese Zusammenhänge berücksichtigt, ergibt sich, dass die Höhe des frei verfügbaren Kapitalvermögens in etwa einem Viertel der Höhe des Gesamtvermögens eines Haushalts entspricht.[7]

Abbildung 5: Zusammenhang verschiedener Vermögensgrößen

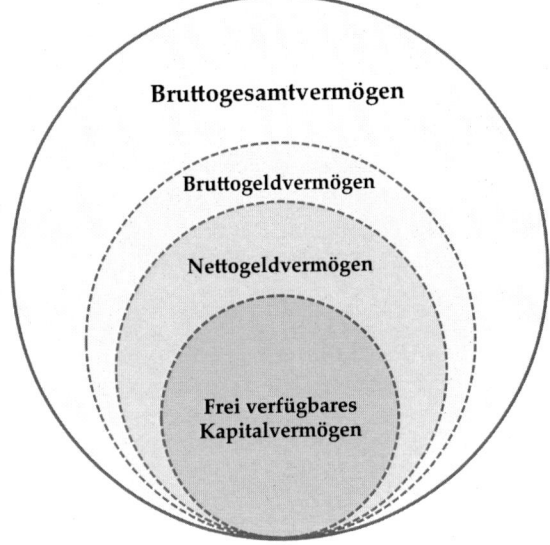

Quelle: Lauterbach/Kramer 2009

---

7   Die Höhe des frei verfügbaren Kapitalvermögens entspricht etwa zwei Dritteln des Nettogeldvermögens (vgl. Ammermüller/Weber/Westerheide 2005: 34f.). Das Nettogeldvermögen wiederum macht durchschnittlich 86 Prozent des Bruttogeldvermögens aus (ebd.: 102), welches im Durchschnitt 44 Prozent vom Bruttogesamtvermögen beträgt (vgl. BPB 2008: 24). Insgesamt ergibt sich, dass die Höhe des frei verfügbaren Kapitalvermögens in etwa einem Viertel des Gesamtvermögens eines Haushalts entspricht. Rechenschritt: $((44*86)/100)*(65/100) \approx 25$ Prozent.

Das frei verfügbare Kapitalvermögen hat den erheblichen Vorteil, dass es valide erhoben werden kann, da die Höhe des Kapitalvermögens in der Regel präsent und einschätzbar ist, oder anders ausgedrückt „nahezu in keiner Ausprägung größere Bewertungsschwierigkeiten aufwirft" (Ring 2000: 49). Es eignet sich außerdem besser zu Vergleichsanalysen als etwa Immobilien-, Sach- oder Betriebsvermögen, deren Wert häufig schwer fassbar und unbeständig ist. Neben der zuverlässigen Erhebbarkeit dieses Kriteriums und der internen Vergleichbarkeit wird auch eine externe Validierbarkeit möglich (zum Beispiel mit dem Sozio-ökonomischen Panel).[8]

Bei der Festlegung auf eine Mindesthöhe des frei verfügbaren Kapitalvermögens muss die Realisierbarkeit einer quantitativen Erhebung berücksichtigt werden. Es bedarf somit zunächst exakter Kenntnisse zur Vermögensverteilung in Deutschland sowie realistischer Einschätzungen zur praktischen Umsetzbarkeit, entsprechende Haushalte auffinden und für eine Befragung gewinnen zu können. Nach eingehenden Diskussionen mit Finanz- und Sozialforschern sowie mit TNS Infratest kamen wir zu dem Schluss, dass eine Studie zu Haushalten mit einem *verfügbaren Kapitalvermögen von mehr als 200.000 Euro* geeignet und realisierbar ist. Dies entspricht in etwa einem Bevölkerungsanteil von *ca. 1,3 bis maximal drei Prozent der Haushalte in Deutschland* (siehe dazu Lauterbach/Kramer 2009).

Die Grundgesamtheit der Studie „Vermögen in Deutschland" sind Haushalte mit einem frei verfügbaren Kapitalvermögen von mindestens 200.000 Euro.

Diese Zielgruppe liegt näherungsweise innerhalb der obersten drei Prozent der Haushalts-Vermögensverteilung.

---

8   Vergleiche mit amtlichen Daten, etwa der Einkommens- und Verbrauchsstichprobe (EVS) oder dem Mikrozensus in Bezug auf Vermögensverhältnisse sind in dem Sinne jedoch nicht möglich, da Angaben zum Vermögen in staatlichen Untersuchungen nicht abgefragt werden. In der EVS wird aber nach dem Girokonto- und Bargeldguthaben gefragt, sodass diesbezüglich zwar keine exakten Vergleiche möglich sind, sich das bei *ViD* zugrunde gelegte Kapitalvermögen allerdings zumindest für Abgleiche eignet.

Abbildung 6: Einordnung der Grundgesamtheit von *ViD*

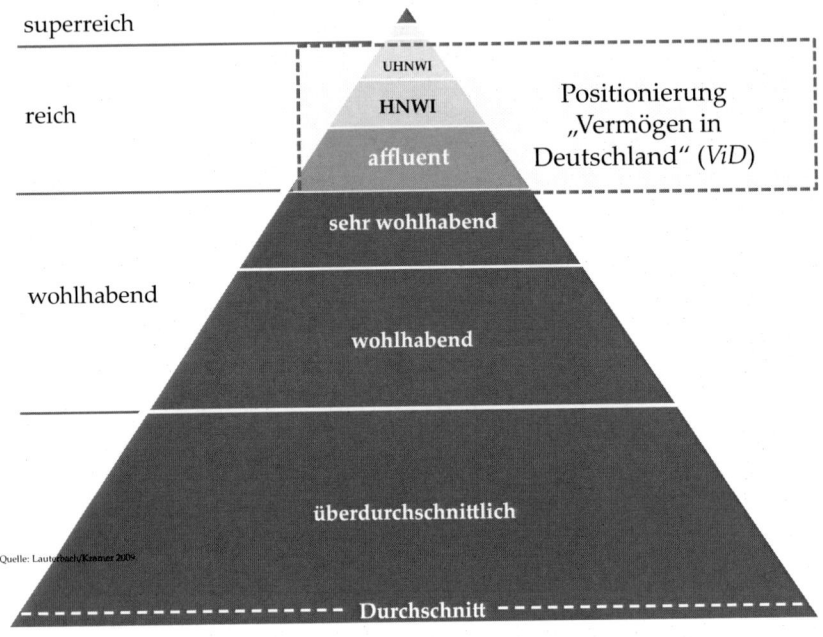

Quelle: Lauterbach/Kramer 2009

Durch verschiedene Berechnungen (vgl. Lauterbach/Kramer 2009) kann *ViD* in die Reichtumspyramide (vgl. Abbildung 2) eingeordnet werden. Mit der Studie *ViD* werden diese Personengruppen, insbesondere die Gruppe der HNWI, damit erstmalig in einer quantitativen Untersuchung erfasst.

4. Rekrutierung der Stichprobe und Durchführung der Befragung

TNS Infratest entwickelte ein spezielles Instrument zur Eingrenzung von Personen und Haushalten mit hohen Einkommen und Vermögen, das für *ViD* zum Einsatz kam. Dabei handelt es sich um ein „Free Find Verfahren", das eigens für spezielle Quotenstichproben eingesetzt wird. Das Grundprinzip dieser Rekrutierungsmethode basiert auf der Ansprache von potenziellen Studienteilnehmern über den Interviewerstab von TNS Infratest.

Alle Teilnehmer der Studie wurden in computergestützten „face-to-face"-Interviews befragt. Die Angaben zu vertraulichen Einkommens- und Vermögensfragen konnten eigenständig in den Computer eingeben werden, ohne dass sie für den Interviewer einsehbar waren. Die Anonymität der Daten ist vollständig gewährleistet. Detaillierte Ausführungen zum Rekrutierungs- und Befragungsverfahren sowie zum methodischen Design von *ViD* können im Beitrag von Klaus Kortmann in diesem Buch nachgelesen werden.

5. Beschreibung der Stichprobe

Die tatsächlich realisierte Nettostichprobe umfasst 472 Haushalte, die – wie in Tabelle 2 aufgeführt – in drei Gruppen untergliedert werden. Diese Unterteilung wurde bereits im Vorfeld der Erhebung vorgenommen, um sicherzustellen, dass sich die befragten Haushalte auf verschiedene Vermögensgruppen verteilen.

Tabelle 2: Die *ViD*-Stichprobe nach frei verfügbarem Kapitalvermögen

Teilgruppe	Höhe des frei verfügbaren Kapitalvermögens	Anzahl an Befragten
TG 1	200.000 bis unter 500.000 €	219
TG 2	500.000 bis unter 1.000.000 €	131
TG 3	Mindestens 1.000.000 €	122
Gesamt	200.000 € und mehr	472

Quelle: *ViD* 2009

Vor allem die Höhe des Bruttogesamtvermögens ist für die Diskussion über Verteilungsprozesse interessant (vgl. Tabelle 3). Der durchschnittliche *ViD*-Haushalt verfügt insgesamt über etwa 2,4 Millionen Euro. Teilgruppe 1, deren frei verfügbares Kapitalvermögen sich auf 200.000 bis unter 500.000 Euro beläuft, hat ein durchschnittliches Gesamtvermögen von 1,1 Million Euro, Teilgruppe 2 (500.000 bis unter eine Million) verfügt über durchschnittlich 2,1 Millionen Euro Gesamtvermögen und Teilgruppe 3 (mehr als eine Million) über 5,3 Millionen Euro im Mittel.

Auf rechnerischem Weg, dem Verteilungsergebnisse aus der amtlichen Statistik zugrunde liegen, gelangt man zu ähnlichen Ergebnissen. Wie gezeigt, entspricht die Höhe des frei verfügbaren Kapitalvermögens in etwa einem Viertel des Gesamtvermögens eines Haushalts (vgl. Fußnote 7). Das tatsächliche Verhältnis zwischen dem frei verfügbaren Kapitalvermögen und dem Gesamtvermögen in

ViD bewegt sich ebenfalls in diesem Bereich, sodass angenommen werden kann, dass die Verteilung beider Vermögensgrößen bei reichen Haushalten in etwa jener bei deutschen Durchschnittshaushalten entspricht.

Tabelle 3:   Höhe des Gesamtvermögens der Teilgruppen in *ViD*

Teilgruppe	Höhe des frei verfügbaren Kapital-vermögens	Mittleres Gesamtvermögen in *ViD*
TG 1	200.000 bis unter 500.000 €	1.070.000 € (oberste 5% liegen über 2,3Mio.) (Maximalwert=7,5Mio.)
TG 2	500.000 bis unter 1.000.000 €	2.145.000 € (oberste 5% liegen über 4,3Mio.) (Maximalwert=15Mio.)
TG 3	Mindestens 1.000.000 €	5.290.000 € (oberste 5% liegen über 15Mio.) (Maximalwert=50Mio.)
Gesamt	Mindestens 200.000 €	2.448.000 €

Quelle: *ViD* 2009, eigene Berechnungen, bereinigte Werte nach multipler Imputation

Denken wir an die zuvor dargestellte Reichtumspyramide zurück und die entsprechenden Definitionen der Begriffe „affluent" und „HNWI" (High Net-Worth Individuals), welche sich an der Höhe des Nettogeldvermögens orientieren. Nach Abzug der für die Auslegung irrelevanten Vermögenswerte (Versicherungen und Rentenwerte, beide ergeben circa ein Drittel des gesamten Nettogeldvermögens, vgl. Ergebnisse der EVS) und Umrechnung[9] der US-Währung in Euro ergibt sich als Grenze für die affluenten Haushalte ein Wert von etwa 270.000 Euro. Ein Nettogeldvermögen von 500.000 US-Dollar entspricht somit etwa 270.000 Euro an frei verfügbarem Kapitalvermögen und damit in etwa der in der Pyramide aufgeführten Mindestgrenze für die Gruppe der affluenten Haushalte. Für HNWIs liegt der gleichermaßen berechnete Grenzwert bei etwa 540.000 Euro. Teilgruppe 1 ist somit weitgehend affluent im Sinne der aufgezeigten Definition, die Teilgruppen 2 und 3 sind der Gruppe der HNWIs zuzuordnen.

Der Übersichtlichkeit halber wird in den später folgenden Analysen eine semantische Vereinfachung vorgenommen. Sofern zwischen den drei Teilgruppen differenziert wird, wird lediglich die oberste Gruppe als HNWI bezeichnet, die

---

9   Stand 14.06.2010, Wechselkurs 1: 0,8164.

mittlere Gruppe hingegen als affluent und die unterste Gruppe als wohlhabend. Zwar bedeutet dies wie gesehen eine erhebliche Unterschätzung der Vermögensverhältnisse. Es entspricht allerdings einer vorsichtigen Differenzierung der Reichen und verdeutlicht zudem grundlegende Tendenzen.

Eine Gruppierung des Haushaltsgesamtvermögens der *ViD*-Haushalte zeigt folgendes Bild (siehe Abbildung 7): Die meisten Haushalte (44,3 Prozent) verfügen über ein Gesamtvermögen, das zwischen einer und drei Millionen Euro liegt. Ein weiteres knappes Drittel liegt darunter, und jeweils um die zehn Prozent haben ein Gesamtvermögen von drei bis fünf Millionen beziehungsweise mehr als fünf Millionen Euro.

Weitere Analysen zur Vermögens- und Einkommenssituation der *ViD*-Haushalte schließen sich im Ergebnisteil an.

Abbildung 7: Gesamtvermögen der Haushalte gruppiert (in Prozent)

N = 472

Quelle: *ViD* 2009, eigene Berechnungen

Mit 73 Prozent ist der größte Teil der Befragten männlich. Dieses ungleiche Geschlechterverhältnis in der Stichprobe kann partiell darauf zurückgeführt werden, dass darauf geachtet wurde, diejenige Person zu befragen, die sich möglichst gut mit den Einkommens- und Vermögensverhältnissen des Haushalts auskennt. Möglicherweise sehen sich trotz fortschreitender Emanzipation hauptsächlich Männer in dieser Position (beziehungsweise werden von den Frauen in ihr gesehen). Da durchgängig auch Angaben zu den jeweiligen Partnerinnen beziehungsweise Partnern der Befragten erhoben wurden, relativiert sich dieses Geschlechterverhältnis allerdings, sobald der gesamte Haushalt betrachtet wird. Zu weiteren demografischen Merkmalen sowie zur Bildungs- und Berufssituation und zu verschiedenen Persönlichkeitsmerkmalen werden im Ergebnisteil ausführliche Analysen durchgeführt.

6. Zusammenfassung und Ausblick

Mit der Studie „Vermögen in Deutschland" (*ViD*) wurden erstmals Haushalte mit einem frei verfügbaren Kapitalvermögen von mindestens 200.000 Euro standardisiert befragt, wobei drei Gruppen unterschieden wurden: Haushalte mit einem Vermögen zwischen 200.000 und 500.000 Euro (nachfolgend „wohlhabend"), Haushalte mit einem Vermögen zwischen 500.000 und 1.000.000 Euro (nachfolgend „affluent") und Haushalte mit mehr als 1.000.000 Euro (nachfolgend „HNWI"). *ViD* wurde als quantitative Untersuchung konzipiert und es wurden annähernd 500 Haushalte mit insgesamt mehr als 800 Personen – Haushaltsvorstände und deren Partner – zu verschiedenen Lebensbereichen befragt.

Unter methodologischen und inhaltlichen Aspekten kann die hier betriebene Vermögensforschung als innovative Weiterentwicklung der klassischen Reichtumsforschung betrachtet werden. Die bisherige empirische Sozial- und Wirtschaftsforschung leidet unter dem Problem des schwierigen Zuganges zu dieser in der Gesellschaft sehr kleinen Gruppe. Die herkömmliche quantitative Forschung dringt in derartige Höhen bei Privatvermögen bisher nicht vor. Innovativ sind daher die quantitative Befragung einer derartigen Gruppe an sich sowie der Zugang zu diesem Feld über die Bestimmung des Vermögens der Haushalte und nicht wie bisher über die monatlichen Einkommen.

Außerordentlich wichtig für die Qualität der Daten ist allerdings die Art und Präzision des Erhebungskriteriums. Das hier gewählte „frei verfügbare Kapitalvermögen" stellt nach den Erfahrungen der Interviewer ein sehr gutes Kriterium dar. Die befragten Personen konnten ihr verfügbares Kapitalvermögen sehr gut einschätzen. Ersichtlich ist dies daran, dass es kaum Abbrüche und Ausfälle gab, sowie dass die Nonresponse-Quote bei der Frage nach dem Geldvermögen mit lediglich sechs Prozent außerordentlich klein war.

Ein weiterer wichtiger Beitrag zur Analyse von „Reichen" besteht in der Möglichkeit, dass sie sozialstrukturell betrieben werden kann. Mit dem hier gewählten Vorgehen können herkömmliche Kausalitätsprobleme überwunden werden. Es lassen sich nun Differenzen zwischen Reichen aufzeigen, die sich etwa auch in der von uns bereits gewählten begrifflichen Differenzierung in Reiche und Vermögende bereits widerspiegelt (vgl. Druyen 2007, 2009; Lauterbach/Ströing 2009). Insgesamt schließt der hier gewählte Ansatz damit an die klassische Reichtumsforschung an und entwickelt ihn vom Zugang zu reichen Gruppen und von den bestehenden Kausalitätsproblemen weiter. Es liegen nunmehr ausführliche und anschlussfähige Daten über reiche Haushalte vor, welche bereits grundlegende Forschungsfragen beantworten und den Grundstein für nachfolgende Erhebungen legen.

Literatur

Ammermüller, Andreas; Weber, Andrea M. und Westerheide, Peter, 2005: Die Entwicklung und Verteilung des Vermögens privater Haushalte unter besonderer Berücksichtigung des Produktivvermögens. Abschlussbericht zum Forschungsauftrag des Bundesministeriums für Gesundheit und Soziale Sicherung. Verfügbar unter: http://www.bmas.bund.de (Stand: 2010).

Arndt, Christian (u.a.), 2006: Das Konzept der Verwirklichungschancen (A. Sen) – Empirische Operationalisierung im Rahmen der Armuts- und Reichtumsmessung – Machbarkeitsstudie. Endbericht an das Bundesministerium für Arbeit und Soziales. Tübingen: Institut für Angewandte Wirtschaftsforschung (IAW).

Bourdieu, Pierre, 1992: Die feinen Unterschiede. Kritik der gesellschaftlichen Urteilskraft. Frankfurt am Main: Suhrkamp.

Bundeszentrale für politische Bildung (BPB), 2008: Zahlen und Fakten. Die soziale Situation in Deutschland. Einkommen und Vermögen. Verfügbar unter: http://www.bpb.de (Stand: 2010).

Capgemini und Merrill Lynch, 2009: World Wealth Report 2009. Capgemini und Merrill Lynch.

Capgemini und Merrill Lynch, 2008: World Wealth Report 2008. Capgemini und Merrill Lynch.

Capgemini und Merrill Lynch, 2007: World Wealth Report 2007. Capgemini und Merrill Lynch.

Capgemini und Merrill Lynch, 2006: World Wealth Report 10th Anniversary 1997-2006. Capgemini und Merrill Lynch.

Capgemini und Merrill Lynch, 2003: World Wealth Report 2003. Capgemini und Merrill Lynch.

Capgemini und Merrill Lynch, 2000: World Wealth Report 2000. Capgemini und Merrill Lynch.

Deckl, Silvia, 2010: Leben in Europa 2007 und 2008. Wirtschaft und Statistik 1/1020: 74-84.

Dennis, Ian und Guio, Anna-Catherine, 2004: Monetäre Armut in den neuen Mitgliedstaaten und den Bewerberländern. In: Statistik kurz gefasst 12. 1-11.

Deutsche Bundesregierung (Hg.), 2008: Lebenslagen in Deutschland. Der 3. Armuts- und Reichtumsbericht der Bundesregierung.

Deutsche Bundesregierung (Hg.), 2005: Lebenslagen in Deutschland. Der 2. Armuts- und Reichtumsbericht der Bundesregierung.

Deutsche Bundesregierung (Hg.), 2001: Lebenslagen in Deutschland. Der 1. Armuts- und Reichtums-
    bericht der Bundesregierung.
Druyen, Thomas, 2009: Entstehung und Verbreitung von Vermögenskultur und Vermögensethik. In:
    Druyen, Thomas; Lauterbach, Wolfgang und Grundmann, Matthias, 2009: Reichtum und Ver-
    mögen. Zur gesellschaftlichen Bedeutung der Reichtums- und Vermögensforschung. Wiesba-
    den: VS-Verlag für Sozialwissenschaften. 29-44.
Druyen, Thomas, 2007: Goldkinder. Die Welt des Vermögens. Hamburg: Murmann.
Frick, Joachim R. (u.a.), 2007: Zur Erfassung von Einkommen und Vermögen in Haushaltssurveys:
    Hocheinkommensstichprobe und Vermögensbilanz im SOEP. SOEPpapers on Multidisciplina-
    ry Panel Data Research 19.
Glatzer, Wolfgang (u.a.), 2008: Einstellungen zum Reichtum. Wahrnehmung und Beurteilung sozio-
    ökonomischer Ungleichheit und ihrer gesellschaftlichen Konsequenzen in Deutschland. Verfüg-
    bar unter: http://www.bmas.de (Stand: 2008).
Goebel, Jan; Habich, Roland und Krause, Peter, 2008: Einkommen – Verteilung, Armut und Dyna-
    mik. In: Statistisches Bundesamt (Destatis); Gesellschaft Sozialwissenschaftlicher Infrastruktu-
    reinrichtungen (GESIS-ZUMA) und Wissenschaftszentrum Berlin für Sozialforschung (WZB)
    (Hg.): Datenreport 2008. Ein Sozialbericht für die Bundesrepublik Deutschland. Bonn: Bundes-
    zentrale für politische Bildung. 163-172.
Grabka, Markus M. und Joachim R. Frick, 2007: Vermögen in Deutschland wesentlich ungleicher ver-
    teilt als Einkommen. In: DIW Wochenbericht 74/45: 665-672.
Grundmann, Matthias, 2009: Handlungsvermögen und Wohlfahrtsproduktion – Was leisten Vermögen-
    de für die gesellschaftliche Wohlfahrt? In: Druyen, Thomas; Lauterbach, Wolfgang und Grund-
    mann, Matthias, 2009: Reichtum und Vermögen. Zur gesellschaftlichen Bedeutung der Reich-
    tums- und Vermögensforschung. Wiesbaden: VS-Verlag für Sozialwissenschaften. 200-211.
Hauser, Richard und Becker, Irene, 2007: Integrierte Analyse der Einkommens- und Vermögensver-
    teilung. Abschlussbericht zur Studie im Auftrag des Bundesministeriums für Arbeit und Sozia-
    les. Verfügbar unter: http://www.bmas.de (Stand: 2008).
Huster, Ernst-Ulrich, 2009: Reiche und Superreiche in Deutschland – Begriffe und soziale Bewertung.
    In: Druyen, Thomas; Lauterbach, Wolfgang und Grundmann, Matthias, 2009: Reichtum und Ver-
    mögen. Zur gesellschaftlichen Bedeutung der Reichtums- und Vermögensforschung. Wiesbaden:
    VS-Verlag für Sozialwissenschaften. 45-53.
Huster, Ernst-Ulrich; Boeckh, Jürgen und Mogge-Grotjahn, Hildegard, 2008: Handbuch Armut und
    soziale Ausgrenzung. Wiesbaden: VS-Verlag für Sozialwissenschaften.
Huster, Ernst-Ulrich, 2001: Reichtum in Deutschland. Die Gewinner in der sozialen Polarisierung. In:
    Frerichs, Petra und Stadlinger, Jörg (Hg.): Reichtum heute. Diskussion eines kontroversen Sach-
    verhalts. Münster: Westfälisches Dampfboot. 9-27.
Huster, Ernst-Ulrich und Eißel, Dieter, 2001: Reichtumsgrenzen für empirische Analysen der Vermö-
    gensverteilung, Instrumente für den staatlichen Umgang mit großen Vermögen, ökonomische,
    soziologische und ethische Beurteilung großer Vermögen. Bericht. Erarbeitet im Auftrag des
    Bundesministeriums für Arbeit und Sozialordnung.
Huster, Ernst-Ulrich, 1997: Einkommensverteilung und hohe Einkommen in Deutschland. In: Hus-
    ter, Ernst-Ulrich: Reichtum in Deutschland. Die Gewinner der sozialen Polarisierung. Frank-
    furt, New York: Campus. 35-61.
Lauterbach, Wolfgang und Kramer, Melanie, 2009: „Vermögen in Deutschland" (ViD) – eine quan-
    titative Studie. In: Druyen, Thomas; Lauterbach, Wolfgang und Grundmann, Matthias, 2009:

Reichtum und Vermögen. Zur gesellschaftlichen Bedeutung der Reichtums- und Vermögensforschung. Wiesbaden: VS-Verlag für Sozialwissenschaften. 279-294.

Lauterbach, Wolfgang und Ströing, Miriam, 2009: Wohlhabend, Reich und Vermögend – Was heißt das eigentlich? In: Druyen, Thomas; Lauterbach, Wolfgang und Grundmann, Matthias, 2009: Reichtum und Vermögen. Zur gesellschaftlichen Bedeutung der Reichtums- und Vermögensforschung. Wiesbaden: VS-Verlag für Sozialwissenschaften. 13-28.

Lohmann, Henning, 2008: Armut von Erwerbstätigen in europäischen Wohlfahrtsstaaten: Niedriglöhne, staatliche Transfers und die Rolle der Familie. Wiesbaden: VS-Verlag für Sozialwissenschaften.

Merz, Joachim; Hirschel, Dierk und Zwick, Markus, 2005: Struktur und Verteilung hoher Einkommen – Mikroanalysen auf der Basis der Einkommensteuerstatistik. Beitrag zum zweiten Armuts- und Reichtumsbericht 2004 der Bundesregierung.

Merz, Joachim, 2002: Reichtum in Deutschland: Hohe Einkommen, ihre Struktur und Verteilung. FFB Diskussionspapier 36. Verfügbar unter: http://mpra.ub.uni-muenchen.de/5992.

Ring, Alexander M., 2000: Die Verteilung der Vermögen in der Bundesrepublik Deutschland. Analyse und politische Schlussfolgerungen. Frankfurt am Main: Peter Lang.

Sander, Karin und Weth, Hans-Ulrich, 2008: Armut und Teilhabe. Analysen und Impulse zum Diskurs um Armut und Gerechtigkeit. Wiesbaden: VS-Verlag für Sozialwissenschaften.

Schupp, Jürgen (u.a.), 2003: Repräsentative Analysen der Lebenslagen einkommensstarker Haushalte. Berlin: Deutsches Institut für Wirtschaftsforschung (DIW).

Sen, Amartya K., 1999: Development as Freedom. Oxford: University Press.

Simmel, Georg und Papilloud, Christa, 2006: Georg Simmels ‚Philosophie des Geldes‘. Frankfurt am Main: Suhrkamp.

Simmel, Georg, 2001: Philosophie des Geldes. Nachdruck. Frankfurt am Main: Suhrkamp.

Timmer, Karsten, 2005: Stiften in Deutschland. Die Ergebnisse der StifterStudie. Gütersloh: Verlag Bertelsmann Stiftung.

Volkert, Jürgen (Hg.), 2005: Armut und Reichtum an Verwirklichungschancen: Amartya Sens Capability-Konzept als Grundlage der Armuts- und Reichtumsberichterstattung. Wiesbaden: VS-Verlag für Sozialwissenschaften.

Weischer, Christoph, 2007: Reichtum. In: Fuchs-Heinritz, Werner (u.a.) (Hg.): Lexikon zur Soziologie. Wiesbaden: VS-Verlag für Sozialwissenschaften. 546.

II

Heterogenität und Verantwortung

Homogenität und Heterogenität von Reichen im Vergleich zur gesellschaftlichen Mitte

Wolfgang Lauterbach, Alexander Tarvenkorn

Moderne Gesellschaften wie Deutschland erhalten ihre Legitimation durch die Vorstellung, dass es den meisten Menschen möglich ist, ihre individuellen Lebenschancen zu verwirklichen. Die Realisierung dieser Chancen gelingt in der Regel dann sehr gut, wenn soziale Aufstiege möglich sind und sich in höheren Einkommen und materiellem Vermögen niederschlagen. Leistung, neben Talent, wesentlich durch Wissen, unternehmerisches Handeln und andere Kompetenzformen nachgewiesen, eröffnet die Chance in der gesellschaftlichen Hierarchie empor zu steigen. Materielle Gratifikationen in Form von Einkommen und erwirtschaftetem Vermögen gelten dabei als Anreiz für die Erbringung der Leistung und gleichzeitig als „Belohnung" (Davis/Moore 1994, Hayek 1994). Einkommensanstieg durch die Erbringung von Leistung und dadurch die Erfahrung sozialer Mobilität ist eine Grundvoraussetzung für die Stabilität moderner Gesellschaften. Das Gegenteil, also Immobilität trotz Leistungsveränderung, erzeugt Spannung innerhalb der Gesellschaft, da Leistung und Motivation nicht mehr honoriert werden und sich nicht mehr in sozialer Mobilität auszahlen. Immobilität fördert vor allem die Abschottung unterschiedlicher Gruppen, womit einer der zentralen Mechanismen für die Weiterentwicklung von Gesellschaften wegfallen und diese letztlich „erstarren" würde.

Verwirklichungschancen, verstanden als Aufstiegschancen, sind für die Bevölkerung ein wichtiger Motivations- und Integrationsfaktor. Sie haben daher nicht nur eine zentrale individuelle Bedeutung, sondern ebenso auch eine ordnungspolitische Relevanz: Nur so ergibt sich durch soziale Mobilität eine funktionale und arbeitsteilige Organisation der Gesellschaft und eine stark binnendifferenzierte Struktur der Bevölkerung. Kennzeichen einer solchen Sozialstruktur ist die Stratifizierung der Bevölkerung in verschiedene Schichten: Begriffe wie Mittelschicht, Arme, Wohlhabende und Reiche oder auch Eliten sind kennzeichnend für derartige Gesellschaften.

Neben den vor allem in der Ökonomie bedeutsamen Berechnungen der Einkommens- und Vermögensverteilung zur Bestimmung der Kaufkraft oder des Wohlstandsniveaus einzelner Bevölkerungsgruppen wächst seit etwa zehn Jahren das Interesse an der Bestimmung gruppenspezifischer und individuell-familialer Faktoren zur Beantwortung der Frage, wer die Personen und Familien denn eigentlich sind, denen die Attribute wohlhabend, reich oder auch superreich zugewiesen werden (Landes 1999, 2006; Schupp 2008; Wimmer/Groth/Simon 2004; Hirschel 2004; Druyen/Lauterbach/Grundmann 2009; Hradil 2009). Denn bisher ist wenig über die obersten Ränge in der Gesellschaft bekannt. Die metaphorische Darstellung Fussels (2000) von den Reichen als eher „unsichtbare" Gruppe, die sich „hinter Mauern" verschanzt, ist wenig hilfreich und der Realität nicht angepasst. Seine auf die USA gemünzte Beschreibung lässt sich zudem kaum auf Deutschland übertragen. Gleichwohl wird diese Metapher in den Medien häufig genutzt. Aus der Forschung ist dagegen bekannt, dass beispielsweise Unternehmer mit vielen Mitarbeitern oder auch mancher Freiberufler, die zu den UHNWIs[1] zu rechnen sind, in der Bevölkerung präsent und akzeptiert sind. Gerade zwischen den UHNWIs und den Mittelschichten besteht häufig eine Durchlässigkeit, die gerade nicht im Sinne einer Abschottung von Bevölkerungsgruppen zu interpretieren ist.

Wesentlich für das generell gestiegene Interesse an Fragen des Reichtums und der Gruppe der Reichen sind unseres Erachtens drei Entwicklungen, die sich in den letzten Jahren vollzogen haben:

Erstens hat sich – unabhängig von der statistischen Messung – die Größe der Mittelschicht und Größe der Gruppe der Reichen maßgeblich gewandelt (Hauser 2009; Bundesministerium 2001, 2005, 2008). So hat die Gruppe der Reichen seit Mitte der 1980er Jahre ständig an Bedeutung in der Gesellschaft gewonnen, sie umfasste – je nach Berechungsgrundlage – im Jahre 2006 mittlerweile ca. 11 Prozent der Bevölkerung. Mitte der 1980er Jahre waren es noch etwa 5 Prozent (Grabka/Frick 2008). Gleichzeitig hat – wesentlich seit Mitte der 1990er Jahre – die Mittelschicht, also diejenigen, die über ein durchschnittliches Einkommen[2] verfügen, abgenommen. Umfasste die Mittelschicht in den 1980er Jahren etwa 62 Prozent der Bevölkerung, so schrumpfte sie bis zum Jahre 2006 auf ca. 54 Prozent (Grabka/Frick 2008).

---

1   Zur Definition der einzelnen Vermögensgruppen siehe weiter unten in Kramer und Ströing oder in Lauterbach und Ströing 2009:21.

2   Die Definition der Mittelschicht erfolgt in der Regel über das Einkommen (Nolte/Hilpert 2007: 31/32). Diese Herangehensweise kommt dadurch zustande, dass Einkommen für die Abgrenzung von Mittel- und Unterschicht weitaus bedeutsamer ist, als die Betrachtung des Vermögens (Hauser 2009: 65). Betrachtet man jedoch Reiche im Vergleich zur Mittelschicht, so ist es durchaus plausibel, auch die materiellen Vermögensbestände als Analysekriterium zu wählen, denn eine wesentliche Frage ist ja gerade, ob bspw. Teile der Mittelschicht auch ohne die Notwendigkeit des Erwerbseinkommens ihre selbständige Lebensführung betreiben könnten.

Zweitens zeigen Befunde zur sozialen Mobilität in Deutschland, dass diese in den letzten drei Jahrzehnten generell abgenommen hat. Vor allem die nach 1960 Geborenen haben geringere Chancen, in ihrem Leben aufzusteigen, als die früher Geborenen (Mayer/Aisenbrey 2007:148f). Gerade die jüngsten Befunde, dass die Selbstrekrutierungsquote[3] beispielsweise in mittleren Berufsgruppen seit den 1970er Jahren anstieg, passt in dieses Bild (Datenreport 2008:181). Neben der beruflichen Position ist ein weiterer wichtiger Faktor zur Bestimmung von Wohlstand und der Zugehörigkeit zur Gruppe der Reichen die Einkommensposition, die in der Gesellschaft eingenommen wird. Auch hier zeigt sich, dass die größte Mobilität noch in den 1980er Jahren und 1990er Jahren vorherrschte, während im Zeitraum ab dem Beginn des neuen Jahrtausends die Einkommensmobilität stark abnahm. So schafften noch ca. 11 Prozent der Bevölkerung im Zeitraum von Mitte der 1980er Jahre bis zum Ende der 1980er Jahre den Sprung vom 2. in das 4. Einkommensquintil. Zwischen den Jahren 2003 bis 2006 waren dies weniger als 9 Prozent. Betrachtet man dagegen die Selbstrekrutierungsraten, so zeigt sich hier abermals, dass der Anteil derjenigen, die im selben Einkommensquintil verbleiben, seit Beginn der 1980er Jahre steigt (Datenreport 2008:171). Diese Befunde führen zu der Feststellung, dass Deutschland im historischen Vergleich seit dem Zweiten Weltkrieg daher gegenwärtig in Bezug auf die intergenerationale Mobilität eher als „erstarrte" Gesellschaft, denn als mobile bezeichnet werden kann (Hradil 2009). Betrachtet man zusätzlich die Einkommensmobilität im Sinne der intragenerationalen Karrieremobilität von Personen oder Haushalten, so war die Entwicklung in den 1990er Jahren relativ einheitlich: Unabhängig von der Messung blieb in der zweiten Hälfte der 1990er Jahre im Vergleich zu den 1980er und den frühen 1990er Jahren die Mobilität gleich oder sie war sogar leicht rückläufig. Das Ausmaß der Aufstiege blieb also gleich, dies traf sowohl auf die „neuen" Bundesländer als auch auf das frühere Bundesgebiet zu (Bundesregierung 2001:29f).

Die Feststellung, dass die Mobilität in Deutschland generell abgenommen hat, trifft zwar zu, dennoch ist die Gruppe der Reichen in den letzten Jahren größer geworden. So stellt sich drittens die Frage, welche Personen dann zur Gruppe der Reichen zu zählen sind und wie sie sich von den in der Mitte der Gesellschaft Lebenden unterscheiden? Diese Frage ist deshalb von besonderem Interesse, da die gesellschaftliche Entwicklung in den letzten 30 Jahren gerade in Bezug auf die Zugehörigkeit zu gesellschaftlichen Gruppen als Individualisierungsprozess beschrieben wurde (Beck 1986; Geißler 2008; Hradil 201). Dieser drückt sich we-

---

3   Betrachtet man die Mobilität zwischen den Generationen so gibt die Selbstrekrutierungsquote an, wie viel Prozent der Söhne bspw. derselben Berufsgruppe wie die Väter angehören. Sie zeigt das Maß der Stabilität einer Gruppe.

sentlich darin aus, dass die noch bis in die 1970er Jahre starke Trennung zwischen gesellschaftlichen Schichten reduziert wurde und vor allem vorhandene kulturelle und soziale Grenzen nivelliert wurden. Dieser Prozess wurde insbesondere für die „Mitte und die obere Mitte der Gesellschaft" durch die Benennung von Milieus beschrieben (Vester u.a. 2001). Erste Ansätze, die allerdings aufgrund der Datenlage nur eingeschränkt auf die Gruppe der Reichen übertragen werden können, zeigen, dass die Gruppe der Reichen relativ heterogen ist und durch Merkmale, die beispielsweise eine bestimmte Milieuzugehörigkeit bestimmen, kaum adäquat beschrieben werden kann (Georg 2009).

Eine ähnliche Sicht wird von Seiten der Elitenforscher eingenommen: Sie zeigen, dass viele Mitglieder von Eliten in der Gesellschaft, etwa die wissenschaftliche, die kulturelle oder auch die politische Elite aus sehr unterschiedlichen gesellschaftlichen Gruppierungen stammen. „Grenzen" scheinen also auch hier durchlässig zu sein (Hradil/Imbusch 2003). Eine Ausnahme in dieser Argumentation stellt die Wirtschaftselite dar. Sie ist die „homogenste" Gruppe unter den Eliten (Hartmann 2004, 2007).

Es stellt sich also die Frage, inwieweit bestimmte Faktoren die Zugehörigkeit zur Gruppen der Reichen bestimmen: Werden etwa nur Personen durch Selbständigkeit reich? Überprüft worden ist dies noch nicht, jedoch zeigt sich auch bei dieser Teilgruppe , dass innerhalb der Reichen Selbständigkeit zwar eine besondere Bedeutung hat, dass aber die Varianz des Reichtums in dieser Gruppe besonders hoch ist. Selbständigkeit beziehungsweise Unternehmertum ist mit der Chance verbunden reich zu werden, aber es besteht eben auch ein hohes Risiko abzusteigen (Merz/Zwick 2007).

Außerdem ist zu fragen wie die Gruppe der Reichen zu charakterisieren ist, denn bisher ist weitgehend unklar, inwieweit Individualisierung und Pluralisierung auch auf Reiche zutreffen.

Diese Entwicklungen zusammengenommen – die Verschiebung der Schichtstruktur, aber ein gleichzeitiges Anwachsen der Gruppe der Reichen, das Erstarren der gesellschaftlichen Mobilität in der Mittelschicht, jedoch nach wie vor Aufstiege in die Gruppe der Reichen und der langfristig wirkende gesellschaftliche Prozess der Individualisierung und Pluralisierung in der gesellschaftlichen Mitte – lassen die Frage aufkommen, ob die Reichen als homogene oder heterogene Gruppe zu betrachten sind. Diese Frage ist deswegen von so großer Bedeutung, da sie wichtige legitimatorische Aspekte für die gesellschaftliche Entwicklung Deutschlands thematisiert.

1. Die Gruppe der Reichen und die Mittelschicht: Unterschiede und Gemeinsamkeiten

Stellt man die Fragen „wer sind Reiche und wie sind sie reich geworden", so werden zwei Aspekte angesprochen: Erstens die Zusammensetzung der Reichen nach bestimmten sozial relevanten Kriterien. Dazu werden im Folgenden die Ergebnisse der *ViD*-Studie betrachtet.

Der zweite Aspekt ist die Frage danach, wie Reiche zu ihrem Vermögen gekommen sind. Hier ist eine alleinige Analyse der *ViD*-Stichprobe nicht ausreichend. Oftmals werden Besonderheiten einer Gruppe erst in der Gegenüberstellung mit einer Vergleichsgruppe deutlich. Für Reiche bietet sich als Vergleichsgruppe besonders die Mittelschicht an. Sie stellt die „gesellschaftliche Mitte", also die große Gruppe der Bevölkerung mit einem mittleren Bildungsniveau und einem mittleren Einkommen dar. In der wissenschaftlichen Debatte ist die Mittelschicht – trotz ihrer großen Heterogenität – ein fester Begriff (Vodafone Stiftung 2007). Sie wird in der Regel über Einkommensgrenzen von Haushalten definiert. Als Mittelschicht werden dann diejenigen Haushalte bezeichnet, die zwischen 75 und 200 Prozent des durchschnittlichen äquivalenzgewichteten Haushaltsnettoeinkommens zur Verfügung haben.[4] Im Folgenden werden nun die Befragten der *ViD*-Stichprobe mit der Mittelschicht verglichen, um ggf. besondere soziale und lebensweltliche Merkmale der Gruppe der Reichen zu finden.[5]

Die *ViD*-Stichprobe ist unterteilt in drei Gruppen: Wohlhabende, Affluents und HNWIs. Diese Unterteilung folgt der Logik der Stichprobenziehung:

Tabelle 1: Aufteilung der *ViD*-Stichprobe nach frei verfügbarem Kapitalvermögen

Teilgruppe	Höhe des frei verfügbaren Kapitalvermögens	Unterteilung der *ViD* Stichprobe
1	200.000 bis unter 500.000 €	Wohlhabende
2	500.000 bis unter 1.000.000 €	Affluents
3	Mindestens 1.000.000 €	HNWIs

Quelle: *ViD* 2009, eigene Darstellung

---

4   Vgl. hierzu genauer Grabka / Frick 2008.
5   Der Vergleich wird mit den Daten des Sozio-ökonomischen Panels (SOEP) durchgeführt. Das SOEP ist eine repräsentative Wiederholungsbefragung privater Haushalte, die seit 1984 in Westdeutschland und seit 1990 in Gesamtdeutschland jährlich durchgeführt wird (Wagner/Frick/Schupp 2007).

Durch diese Unterteilung gelingt es, soziale, ökonomische und personale Unterschiede in der Gruppe der Reichen sichtbar zu machen. Sind also Reiche selbst eine eher heterogene oder homogene Gruppe? Ändert sich möglicherweise mit zunehmender materieller Vermögenshöhe die Struktur der Gruppe?

Damit soll nicht nur die Frage nach unterschiedlichen Profilen, sondern wesentlich auch die Frage beantwortet werden, ob verschiedene Faktoren für unterschiedliche Vermögenshöhen ausschlaggebend sind. Um dieser Frage nachzugehen, werden im Anschluss an deskriptive Betrachtungen logistische Regressionsmodelle geschätzt. Anhand dieser Modellschätzungen kann überprüft werden, welche Faktoren einen Einfluss darauf haben, zu welcher Vermögensgruppe die Befragten von *ViD* gehören. Haben also beispielsweise Bildung, Stellung im Beruf oder Dimensionen der Selbstwirksamkeit einen Einfluss auf die Zugehörigkeit zur Gruppe der Wohlhabenden, Affluents oder HNWIs?

2. Deskriptive Befunde

2.1 Alter, Erwerbstätigkeit, Einkommen und materielles Haushaltsvermögen

Betrachtet man zunächst das mittlere Alter der Personen in den einzelnen Gruppen, so zeigt sich, dass dieses sowohl innerhalb von *ViD* als auch im Vergleich zur Mittelschicht stark variiert. Es variiert von durchschnittlich 53 Jahren in der Gruppe der Affluents bis zu durchschnittlich 61 Jahren in der Gruppe der HNWIs als ältester Gruppe.

Tabelle 2: Durchschnittliches Alter von reichen Personen

Kategorien	Wohl-habende (n=201)	Affluents (n=121)	HNWIs (n=116)	*VID* gesamt (n=438)	SOEP Mittelschicht (n=5469)
Mittelwert	56,4	54,5	59,9	56,8	57,0
Standard-abweichung	11,7	12,9	10,8	12,0	15,1
Median	58,0	53,0	61,0	57,0	55,0
Min-Max	29,0 - 88,0	29,0 - 84,0	38,0 - 87,0	29,0 - 88,0	26,0 - 99,0

Quelle: *ViD* 2009, SOEP 2008, eigene Berechnungen

Das durchschnittliche Alter der Personen aus der Mittelschicht beträgt 55 Jahre. Zusätzlich zeigen sich in allen Gruppen große Varianzen zwischen dem Jüngsten und Ältesten. Es handelt sich bezüglich des Alters also bei allen fünf Gruppen um eine jeweils heterogene Zusammensetzung mit Ausnahme der HNWIs. Die Reichsten in unserer Stichprobe sind am altershomogensten, da sie die geringste Standardabweichung und den höchsten Median aufweisen. Am heterogensten ist hingegen die Mittelschicht, verglichen anhand der Standardabweichung. Somit lässt sich die Tendenz erkennen, nach der hohe Vermögen und ein steigender materieller Wohlstand mit zunehmendem Alter zu verzeichnen sind.

Betrachten wir in einem zweiten Schritt die Erwerbssituation in der Gruppe der Reichen (Tabelle 3). Von den Erwerbstätigen arbeitet der weit überwiegende Teil Vollzeit. Doch zeigt sich bei der Differenzierung nach Vollzeit/Teilzeit und Nicht-Erwerbstätigkeit nicht nur ein Unterschied zwischen *ViD* und der Mittelschicht, sondern innerhalb der Wohlhabenden, Affluents und HNWIs auch maßgeblich zwischen den Geschlechtern! Reiche arbeiten deutlich häufiger Vollzeit als die Mittelschicht, dies gilt sowohl für Männer als auch für Frauen. Nahezu 90 Prozent der Männer in allen drei Vermögensgruppen arbeiten Vollzeit und ca. zwei Drittel der Frauen. In der Mittelschicht arbeiten vor allem die Frauen deutlich weniger – nur nahezu jede Zweite ist hier Vollzeit erwerbstätig.

Grundsätzlich auffallend ist aber das hohe Ausmaß der Erwerbsbeteiligung reicher Frauen. Dies deutet darauf hin, dass speziell die Erwerbstätigkeit beider Partner erst die Zugehörigkeit zu den Wohlhabeden, Affluents und HNWIs ermöglicht, auf alle Fälle aber erleichtert. Die Erwerbstätigkeit beider Partner ist ein wichtiger Faktor bei der Vermögensbildung und auf dem Weg zum materiellen Wohlstand. In der Mittelschicht hingegen zeigt sich eher ein ‚klassisches‘ Rollenverhältnis, nach dem es vor allem die vollzeiterwerbstätigen Männer sind, die den größten Anteil am Haushaltseinkommen erwirtschaften. Frauen arbeiten hier nur zu weniger als der Hälfte Vollzeit.

Tabelle 3: Erwerbssituation, gesamt und nach Geschlecht (in Prozent)

	Kategorien	Wohl-habende	Affluents	HNWIs	*VID* gesamt	Mittel-schicht
gesamt	Vollzeit	86,7	87,4	82,4	85,8	73,7
	Teilzeit	8,2	7,4	7,7	7,8	16,1
	nicht erwerbs-tätig	5,1	5,3	9,9	6,4	10,2
Männer	Vollzeit	95,7	94,4	86,8	92,7	87,9
	Teilzeit	3,5	2,8	5,3	3,8	5,2
	nicht erwerbs-tätig	0,9	2,8	7,9	3,4	6,9
Frauen	Vollzeit	62,8	66,7	60,0	63,4	48,0
	Teilzeit	20,9	20,8	20,0	20,7	35,8
	nicht erwerbs-tätig	16,3	12,5	20,0	15,9	16,2

Quelle: *ViD* 2009, SOEP 2008, eigene Berechnungen

Betrachtet man allerdings speziell die Gruppe der HNWIs, so ist offenkundig, dass unter den Erwerbstätigen in der Gruppe der HNWIs, der Anteil Vollzeiterwerbstätiger am geringsten ist, sowohl bei Männern als auch bei Frauen. Dies kann als Indiz dafür gesehen werden, dass mit zunehmendem materiellem Vermögen, die Bedeutung des Erwerbseinkommens für die Generierung der Vermögensbasis aus Einkünften abnimmt. Das materielle Vermögen rekrutiert sich zu einem größeren Teil aus dem Vermögensbesitz selbst (Merz 2007). Erwerbsarbeit nimmt demnach als Mittel der Generierung von Reichtum und materiellem Vermögen mit zunehmender Höhe des Vermögens ab.

Vergleich man nun tatsächlich die Höhe der Einkommen miteinander (Tabelle 4), zuerst zwischen der Mittelschicht und der Gruppe der Reichen, so zeigt sich erwartungsgemäß, dass die Mittelschicht im Durchschnitt deutlich weniger verdient. Sowohl bei den Männern als auch bei den Frauen finden sich knapp 90 Prozent in den Kategorien von unter 20.000 Euro im Jahr bzw. zwischen 20.000 und 40.000 Euro. Völlig gegensätzlich verhält es sich in der Gruppe der Reichen, bei der jeweils mehr als 90 Prozent sowohl der Männer als auch der Frauen mehr als 40.000 Euro p.a. verdienen. Mehr als 50 Prozent der Gesamtgruppe und der Männer verdienen sogar ab 80.000 Euro p.a. aufwärts. Bei den Frauen ist der Anteil mit knapp einem Drittel etwas geringer. In der Mittelschicht, verdient hingegen „niemand" mehr als 80.000 Euro pro Jahr. Allerdings zeigt sich auch, dass in der Gruppe der Reichen Männer deutlich mehr verdienen als Frauen. Nahezu 30 Prozent der Männer verfügen über ein Nettoerwerbseinkommen von mehr als 150.000.- Euro pro Jahr, während es bei den Frauen nur jede Zehnte ist.

Tabelle 4: Einkommensgruppen der Mittelschicht und der Gruppe der Reichen (Nettoerwerbseinkommen 2007)

	Einkommen	Mittelschicht	*ViD* Gesamt
gesamt	weniger als 20T€	43,3	7,7
	20 T€ bis unter 40 T€	49,1	7,1
	40 T€ bis unter 80 T€	9,5	**29,8**
	80 T€ bis unter 150 T€	0,2	**30,9**
	150 T€ und mehr	-	**24,6**
Männer	weniger als 20T€	27,5	2,6
	20 T€ bis unter 40 T€	59,0	3,7
	40 T€ bis unter 80 T€	13,3	**29,9**
	80 T€ bis unter 150 T€	0,2	**34,3**
	150 T€ und mehr	-	**29,6**
Frauen	weniger als 20T€	69,2	22,1
	20 T€ bis unter 40 T€	29,0	16,8
	40 T€ bis unter 80 T€	1,6	**29,5**
	80 T€ bis unter 150 T€	0,1	**21,1**
	150 T€ und mehr	-	**10,5**

Signifikant auf dem .001 Niveau nach der Pearsons Chi²-Statistik.
Quelle: *ViD* 2009, SOEP 2008, eigene Berechnungen

Die These, dass das Einkommen von Reichen differenziert betrachtet werden muss, bestätigt sich, wenn nach den drei definierten Gruppen unterschieden wird[6]: In der Gruppe der HNWIs verdient nahezu jeder Zweite mehr als 150.000 Euro pro Jahr.

---

6   Die Einkommenskategorie „200T € und mehr" wird hier wieder in die Betrachtung mit aufgenommen. Beim Vergleich mit der Mittelschicht wurde diese Kategorie derjenigen der 150 T€ und mehr zugeordnet. Der Grund lag darin, dass bei den SOEP-Daten niemand angab, über mehr als 200.000 € pro Jahr zu verfügen.

Sogar mehr als ein Drittel verfügt über ein Jahreseinkommen von mehr als 200.000 Euro, wohingegen es in der Gruppe der Affluents nur knapp 16 Prozent sind und bei den Wohlhabenden sogar nur 6,5 Prozent. Mit zunehmendem frei verfügbarem Vermögen steigt also auch in den hier betrachteten Vermögensgruppen das Jahreseinkommen markant an!

Tabelle 5: Einkommensgruppen differenziert in der Gruppe der Reichen (Nettoerwerbseinkommen 2007)

	Wohlhabende	Affluents	HNWIs
weniger als 40T€	20,0	14,9	5,3
40 T€ bis unter 80 T€	37,6	34,6	10,5
80 T€ bis unter 150 T€	30,6	27,7	34,8
150 T€ bis unter 200 T€	5,3	6,9	15,8
200 T€ und mehr	6,5	15,8	33,7

Signifikant auf dem .001 Niveau nach der Pearsons Chi^2-Statistik.
Quelle: *ViD* 2009, SOEP 2008, eigene Berechnungen

Betrachten wir nun noch abschließend das Haushaltsvermögen und vergleichen hier auch wiederum mit der Mittelschicht und innerhalb der Reichen selbst. Das Haushaltsgesamtvermögen liegt in der Gruppe der Reichen selbst schon bei den Wohlhabenden deutlich über dem Haushaltsgesamtvermögen der Mittelschicht. Die Unterschiede zeigen sich stabil, unabhängig von den Messwerten, – Mittelwert, Median oder Quartilsgrenzen – die herangezogen werden. Das durchschnittliche bzw. mittlere Haushaltsgesamtvermögen in *ViD* beträgt mit 2,5 Mio. Euro bzw. 1,5 Mio. Euro in etwa das Zehnfache des Vermögens der Mittelschicht.

Tabelle 6: Vergleich des Haushaltsvermögens mit der Mittelschicht und in der Gruppe der Reichen selbst (in Euro)

	Mittelschicht	*ViD* gesamt	Wohlhabende	Affluents	HNWIs
Mittelwert	230.000	2.450.000	1.080.000	2.130.000	5.830.000
Median	160.000	1.500.000	750.000	1.500.000	3.380.000
1. Quartil	42.000	800.000	550.000	1.050.000	2.550.000
3. Quartil	310.000	2.560.000	1.130.000	2.250.000	5.000.000

Legende: auf 10.000 gerundet
Quelle: *ViD* 2009, SOEP 2008, eigene Berechnungen

Ein Vergleich der Wohlhabenden, Affluents und HNWIs zeigt, dass das Vermögen von Gruppe zu Gruppe ebenfalls nochmals ansteigt. Die HNWIs schließlich verfügen über ein Gesamtvermögen von 5,8 beziehungsweise 3,4 Mio. Euro. Auffallend ist hier, dass die Differenz zwischen den Affluents und den HNWIs deutlich größer ausfällt, als der Unterschied zwischen den Wohlhabenden und den Affluents. Die HNWIs grenzen sich deutlich zu den darunter liegenden Vermögensgruppen ab. Wohlhabende und Affluents sind also, was das Vermögen betrifft, weniger unterschiedlich.

2.2 Bildungsunterschiede und Persönlichkeitsaspekte

Neben den deutlichen Differenzen im Alter, der Erwerbstätigkeit sowie der Einkommens- und Vermögenshöhe zwischen Angehörigen der Mittelschicht und der Gruppe der Reichen, aber auch innerhalb der Gruppe Reicher selbst, stellt sich die bedeutsame Frage, inwiefern es Unterschiede hinsichtlich bildungsspezifischer und persönlicher Merkmale gibt. Diese Frage ist aus zwei Perspektiven besonders relevant: Erstens existiert bisher noch die weitgehend offene Frage, inwieweit es einen Zusammenhang zwischen dem Besitz hoher Vermögen und hohen Bildungsqualifikationen gibt. Ist eine hohe Bildungsqualifikation in modernen Wissensgesellschaften Voraussetzung für den Erwerb hoher Vermögensbestände? Oder sind Merkmale des ausgeübten Berufs der entscheidendere Weg, um zu einem hohen Vermögen zu gelangen? Des Weiteren ist die Frage ungeklärt, wie sich Persönlichkeitseigenschaften im späteren Leben auf die Möglichkeit auswirken, reich und vermögend zu werden.

Abbildung 1: Höchster schulischer Abschluss reicher Männer und Frauen im
Vergleich zur Mittelschicht (in Prozent)[7]

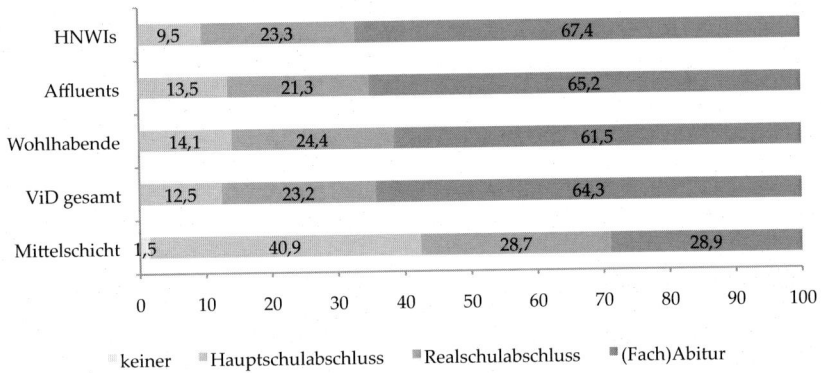

Männer

keiner   Hauptschulabschluss   Realschulabschluss   (Fach)Abitur

Frauen

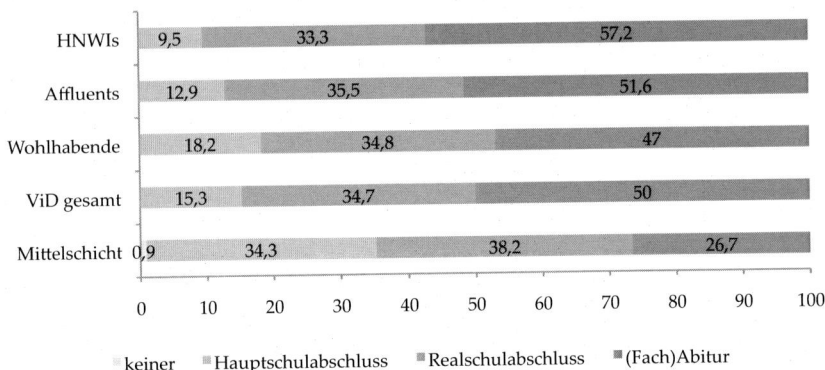

keiner   Hauptschulabschluss   Realschulabschluss   (Fach)Abitur

Signifikant auf dem .05 Niveau nach der Pearsons Chi²-Statistik. (nur *ViD*-Gesamt)
Signifikant auf dem .001 Niveau nach der Pearsons Chi²-Statistik. (nur Mittelschicht)
Quelle: *ViD* 2009, SOEP 2008, eigene Berechnungen

Betrachten wir zunächst die schulischen Abschlüsse. Hier zeigen sich auffallender
Weise kaum Differenzen zwischen Wohlhabenden, Affluents und HNWIs. Eben-

―――――――――――――――
7   Für Geschlechterdifferenzierung siehe Anhang: Tabelle A1.

so sind zwischen den Geschlechtern nur geringe Unterschiede festzustellen. Die größten Differenzen hinsichtlich des höchsten erworbenen schulischen Abschlusses finden sich wiederum zwischen den HNWIs und den beiden anderen Gruppen. Dies trifft sowohl für Männer als auch für Frauen zu. In der Gruppe der HNWIs befindet sich jeweils der größte Anteil an Abiturienten. Bei den Männern sind dies mehr als zwei Drittel und bei den Frauen immerhin 58 Prozent. Bei den Wohlhabenden sind es ca. 61 Prozent bei Männern und knapp 50 Prozent bei Frauen. Ein genereller Unterschied besteht jedoch im Vergleich zur Mittelschicht. So verfügen zwei Drittel reicher Männer über ein Abitur, in der Mittelschicht hingegen sind es nur 29 Prozent. Bei Frauen ist der Unterschied ebenso sehr groß: Mehr als jede zweite reiche Frau hat ein Abitur, in der Mittelschicht sind es hingegen nur 29 Prozent.

Sehr deutlich ist auch die Differenz was den niedrigsten Schulabschluss betrifft – die Hauptschule. In der Mittelschicht haben ca. 40 Prozent der Männer und ein Drittel der Frauen einen Hauptschulabschluss, in der Gruppe der Reichen sind es nur 12 bzw. 15 Prozent.[8]

Reiche Personen verfügen also deutlich häufiger über den höchsten zu erwerbenden schulischen Abschluss. Der Abschluss eines Abiturs erleichtert daher auffallend die Zugehörigkeit zur Gruppe der Reichen.

Was die berufliche Qualifikation betrifft, so sind die Unterschiede nicht minder auffällig. Es zeigen sich sowohl markante Unterschiede im Vergleich zur Mittelschicht, als auch innerhalb der drei Gruppen. Zusätzlich zeigen sich starke Unterschiede zwischen den Geschlechtern.

Auffallend ist zunächst, dass zwischen der Gruppe der Reichen und der Mittelschicht die Unterschiede bei Männern wesentlich deutlicher zutage treten als bei den Frauen.[9] Unter Reichen ist die Gruppe der Hochschulabsolventen die größte, während in der Mittelschicht diejenigen mit einer Lehre die größte Gruppe stellen. Nahezu jeder Zweite hat einen Hochschulabschluss, während es in der Mittelschicht nur jeder Vierte ist. Auffallend ist auch, dass sich niemand unter den Reichen befindet, der keinen beruflichen Abschluss hat. In der Mittelschicht sind es immerhin ca. 8 Prozent.

---

8   Die Verteilung in der Mittelschicht unterscheidet sich nochmals von der Verteilung in der Gesamtbevölkerung, bei der ca. 40 Prozent über einen Hauptschulabschluss und jeweils ca. 20 Prozent über Mittlere Reife bzw. Abitur verfügen. Weitere ca. 20 Prozent haben (noch) keinen schulischen Abschluss oder einen anderen schulischen Abschluss. (vgl. Bildung in Deutschland 2008. S. 233)

9   Aber auch hier zeigen sich bereits Unterschiede der SOEP-Mittelschicht gegenüber der erwerbstätigen Gesamtbevölkerung. Vgl. hierzu Statistisches Bundesamt 2009: Bevölkerung und Erwerbstätigkeit. Fachserie1 Reihe 4.1.2. S. 6.

Abbildung 2: Berufliche Bildung Männer (in Prozent)[10]

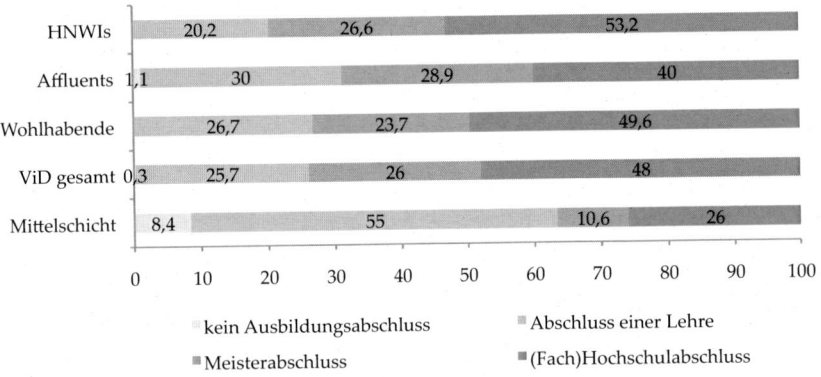

Männer

Signifikant auf dem .001 Niveau nach der Pearsons Chi²-Statistik.
Quelle: *ViD* 2009, SOEP 2008, eigene Berechnungen

Betrachten wir die Frauen. Hier liegt der Anteil der Hochschulabschlüsse deutlich niedriger als bei den Männern. Doch zeigt sich auch hier ein insgesamt höheres Qualifikationsniveau reicher Frauen gegenüber der Mittelschicht. Im Unterschied zu Männern ist auffallend, dass es unter reichen Frauen einen – wenn auch geringen – Anteil gibt, die nie in ihrem Leben eine Ausbildung absolviert haben.

---

10   Für Geschlechterdifferenzierung siehe Anhang: Tabelle A2.

Abbildung 3: Berufliche Bildung Frauen (in Prozent)

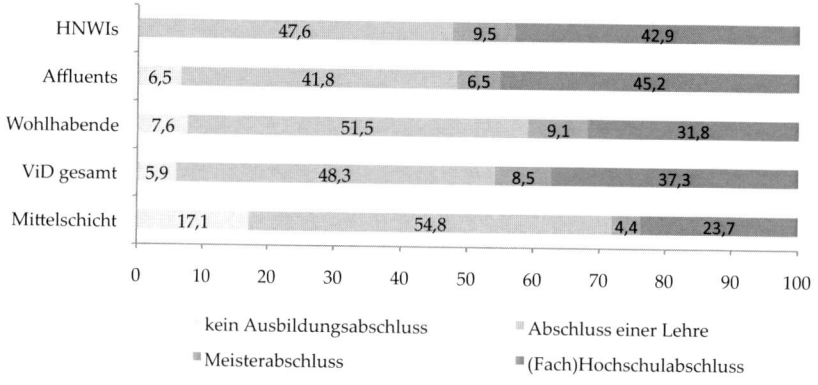

Frauen

Signifikant auf dem .001 Niveau nach der Pearsons Chi²-Statistik. (Wohlhabende, ViD-Gesamt und Mittelschicht)
Signifikant auf dem .05 Niveau nach der Pearsons Chi²-Statistik. (Affluents und HNWIs)
Quelle: *ViD* 2009, SOEP 2008, eigene Berechnungen

Diese Befunde lassen den Schluss zu, dass sowohl eine hohe schulische als auch akademische Ausbildung förderlich für den Erwerb materiellen Vermögens ist. Aber auch die Abschlüsse als Meister ermöglichen gerade Männern – vermutlich über den Weg der Selbständigkeit – in die Gruppe Reicher aufzusteigen. Zumindest zeigen sich diese Befunde deskriptiv.

Hohe Bildungsabschlüsse können in Einkommensvorteile umgesetzt werden oder anders formuliert: Hohe Bildungsabschlüsse sind notwendig, um in gut bezahlte Berufe zu gelangen (vgl. Hirschel 2004; Schiener 2006).[11]

Sehen wir uns nun die Position im Erwerbssystem anhand der Stellung im Beruf an. Während es in der Mittelschicht vor allem die (Fach-)Arbeiter, Meister und Angestellten unterschiedlicher Qualifikationsniveaus sind, findet man in der Gruppe der Reichen vor allem Freiberufler, selbständige Akademiker und Unternehmer. Auffallend ist auch, dass Tätigkeiten mit hohen Verantwortungsbereichen (Angestellte mit umfassenden Führungsaufgaben) vor allem in der Gruppe der Reichen zu finden sind.

---

11   Vgl. auch Schupp et al. 2005: 38 und Pollmann-Schult 2006.

Tabelle 7: Stellung im Beruf

Stellung im Beruf	Mittel- schicht	*ViD* gesamt	Wohl- habende	Affluents	HNWIs
(Fach-) Arbeiter/Meister	28,8	2,2	2,0	3,3	1,2
Freie Berufe/ Selbständige Akademiker	2,7	18,6	17,3	24,4	14,6
Selbstständige Unternehmer (<10 Ma.)	6,9	25,5	27,3	17,8	30,5
Selbstständige Unternehmer (10+ Ma.)	0,6	21,7	16,0	20,0	34,1
Angestellte mit einfacher/qua- lifizierter Tätigkeit, Beamte im einf. bis mittleren Dienst	35,0	9,9	13,3	11,1	2,4
Angestellte mit hochqualifi- zierter Tätigkeit, Beamte im gehobenen bis höheren Dienst	24,4	16,8	18,7	17,8	12,2
Angestellte mit umfassenden Führungsaufgaben	1,6	5,3	5,3	5,6	4,9
N	3264	472	219	131	122

Signifikant auf dem .05 Niveau nach der Pearson-Chi^2-Statistik

Quelle: *ViD* 2009, SOEP 2008, eigene Berechnungen

Aus dieser Analyse wird klar ersichtlich, dass es eine signifikant größere Grup-pe an Unternehmern gerade unter den HNWIs gibt. Betrachten wir diese Gruppe genauer, so ist deutlich zu erkennen, dass gerade Unternehmer mit mehr als 10 Mitarbeitern zu den reichsten in der Bevölkerung gehören. Jeder fünfte ist in der kleinen Gruppe der Reichen ein Unternehmer mit mehr als 10 Mitarbeitern, unter den HNWIs ist es sogar mehr als jeder Dritte, in der Mittelschicht hingegen sind es nur 0,6 Prozent.

Tabelle 8: Stellung im Beruf nach Geschlecht

	Stellung im Beruf	Mittel-schicht	ViD gesamt
Männer	(Fach-) Arbeiter/Meister	36,3	2,8
	Freie Berufe/ Selbständige Akademiker	2,5	17,8
	Selbständige Unternehmer (<10 Ma.)	8,0	26,5
	Selbständige Unternehmer (10+ Ma.)	0,8	25,3
	Angestellte mit einfacher/qualifizierter Tätigkeit, Beamte im einf. bis mittleren Dienst	23,2	6,3
	Angestellte mit hochqualifizierter Tätigkeit, Beamte im gehobenen bis höheren Dienst	27,3	16,2
	Angestellte mit umfassenden Führungsaufgaben	1,9	5,1
	N	2181	243
Frauen	(Fach-) Arbeiter/Meister	13,8	-
	Freie Berufe/ Selbständige Akademiker	3,2	21,7
	Selbständige Unternehmer (<10 Ma.)	4,6	21,7
	Selbständige Unternehmer (10+ Ma.)	0,1	8,7
	Angestellte mit einfacher/qualifizierter Tätigkeit, Beamte im einf. bis mittleren Dienst	58,6	23,2
	Angestellte mit hochqualifizierter Tätigkeit, Beamte im gehobenen bis höheren Dienst	18,7	18,8
	Angestellte mit umfassenden Führungsaufgaben	0,9	5,8
	N	1083	69

Signifikant auf dem .001 Niveau nach der Pearsons Chi^2-Statistik.
Quelle: *ViD* 2009, SOEP 2008, eigene Berechnungen

Im Geschlechtervergleich wird deutlich, dass Frauen in der Mittelschicht im Vergleich zu den Männern wesentlich seltener selbständig sind. Fast 60 Prozent von ihnen sind als Angestellte mit einfachen oder qualifizierten Tätigkeiten oder als einfache bis mittlere Beamtinnen beschäftigt. Bei den Männern hingegen sind es nur ca. 24 Prozent. Zwar sind deutlich weniger Frauen Unternehmerinnen, jedoch zeigt der Vergleich zur Mittelschicht, dass gerade auch unter reichen Frauen Selbständigkeit weit verbreitet ist.

Im Folgenden wenden wir uns der Persönlichkeit von Reichen zu. Da der Erwerb von Vermögen nicht nur von strukturellen Bedingungen abhängig ist, ist zu fragen, inwieweit persönliche Faktoren eine Bedeutung haben. Denn es gibt die

Vermutung, dass der Erwerb von Reichtum gerade mit der aktiven Leistung von Menschen zu tun hat (Schäfer 2008). Daher ist zu vermuten, dass sich Unterschiede hinsichtlich der Persönlichkeit zwischen den Personen der jeweiligen Gruppen zeigen. Je stärker in modernen Gesellschaften durch den Prozess der Individualisierung Grenzen zwischen Schichten weggefallen sind, umso stärker kommt es – neben strukturellen Faktoren – auch auf persönliche Eigenschaften wie etwa die „Offenheit gegenüber Neuem" oder eine „Risikobereitschaft", beispielsweise zu investieren, an. Die Art der Handlungen – ob beispielsweise risikoavers oder risikofreudig – ist stark durch die Persönlichkeit bestimmt (Kahneman/Tverski 1979; Tverski/Kahneman 1992).

Als die Persönlichkeit eines Menschen wird die Gesamtheit der individuellen Merkmalsausprägungen verstanden, die Mitglieder einer Gruppe voneinander unterscheiden (Asendorpf 2007). Unter verschiedenen Ansätzen zur Beschreibung der Persönlichkeit hat sich in der Psychologie ein Fünf-Faktoren-Modell durchgesetzt. Dieses beschreibt für westliche Gesellschaften auf der Basis von fünf relativ unabhängigen Dimensionen, alltagspsychologisch repräsentative Eigenschaften von Personen.[12] Die Merkmalsausprägungen sind weitgehend stabil, wenngleich langfristig auch geringe Änderungen nicht ausgeschlossen sind. Diese Faktoren sind Neurotizismus, Extraversion, Verträglichkeit, Offenheit und Gewissenhaftigkeit (Asendorpf 2007; Krampen 1987).

Neurotizismus als Merkmal umreißt Eigenschaften, die die Emotionalität betreffen, die also alle Menschen aufweisen. Eine Person mit hoher Ausprägung ist labil und damit leicht aus dem Gleichgewicht zu bringen. Diese Personen wechseln häufig Themen, brechen Tätigkeiten ab und schätzen ihre Beziehungen eher negativ ein.

Extraversion als Merkmal beschreibt vor allem offene Menschen, die viele Kontakte haben, sich sicher in Netzwerken bewegen, die heiter und optimistisch sind und zahlreiche Beziehungen haben, die sie auch unterstützen. Diese Personen sind daher auch „gesellig". Wenig extravertierte Personen leben eher zurückgezogen.

---

12   Die „Big Five" entsprechen einem Fünf-Faktoren-Modell, in dem die fünf Hauptdimensionen der Persönlichkeit festgelegt werden: Neurotizismus, Extraversion, Offenheit, Verträglichkeit und Gewissenhaftigkeit. Diese Faktoren wiederum werden in der Psychologie und Sozialforschung anhand von Persönlichkeitstests erhoben, unter denen sich vor allem der von Costa und McCrae entwickelte Test NEO-FFI als gängige Praxis durchgesetzt hat (vgl. z.B. Costa/McCrae 1995). Diese Kurzfassung umfasst insgesamt 15 Verhaltens- und Persönlichkeitsbeschreibungen, drei pro Faktor. Diesen Items ordnen sich die Befragten auf einer Skala von 1 bis 7 zu. Aus den Ausprägungen wird jeweils für jede Persönlichkeitsdimension ein Index gebildet, der die Werte 3 bis 21 annehmen kann, welche wiederum in geringe (3 bis 8) mittlere (9 bis 14) und hohe (15 bis 21) Ausprägungen unterteilt werden können.

Menschen, die *verträglich* sind, verhalten sich kooperativ und sozial erwünscht. Sie sind meist bei ihren Mitmenschen akzeptiert und beliebt. Wenig verträgliche Personen verhalten sich hingegen eher egozentrisch und misstrauisch. Sie handeln alleine und sind wenig kooperativ.

Offenheit beschreibt die Eigenschaft von Menschen, die neuen Dingen gegenüber aufgeschlossen sind, sie gerne Neues ausprobieren und sie keine Furcht vor ungewohnten Situationen äußern. Das Gegenteil wären ängstliche Personen, die sich nur an Bekanntem orientieren und auf die alles Neue eher beängstigend wirkt.

Gewissenhaftigkeit ist ein Aspekt von Selbstkontrolle. Er äußert sich darin, dass diese Personen gut organisieren können, zum Beispiel Projekte gut planen und durchführen können. Sie sind außerdem ehrgeizig, zuverlässig und pünktlich aber auch eher kontrollierend. Personen, die wenig gewissenhaft erscheinen, sind eher unzuverlässig, Beziehungen oder Zusagen werden eher locker gehandhabt.

Neben den Unterscheidungen nach Bildungs- und Berufs-Merkmalen stellt sich die Frage, ob Reiche sich untereinander und vom Durchschnitt der Bevölkerung hinsichtlich der genannten Merkmale unterscheiden. Zu vermuten ist beispielsweise, dass Reiche besonders „offen" gegenüber Neuem sind. Denn Offenheit gilt beispielsweise als Merkmal von Unternehmern. Dies trifft ebenso auf die Risikobereitschaft zu.

Die folgende Abbildung 4 zeigt den prozentualen Anteil der Personen aus der Mittelschicht bzw. der Befragten in *ViD*, die beim jeweiligen Faktor eine hohe Ausprägung haben.

Abbildung 4: Persönlichkeitseigenschaften im Vergleich zwischen Mittelschicht
und der Gruppe der Reichen

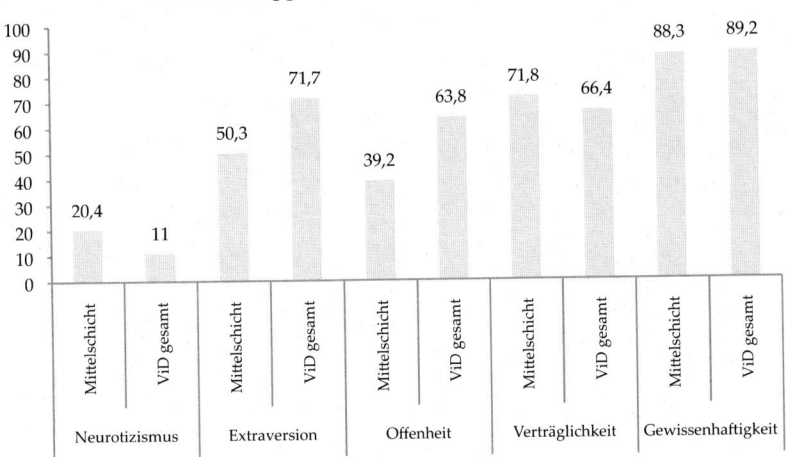

Quelle: *ViD* 2009, SOEP 2008, eigene Berechnungen

Im Vergleich zwischen *ViD* und der Mittelschicht ergeben sich bei drei Faktoren
deutliche Unterschiede. Die Befragten bei *ViD* weisen wesentlich höhere Ausprägungen bei Extraversion und Offenheit und eine wesentliche niedrigere beim Neurotizismus auf als die Mittelschicht.

Bei der Extraversion, dem Indikator für Geselligkeit und zwischenmenschli-
che Aktivität, liegt die *ViD*-Gruppe mit einem Anteil von mehr als 70 Prozent bei
den hohen Ausprägungen deutlich höher als die Mittelschicht mit 50 Prozent. Ähnlich verhält es sich bei der Offenheit. Dies steht für eine starke Ausprägung von
Neugierde und Wissbegierde. Dies trifft auf mehr als 60 Prozent der Personen in
ViD, aber nur auf ca. 40 Prozent in der Mittelschicht zu. Neurotizismus steht für
psychische und emotionale Instabilität. Hier weisen die Befragten in *ViD* nur etwa
halb so oft eine hohe Ausprägung auf wie die Mittelschicht. Kaum Unterschiede
zeigen sich hingegen bei der Verträglichkeit, also dem Altruismus, der Hilfsbe-
reitschaft und Herzlichkeit. Beide Gruppen liegen hier um die 70 Prozent. Ebenso
sind beide gleichauf mit ca. 90 Prozent hoher Ausprägungen bei der Gewissenhaftigkeit, dem Indikator für effektives und zielorientiertes Handeln.

Diese Ergebnisse lassen bereits ein recht deutliches Bild hinsichtlich der Persönlichkeitsmerkmale von Reichen erkennen. Sie sind zum einen offener gegenüber

anderen Menschen und Ideen und wissbegierig und gleichzeitig sind sie emotional stabiler und gefestigter. All dies sind Eigenschaften, die man im Allgemeinen einem erfolgreichen Menschen oder auch erfolgreichen Unternehmern zuschreiben würde, obwohl man grundsätzlich mit solchen Generalisierungen vorsichtig sein muss.

Im Hinblick auf die These, ob Reiche in sich heterogen sind, stellt sich die Frage, ob sie sich auch in ihren Persönlichkeitsmerkmalen unterscheiden oder ob sie hier als Angehörige einer insgesamt erfolgreichen Gruppe eher Ähnlichkeiten untereinander aufweisen. Betrachtet man die drei Subgruppen, so lassen sich nur wenige Unterschiede ausmachen. Am auffälligsten ist eine deutlich höhere Offenheit der HNWIs im Vergleich zu den Wohlhabenden und Affluents.

Abbildung 5:   Die Persönlichkeit in der Gruppe der Reichen (Anteil hoher Ausprägungen bei den „Big 5" differenziert nach *ViD*-Gruppen)[13]

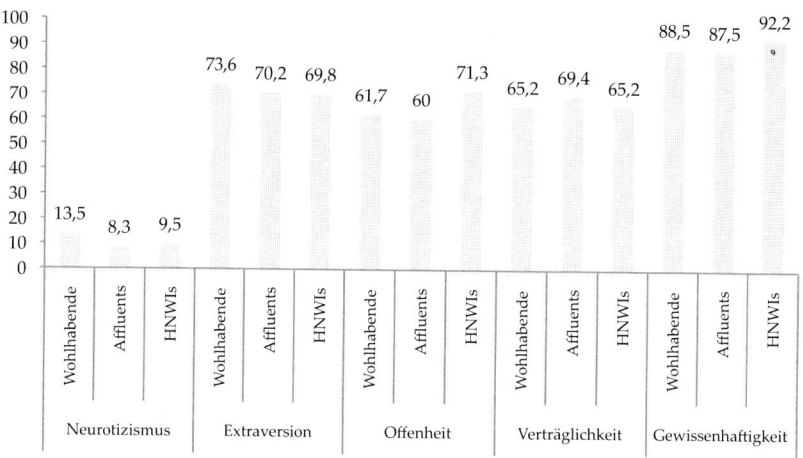

Quelle: *ViD* 2009, SOEP 2008, eigene Berechnungen

Ebenso ist der Anteil der HNWIs mit einer hohen Ausprägung bei der Gewissenhaftigkeit höher als bei den beiden anderen Gruppen. Die anderen drei Faktoren weisen nur geringfügige Unterschiede zwischen den drei Vermögensgruppen auf. Die Tendenzen zeigen, dass der Anteil derjenigen mit hohen Ausprägungen bei

13   Für eine differenzierte Darstellung der Persönlichkeitseigenschaften siehe Anhang: Tabellen A3 - A8.

den einzelnen Merkmalen von der Gruppe der Wohlhabenden hin zu den HNWIs abnimmt.

Auch hier kann man die festgestellten Unterschiede zwischen den Vergleichs-gruppen – in diesem Fall HNWIs gegenüber Wohlhabenden und Affluents – wie-der in das Muster des erfolgreichen Unternehmers oder wohlhabenden Menschen einfügen. HNWIs sind gewissenhafter in dem, was sie tun, und gleichzeitig neu-gierig und offener gegenüber Neuem.

Neben den oben festgestellten Unterschieden in Bildung und Beruf sind also auch stärkere Ausprägungen in verschiedenen psychologischen Merkmalen entschei-dend für die Zugehörigkeit zu den Vermögensgruppen oberhalb der Mittelschicht.

Im Anschluss an die anhand des Fünf-Faktoren-Modells festgestellten Dif-ferenzen zwischen erstens der Mittelschicht und *ViD* sowie zweitens innerhalb der drei Vermögensgruppen von *ViD*, sollen nun die psychologischen Merkmale der Reichen und der Mittelschicht anhand ihrer *Kontrollüberzeugungen* (Rotter 1966) differenziert und verglichen werden. Die interne beziehungsweise exter-nale Kontrollüberzeugung zeigt auf, ob die Person der Meinung ist, dass das Le-ben jedes Einzelnen eher von der Person selbst und ihrem Handeln abhängt (inter-nal) oder ob der Verlauf größtenteils fremdbestimmt ist und von äußeren Faktoren abhängt (external).

Abbildung 6: Anteil hoher Ausprägungen bei Kontrollüberzeugung

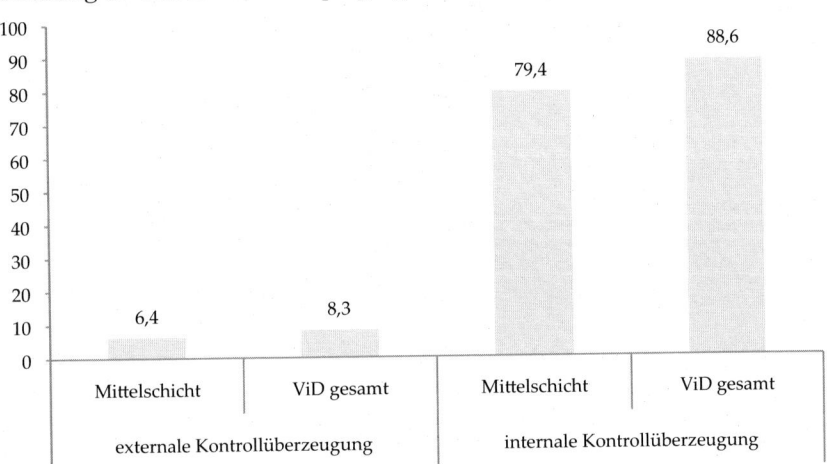

Quelle: *ViD* 2009, SOEP 2008, eigene Berechnungen

Im Vergleich zwischen der Mittelschicht und *ViD* zeigt sich, dass die Gruppe derjenigen mit hoher Ausprägung bei *ViD* zwar sowohl bei der internalen als auch bei der externalen Kontrollüberzeugung höher liegt als in der Mittelschicht. Besonders deutlich ist dieser Unterschied aber vor allem bei der internalen Kontrollüberzeugung. Die Befragten in *ViD* gehen also stärker als die Mittelschicht davon aus, dass der Verlauf des Lebens und das Gelingen beziehungsweise Misslingen der Biographie stark vom eigenen Handeln abhängt. Reiche agieren mehr und sie reagieren weniger.

Abbildung 7:   Anteil hoher Ausprägungen bei Kontrollüberzeugung differenziert nach *ViD*-Gruppen

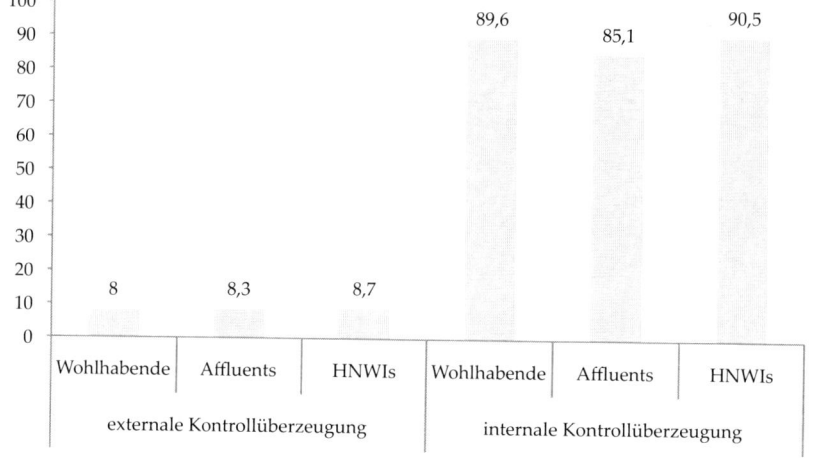

Quelle: *ViD* 2009, SOEP 2008, eigene Berechnungen

Innerhalb der Gruppe der Reichen zeigt sich eine weitgehende Stabilität zwischen den drei Gruppen. Alle weisen nur geringe Anteile von 8 bis 9 Prozent einer hohen Ausprägung an externaler Kontrollorientierung auf. Bei der internalen Kontrollüberzeugung weisen zwar alle drei Gruppe hohe Anteile von 85 bis 90 Prozent auf, jedoch ist hier die Varianz zwischen den drei Gruppen höher.

Die Wohlhabenden und HNWIs haben mit jeweils knapp 90 Prozent einen höheren Anteil bei der hohen Ausprägung der internalen Kontrollüberzeugung als die Affluents mit etwas über 85 Prozent.. Sie sind ergo stark davon überzeugt, dass das

Leben durch eigenes Handeln beeinflusst werden kann und die Biographie selbst entworfen und gesteuert werden kann. Als Hauptergebnis kann aufgrund dieser deskriptiven Analysen festgehalten werden, dass sich die materielle Vermögenshöhe und die Persönlichkeitseigenschaften auf einzigartige Weise entsprechen. Die Ergebnisse unterstützen die zu Beginn geäußerte Vermutung, dass die Individualisierung, verstanden als die Reduktion von Gruppengrenzen, bestimmte Persönlichkeitsmerkmale stark in den Vordergrund treten lässt: Reiche sind besonders offen gegenüber Neuem, sie sind stark extrovertiert und sie gehen von der Annahme aus, dass sie ihr Leben selbst bestimmen können: Ihre Biographie wird nicht von außen bestimmt, sie selbst bestimmen ihren Lebenslauf, damit ihren Lebensweg.

Neben den gezeigten deskriptiven Unterschieden zwischen *ViD* und der Mittelschicht sowie zwischen den drei Vermögensgruppen in *ViD* werden im folgenden anhand logistischer Regressionsmodelle Wahrscheinlichkeiten berechnet, inwieweit bestimmte sozio-ökonomische oder persönliche Faktoren die Chance beeinflussen können, zu einer der drei Vermögensgruppen in *ViD* zu gehören.

2.3 Wer gehört zu den HNWIs?

Abschließend sei noch die Frage gestellt, welche der diskutierten Faktoren die Zugehörigkeit zu einer bestimmten Gruppe innerhalb der Reichen am stärksten determiniert. So kann die Frage beantwortet werden, wie homogen oder heterogen die Gruppe der Reichen tatsächlich ist. Denn bisherige deskriptive Analysen zeigen zwar teils Unterschiede auf, die auf eine gewisse Heterogenität der Reichen schließen lassen, jedoch ist analytisch nicht klar, ob die Unterschiede auch unter Kontrolle anderer Faktoren statistisch signifikant sind. Wird in der Öffentlichkeit auch immer von „den Reichen" gesprochen, so muss in der Realität diese Gruppe tatsächlich nicht homogen sein. Zu vermuten ist sogar, dass je niedriger das Vermögen ist, umso mehr Übereinstimmung mit der Mittelschicht besteht. Je höher das materielle Vermögen ist, umso wahrscheinlicher wird das Hervortreten bestimmter Faktoren. Bisher besteht allerdings kein Wissen darüber, welche Faktoren dies sind: Sind es die individuelle Bildung, die Integration in den Arbeitsmarkt, Sozialisationsbedingungen oder ein risikoreiches Verhalten?

In den folgenden beiden Vergleichen zeigen sich markante Befunde (Tabelle 9). Anhand logistischer Modelle wird zunächst die Wahrscheinlichkeit berechnet, eher zur Gruppe der Affluents als zu der der Wohlhabenden zu gehören. Anschließend wird die Zugehörigkeit zu den HNWIs mit jener zu den Affluents verglichen.

Betrachten wir zuerst den Vergleich wohlhabend/affluent. Hier ist insbesondere anhand der Modellgüte (Mc Fadden R^2) sichtbar, dass sich diese beiden Gruppen in den betrachteten Aspekten kaum voneinander unterscheiden. Weder sind die meisten klassischen Bildungs- und Berufsmerkmale signifikant noch die Persönlichkeitsmerkmale und die Kontrollüberzeugung. Anhand MC Fadden's R^2 wird ersichtlich (.03, .03., .04), dass die als theoretisch bedeutsam erachteten Merkmale und die teils deskriptiv gefundenen Unterschiede statistisch kaum relevant sind. Hinsichtlich des materiellen Vermögens bedeutet dies, dass Haushalte mit einem frei verfügbaren Kapitalvermögen bis zu einer Million Euro hinsichtlich beruflicher und bildungsbezogener Merkmale wenig unterscheidbar sind. Ist man durch die Höhe des Vermögens zur Gruppe der Affluents zu zählen, so ist hierfür nur die Selbständigkeit verantwortlich. Persönlichkeitsmerkmale haben keinen Einfluss.

Betrachten wir aber die HNWIs im Vergleich zu den Allfuents, so zeigen sich sehr deutliche Unterschiede. Zum einen sind die Modellschätzungen merklich besser, was wiederum anhand von Mc Fadden's R^2 ersichtlich wird. Im vollen Modell 3 wird eine Varianz von 14 Prozent aufgeklärt, was für eine logistische Regression bei einer Zufallsstichprobe ein guter Wert ist.

Bereits in Modell 1 zeigen sich deutliche und signifikante Einflüsse der beruflichen Bildung und der Tätigkeit, die dann ausgeübt wird. Vor allem eine akademische Ausbildung erhöht stark die Wahrscheinlichkeit zur Gruppe der HNWIs zu gehören. So steigert ein Universitätsabschluss gegenüber einer Lehre die Chancen zu den HNWIs zu gehören um mehr als das Vierfache. Einen ebenso bedeutsamen Einfluss hat das Unternehmertum auf die Wahrscheinlichkeit zur Gruppe der HNWIs zu gehören.

Die Effekte bleiben auch unter Kontrolle weiterer Variablen in Modell 3 stabil. Auffallend ist der Einfluss des Merkmals „Offenheit" auf die Zugehörigkeit zu den HNWIs. Hier betätigt sich sowohl der deskriptive Befund als auch die These, dass Offenheit gegenüber Neuem und geringe Ängstlichkeit Merkmale von reichen Personen sind. Neues zu ergründen und Neues zu wagen ist bedeutsam, um ein hohes Vermögen zu erlangen. Anders formuliert: Zurückhaltung und Ängstlichkeit als Persönlichkeitsmerkmale sind für Aufstiege eher hinderlich.

Zusätzlich zeigt sich auch der in deskriptiven Analysen gefundene Befund des hohen Einflusses des Alters[14] auf die Zugehörigkeit zu dieser Gruppe. Die deskriptiven Befunde, dass die HNWIs die älteste und gleichzeitig die altershomogenste Gruppe sind, lässt sich somit auch statistisch untermauern.

---

14   Obwohl der Wert der Variable Alter in Modell 3 niedrig ist (1.05***) bezieht er sich durch die metrische Skalierung dieser Variablen auf je 1 Lebensjahr. So hat bspw. ein 60-Jähriger eine um 150 Prozent (30*5% (1.05)) höhere Wahrscheinlichkeit als ein 30-Jähriger zur Gruppe der HNWIs zu gehören.

Tabelle 9: Unterschiede zwischen Wohlhabenden, Affluents und HNWIs
(Odds, Ratios, logistische Regressions-Modelle)

	Wohlhabende – Affluent			Affluents – HNWIs		
	Modell 1	Modell 2	Modell 3	Modell 1	Modell 2	Modell 3
Individuelle Merkmale						
Geschlecht	.69	.74	.73	.72	.62	.68
Alter	.99	.98	.99	1.05***	1.04***	1.05***
Erbschaft erhalten	1.13		1.13	1.11		1.05
Schulische Bildung						
Hauptschule	Referenzgruppe					
Realschule	1.09		.98	1.64		1.73
Gymnasium	1.77		1.79	.88		.86
Berufliche Ausbildung						
Ausbildung	Referenzgruppe					
Meister	.82		.78	2.07		1.95
Universität	.49*		.41*	4.65***		4.73***
Promotion	.4		.33*	2.94		2.85
Angestellter	Referenzgruppe					
Freiberuflich tätig	1.86*		2.01*	1.23		.92
Unternehmen < 10 MA	1.1		1.27	3.61***		3.86***
Unternehmen > 10 MA	1.47		1.70	3.04***		3.50***
Kontrollüberzeugung						
Externale Kontroll-überzeugung		.99	1.01		.99	1.01
Internale Kontroll-überzeugung		.91*	.91		1.0	.93
Persönlichkeits-eigenschaften						
Neurotizismus		.95	.95		1.0	1.0
Extraversion		.99	.97		.94	.95
Offenheit		1.02	1.04		1.1*	1.14**
Veträglichkeit		1.03	1.04		.94	.97
Gewissenhaftigkeit		1.0	.99		1.02	1.07
N	286	286	282	207	228	205
Mc Fadden R²	.03	.03	.04	.11	.07	.14

Quelle: *ViD* 2009, SOEP 2008, eigene Berechnungen

Fazit

Wer „die Reichen" sind und wie sie zu ihrem Wohlstand gelangt sind, zeigt sich im vorangegangen Kapitel anhand vieler präziser Einzelergebnisse, die im Vergleich zur Mittelschicht markant sichtbar werden. Zugleich wird deutlich, dass die Gruppe der Reichen selbst nicht sehr heterogen ist. Zum einen unterscheiden sich die Wohlhabenden nur gering von den Affluents, der Unterschied zwischen denjenigen, die ein frei verfügbares Kapitalvermögen zwischen 250.000 und 500.000 Euro (wohlhabend) und denjenigen, die über 500.000 und unter 1.000.000 Euro frei verfügbares Kapitalvermögen haben, ist nur marginal. Erst ab einer Höhe von 1.000.000 Euro frei verfügbarem Kapitalvermögen unterscheiden sich die Gruppen nochmals. Es kann also durchaus formuliert werden, dass die hier getroffene Unterscheidung anhand des Vermögens zwischen affluent und wohlhabend einen markanten Unterschied in der Vermögenshöhe darstellt, in der Sozialstruktur jedoch zwischen diesen beiden Gruppen nur marginale Unterschiede zu finden sind. Erst in der Gruppe der HNWIs werden auch wieder sozial- und persönlichkeitsspezifische Unterschiede markant sichtbar! So ist die Gruppe der HNWIs gekennzeichnet durch Unternehmertum, eine hohe akademische Ausbildung, im Haushaltskontext ein höheres Alter und vor allem die Offenheit gegenüber Neuem. Diese Merkmale unterscheiden aber auch generell die Reichen von der gesellschaftlichen Mitte.

Zwar haben Reiche grundsätzlich ein höheres Bildungsniveau als die Mittelschicht, sowohl was die schulische als auch was die berufliche Bildung angeht, die Gruppe der HNWIs aber verfügt über eine besonders hohe Bildung, was sich auch in einer höheren Stellung im Beruf fortsetzt. Allerdings zeigen die Befunde auch, dass hohe berufliche Positionen mit Verantwortungsübernahme und Entscheidungskompetenz in abhängiger Beschäftigung zwar vermehrt zu Wohlstand führen, ein frei verfügbares Kapitalvermögen von mehr als 1.000.000 Euro wird aber gerade durch freies Unternehmertum mit Mitarbeitern häufig erreicht.

Die Ergebnisse der Auswertungen klären nun die zu Beginn gestellte Frage, ob denn „Reiche" eine heterogene oder homogene Gruppe sind zum Teil auf. Reiche, nach den hier benutzten Kriterien, unterscheiden sich zwar deutlich von der Mittelschicht – vor allem nach dem Bildungsniveau, der Stellung im Beruf und auch nach den Persönlichkeitsmerkmalen, aber es sind vor allem die High Networth Individuals, die am homogensten sind. In Deutschland leben daher mehr Personen als „Millionaire next door", um Stanley und Danko (1996) zu zitieren, der wirkliche Unterschied beginnt mit einem frei verfügbaren Kapitalvermögen von mehr als 1.000.000 Euro.

Zum Schluss folgen drei Beispiele anhand rekonstruierter Angaben zu den Biographien der von uns Untersuchten. Sie verdeutlichen beispielhaft das Zusammenwirken unterschiedlicher Faktoren im Lebenslauf. Es wird sehr klar, dass nie ein Faktor alleine ausschlaggebend für den erworbenen Reichtum ist: Erst das zeitliche Ineinanderwirken lässt Reichtum entstehen.

Reich durch Unternehmertum

Herr U. hat sein Vermögen in erster Linie durch die Gründung seines eigenen Familienunternehmens aufgebaut. Der 65-Jährige ist verheiratet und hat zwei Kinder, die das Haus längst verlassen haben. Er und seine drei Jahre jüngere Frau sind zum Zeitpunkt der Befragung bereits im Ruhestand. Das Paar lebt in einem Eigenheim in einer größeren Stadt. Herr U. ist gelernter Maurermeister und seine Frau war ihr gesamtes Berufsleben hindurch Fachverkäuferin in einer Fleischerei. Sein Geschick als Unternehmer bescherte ihm einen Betrieb mit mehr als zehn Mitarbeitern und ein Haushaltsgesamtvermögen von ca. 7 Mio. Euro. Der Betrieb ging bereits in die nächste Familiengeneration über. Im Jahr 2007 hatte Herr U. ein Jahresnettoerwerbseinkommen von mehr als 200.000 Euro. Nachdem der Betrieb abgegeben ist, hat das Paar an Vermögensgegenständen noch das eigene Haus, Immobilien zur Vermietung, sowie Wertgegenstände. Alles zusammen bringt es auf einen Gesamtverkaufswert von 2 Mio. bis unter 5 Mio. Euro. An frei verfügbaren Geldanlangen stehen dem Paar zwischen 1 Mio. und 2 Mio. Euro zur Verfügung, damit bewegt er sich in dieser Studie im Kreis der HNWIs. Geld, das nach Abzug der Lebenserhaltungskosten übrig ist, legt das Paar zurück, investiert es in bestehende Immobilien oder die Familie, ab und an „gönnt man sich auch einmal etwas" davon. Herr U. würde sich selbst nicht als reich einschätzen, denn Reichtum beginnt bei ihm erst bei einem Bruttogesamtvermögen von 50 Mio. Euro. Seine Vermögenssituation unterschätzt er leicht im Vergleich zum Durchschnitt der Bevölkerung.

Herr U. wuchs mit neun Geschwistern in eher bescheidenen Verhältnissen auf. Seine Eltern waren beide als un- beziehungsweise angelernte Arbeiter tätig, die sehr genügsam lebten. Herr U. musste in seiner Kindheit kaum Verantwortung übernehmen, generell erwarteten seine Eltern nicht viel von ihm und forderten ihn kaum. Es wird deutlich, dass sich Herr U. selbst seinen Weg suchen musste und diesen auch erfolgreich ging. Er ist offen und gesellig und wie von sich selbst erwartet er auch von anderen viel und ist daher manchmal etwas ungeduldig und unfreundlich im Umgang mit ihnen. Er ist besonders kreativ und ideenreich, diese Eigenschaften werden nicht zuletzt auch zu seinem wirtschaftlichen Erfolg beigetragen haben. Seine Geschwister sind finanziell deutlich schlechter gestellt als er, dies verdeutlicht zusätzlich, dass er sich seinen Lebensstandard aus eigener Kraft erarbeiten musste und es als Einziger aus der Familie zu Reichtum gebracht hat. Er war überzeugt, mit harter Arbeit erfolgreich werden zu können, und ist sehr selbstbewusst, gleichzeitig vertritt er die Meinung, dass eine Portion Glück großen Einfluss auf den Lebensverlauf hat. Für seinen Erfolg arbeitete er selbst zuletzt noch im Schnitt 80 Stunden pro Woche, dabei gibt er an, sehr effizient gewesen zu sein und stressige Situationen immer ruhig bewältigt zu haben. Privat bewegt er sich nur in Kreisen mit ähnlichem finanziellem Hintergrund. Das Vermögen von Herrn U. wird ihm und seiner Frau einen sorgenfreien und wohlverdienten Ruhestand ermöglichen, sich aber in dieser Generation nicht mehr wesentlich verändern, da beide bereits aus dem aktiven Arbeitsleben ausgeschieden sind und Herr U. seinen Betrieb bereits an die nächste Generation weiter gegeben hat. Das Vermögen wird in erster Linie auf die beiden Kinder des Paares U. aufgeteilt werden.

Reich durch Bildung

Die 37-Jährige Frau B. ist ebenso wie ihr ein Jahr jüngerer Ehemann sehr gut gebildet, beide haben ein Medizinstudium absolviert und sind nun als Allgemeinmediziner mit eigener Arztpraxis tätig. Über Bildung und berufliche Selbstständigkeit hat das junge Paar bereits früh ein Gesamthaushaltsvermögen von ca. 2 Mio. Euro erwirtschaftet. Sie sind Eltern eines 13- jährigen Kindes, das bei ihnen im Haushalt lebt. Die Familie bewohnt ein Eigenheim in Norddeutschland.

Beide arbeiten hart für ihren Erfolg und haben im Schnitt jeweils eine sechzig Stunden Woche zu bewältigen. Aus ihrer Arbeit resultierte für das gesamte Jahr 2007 ein Nettoerwerbseinkommen von 100.000 bis unter 150.000 Euro für Frau B., ihr Mann verdiente noch etwas mehr als sie. Mit ihrem Geld geht die Familie sparsam um, es wird in der Regel zurückgelegt oder in neue Anlageformen investiert. An frei verfügbarem Kapitalvermögen stehen ihnen zwischen 500.000 und 1 Mio. Euro zur Verfügung. An sonstigen Vermögensarten verfügt die Familie neben ihrem Eigenheim über Immobilien, die sie verpachten beziehungsweise vermieten, Betriebsvermögen, Wertgegenstände sowie private Renten- und Lebensversicherungen. Desweiteren erwartet Frau B. eine Erbschaft in Höhe von ca. 300.000 Euro und da sie erst am Anfang ihres Berufslebens steht, ist davon auszugehen, dass sich ihr Vermögen noch deutlich erhöhen wird, sowie weitere Erbschaften hinzu kommen. Sie selbst würde sich nicht als reich einschätzen, Reichtum beginnt bei ihr erst ab einem Bruttogesamtvermögen von 10 Mio. Euro, im Vergleich zum Durchschnitt der Vermögenssituation der Haushalte in Deutschland unterschätzt sie ihren Haushalt.

Frau B. glaubt an sich und ihre Fähigkeiten und arbeitet hart für ihren persönlichen Erfolg, ist aber ebenso davon überzeugt, dass Schicksal und Glück großen

Einfluss auf den Lebensverlauf haben. Anderen gegenüber ist sie eher zurückhaltend, aber nicht verschlossen, sie ist gern in Gesellschaft sowie stets rücksichtsvoll und freundlich anderen gegenüber. Frau B. bewegt sich eher in einem Umfeld mit ähnlichem finanziellem Hintergrund, wobei einige ihrer Bekannten aus anderen Teilen der Welt kommen. Mit ihrem Wohnort ist sie dagegen kaum verwurzelt, sie scheint eher viel unterwegs zu sein und sich an vielen Orten der Welt aufzuhalten und wohl zu fühlen. In ihrem Beruf arbeitet sie gründlich, sie kann mit Stress gut umgehen und lässt sich kaum verunsichern und aus der Ruhe bringen.

Ihr Ehrgeiz und ihr Bildungserfolg wurden früh von ihren Eltern gefördert und gefordert. Ihre Eltern, selbst gutgestellte Bildungsbürger, übertrugen ihr früh viel Verantwortung und brachten ihr einen sparsamen Umgang mit Geld bei, obwohl dem Thema Geld sonst in der Familie nur wenig Beachtung geschenkt wurde. Die Vermögenssituation ihrer Eltern, als diese 50 Jahre alt waren, schätzt sie geringfügig besser ein als den damaligen Durchschnitt der Bevölkerung. Zudem erzogen die Eltern ihre Tochter nach religiösen Werten und zeigten ein großes soziales Engagement.

Frau B. und ihr Ehemann werden ihr Vermögen zukünftig noch weiter mehren, denn beide stehen noch am Anfang ihrer Karriere und sie sind darauf bedacht, ihr Geld gewinnbringend zu investieren.

Reich durch Erbschaft

Der alleinstehende Herr E. ist durch die Erbschaft des Landwirtschaftsbetriebes seines Vaters, den er nun bereits in (mindestens) dritter Familiengeneration führt, in den Kreis der Wohlhabenden gelangt. Der 42-Jährige hat keine Kinder und wohnt gemeinsam mit seiner Mutter auf seinem Hof in einer Kleinstadt in Nordrhein Westfalen. Er hat den Hauptschulabschluss erworben und im Anschluss den Beruf des Landwirts erlernt um den Betrieb seines Vaters übernehmen zu können. Neben dem Betrieb, dessen Wert er nicht schätzen kann, erbte er außerdem Immobilien beziehungsweise Grundstücke im Wert von 250.000 Euro, Geldvermögen in Höhe von 100.000 Euro, sowie Wertgegenstände mit einem Gegenwert von 5000 Euro. Sein eigenes Erbe wird zu einem geringen Anteil an seine Freunde und Bekannten gehen, der Großteil soll gemeinnützigen Zwecken zur Verfügung gestellt werden. Neben den selbstgenutzten Immobilien und dem Betriebsvermögen besitzt er Wertgegenstände und eine private Renten- und Lebensversicherung. Insgesamt bringen es seine Vermögensarten auf einen Verkaufswert von 500.000 bis unter 1 Mio. Euro. An frei verfügbarem Kapital stehen Herrn E. zusätzlich etwa 200.000 Euro zur Verfügung. Der Haushalt wird einmal im Monat durch eine Reinigungsfirma und eine Haushälterin unterstützt. Für seinen Lebensstandard arbeitet Herr E.

im Schnitt 60 Stunden die Woche und erwirtschaftete im Jahr 2007 ein Jahresnettoerwerbseinkommen zwischen 60.000 bis unter 80.000 Euro mit seinem Betrieb. Herr E. würde sich selbst als reich einschätzen, da Reichtum seiner Einschätzung nach bei einem Bruttogesamtvermögen von 500.000 Euro beginnt und er mit seinen ca. 1 Mio. Euro Haushaltsgesamtvermögen über dieser Grenze liegt. Den Großteil seines Geldes legt Herr E. beiseite, ein Teil wird in den Betrieb investiert und manchmal wird etwas Spezielles davon angeschafft.

Er ist davon überzeugt, seines eigenen Glückes Schmied zu sein und dass harte Arbeit zum Erfolg führt. Er glaubt an seine eigenen Fähigkeiten und ist sehr selbstbewusst. Bei Stress lässt er sich manchmal etwas aus der Ruhe bringen, in der Regel arbeitet er jedoch auch in stressigen Situationen sehr gründlich und effizient. Er mag es dabei in bekannten Bahnen zu agieren und ist wenig offen für Neues, er entwickelt auch selbst kaum neue Ideen. Privat ist er sehr stark mit seinem Wohnort verwurzelt und hat fast ausschließlich Bekannte mit ähnlichem finanziellen Hintergrund. Er ist gern in Gesellschaft und geht offen auf andere zu.

Herr E. wuchs gemeinsam mit einem Bruder auf dem elterlichen Hof auf, den er nun übernommen hat, sein Vater war ebenfalls Landwirt und seine Mutter nicht erwerbstätig, vermutlich half sie auf dem Hof ihres Mannes mit. Seine Eltern haben nicht besonders bescheiden gelebt, legten aber Wert darauf, dass er einen verantwortungsvollen Umgang mit Geld erlernt. Sie unterstützten ihn auf seinem Lebensweg und übertrugen ihm früh viel Verantwortung.

Es ist davon auszugehen, dass sich dieses Vermögen in etwa halten wird, so dass Herr E. bis zu seinem Ruhestand und auch danach gut versorgt sein wird, da er aber kaum in neue Projekte und Anlageformen investiert, wird sich das Vermögen nicht wesentlich erhöhen. Ungewiss ist, was mit dem Hof, der bereits in dritter Familiengeneration geführt wird, geschehen wird, da Herr E. bisher keine Kinder hat.

Anhang

Tabelle A1: Höchster allg. Schulabschluss nach Geschlecht (in Prozent, innerh. Geschlecht)

	Kategorien	Wohl-habende (n=201)	Affluents (n=121)	HNWIs (n=116)	*VID* gesamt (n=438)	SOEP Mittelschicht (n=5469)
gesamt	keiner	-	-	-	-	1,2
	Hauptschulabschluss	15,4	13,3	9,5	13,2	38,5
	Realschulabschluss/ mittlere Reife	27,9	25,0	25,0	26,3	32,2
	Fachhochschulreife/ Abitur	56,8	61,7	65,5	60,2	28,1
Männer	keiner	-	-	-	-	1,5
	Hauptschulabschluss	14,1	13,5	9,5	12,5	40,9
	Realschulabschluss/ mittlere Reife	24,4	21,3	23,3	23,2	28,7
	Fachhochschulreife/ Abitur	61,5	65,2	67,4	64,3	28,9
Frauen	keiner	-	-	-	-	0,9
	Hauptschulabschluss	18,2	12,9	9,5	15,3	34,3
	Realschulabschluss/ mittlere Reife	34,8	35,5	33,3	34,7	38,2
	Fachhochschulreife/ Abitur	47,0	51,6	57,2	50,0	26,7

Quelle: *VID* 2009, SOEP 2008, eigene Berechnungen

Tabelle A2: Höchster beruflicher Abschluss nach Geschlecht in Prozent (innerh. Geschlecht)

	Kategorien	Wohl-habende (n=201)	Affluents (n=121)	HNWIs (n=116)	*VID* ge-samt (n=438)	SOEP Mittelschicht (n=5469)
gesamt	(noch) kein Aus-bildungsabschluss	2,5	2,5	-	1,8	11,5
	Abschluss einer Lehre	34,8	33,1	25,2	31,8	54,9
	Meisterabschluss	18,9	23,1	23,5	21,3	8,4
	(Fach)Hochschul-abschluss*	43,8	41,3	51,3	45,1	25,2
Männer	(noch) kein Aus-bildungs-abschluss	-	1,1	-	0,3	8,4
	Abschluss einer Lehre	26,7	30,0	20,2	25,7	55,0
	Meisterabschluss	23,7	28,9	26,6	26,0	10,6
	(Fach)Hochschul-abschluss*	49,6	40,0	53,2	48,0	26,0 *
Frauen	(noch) kein Aus-bildungs-abschluss	7,6	6,5	-	5,9	17,1
	Abschluss einer Lehre	51,5	41,9	47,6	48,3	54,8
	Meisterabschluss	9,1	6,5	9,5	8,5	4,4
	(Fach)Hochschul-abschluss*	31,8	45,2	42,9	37,3	23,7

* Inkl. Promovierte.

Quelle: *VID* 2009, SOEP 2008, eigene Berechnungen

Tabelle A3: Neurotizismus

		Mittel-schicht	ViD gesamt	Wohl-habende	Affluents	HNWIs
Neuroti-zismus	gesamt	gering	20,5	40,8	38,0	40,0	46,6
		mittel	59,1	48,2	48,5	51,7	44,0
		hoch	20,4	11,0	13,5	8,3	9,5
	Männer	gering	23,4	45,9	44,8	41,6	51,6
		mittel	59,9	45,9	46,3	50,6	41,1
		hoch	16,7	8,2	9,0	7,9	7,4
	Frauen	gering	15,3	27,1	24,2	35,5	23,8
		mittel	57,8	54,2	53,0	54,8	57,1
		hoch	26,9	18,6	22,7	9,7	19,0

Quelle: *VID* 2009, eigene Berechnungen

Tabelle A4: Extraversion

		Mittel-schicht	*ViD* gesamt	Wohl-habende	Affluents	HNWIs
Extra-version	gesamt	gering	5,2	3,4	4,0	2,5	3,4
		mittel	44,4	24,9	22,4	27,3	26,7
		hoch	50,3	71,7	73,6	70,2	69,8
	Männer	gering	5,7	3,8	4,4	3,3	3,2
		mittel	47,7	26,9	24,4	28,9	28,4
		hoch	46,6	69,4	71,1	67,8	68,4
	Frauen	gering	4,4	2,5	3,0	-	4,8
		mittel	38,8	19,5	18,2	22,6	19,0
		hoch	56,9	78,0	78,8	77,4	76,2

Quelle: *VID* 2009, eigene Berechnungen

Tabelle A5: Offenheit für Neues

			Mittel-schicht	*ViD* gesamt	Wohl-habende	**Affluents**	**HNWIs**
Offenheit für Neues	**gesamt**	gering	8,7	4,1	4,0	4,2	4,3
		mittel	52,1	32,1	34,3	35,8	24,3
		hoch	39,2	63,8	61,7	60,0	71,3
	Männer	gering	9,5	4,1	3,7	4,5	4,2
		mittel	54,4	32,9	35,6	37,1	25,3
		hoch	36,1	63,0	60,7	58,4	70,5
	Frauen	gering	7,3	4,3	4,5	3,2	5,0
		mittel	48,2	29,9	31,8	32,2	20,0
		hoch	44,6	65,8	63,6	64,5	75,0

Quelle: *ViD* 2009, eigene Berechnungen

Tabelle A6: Verträglichkeit

			Mittel-schicht	*ViD* gesamt	Wohl-habende	**Affluents**	**HNWIs**
Verträg-lichkeit	**gesamt**	gering	0,7	0,9	1,0	1,7	-
		mittel	27,5	32,7	33,8	28,9	34,8
		hoch	71,8	66,4	65,2	69,4	65,2
	Männer	gering	1,0	0,9	0,7	2,2	-
		mittel	31,2	35,9	36,3	34,4	36,8
		hoch	67,8	63,1	63,0	63,3	63,2
	Frauen	gering	0,3	0,9	1,5	-	-
		mittel	20,8	23,9	28,8	12,9	25,0
		hoch	78,9	75,2	69,7	87,1	75,0

Quelle: *ViD* 2009, eigene Berechnungen

Tabelle A7: Gewissenhaftigkeit

			Mittel-schicht	ViD gesamt	Wohl-habende	Affluents	HNWIs
Gewissen-haftigkeit	gesamt	gering	0,4	2,5	2,5	2,5	2,6
		mittel	11,3	8,3	9,0	10,0	5,2
		hoch	88,3	89,2	88,5	87,5	92,2
	Männer	gering	0,4	2,8	2,2	3,4	3,2
		mittel	12,0	7,6	8,2	9,0	5,3
		hoch	87,6	89,6	89,6	87,6	91,5
	Frauen	gering	0,5	1,7	3,0	-	-
		mittel	10,0	10,2	10,6	12,9	4,8
		hoch	89,5	88,1	86,4	87,1	95,2

Quelle: *VID* 2009, eigene Berechnungen

Tabelle A8: Externale und internale Kontrollüberzeugung

			Mittel-schicht	ViD gesamt	Wohlha-bende	Affluents	HNWIs
externale Kontroll-überzeu-gung	gesamt	gering	48,7	67,7	68,0	64,5	70,4
		mittel	44,9	24,1	24,0	27,3	20,9
		hoch	6,4	8,3	8,0	8,3	8,7
	Männer	gering	50,0	70,8	73,9	66,7	70,5
		mittel	44,1	21,0	18,7	26,7	18,9
		hoch	5,9	8,2	7,5	6,7	10,5
	Frauen	gering	46,4	59,0	56,1	58,1	70,0
		mittel	46,3	32,5	34,8	29,0	30,0
		hoch	7,2	8,5	9,1	12,9	-
internale Kontroll-überzeu-gung	gesamt	gering	0,4	2,3	2,0	2,5	2,6
		mittel	20,2	9,1	8,5	12,4	6,9
		hoch	79,4	88,6	89,6	85,1	90,5
	Männer	gering	04,	2,8	2,2	3,3	3,2
		mittel	19,6	8,1	6,7	15,6	3,2
		hoch	80,1	89,1	91,1	81,1	93,7
	Frauen	gering	0,4	0,8	1,5	-	-
		mittel	21,4	11,9	12,1	3,2	23,8
		hoch	78,3	87,3	86,4	96,8	76,2

Quelle: *VID* 2009, eigene Berechnungen

Literatur

Asendorpf, Jens, 2007: Psychologie der Persönlichkeit. 4. Auflage. Berlin: Springer.

Bundesministerium für Arbeit und Sozialordnung, 2001: Lebenslagen in Deutschland. Der 1. Armuts- und Reichtumsbericht der Bundesregierung. Bonn: Bundesministerium für Arbeit und Sozialordnung.

Bundesministerium für Arbeit und Sozialordnung, 2005: Lebenslagen in Deutschland. Der 2. Armuts- und Reichtumsbericht der Bundesregierung. Bonn: Bundesministerium für Arbeit und Sozialordnung.

Bundesministerium für Arbeit und Sozialordnung, 2008: Lebenslagen in Deutschland. Der 3. Armuts- und Reichtumsbericht der Bundesregierung. Bonn: Bundesministerium für Arbeit und Sozialordnung.

Davis, Kingsley and Wilbert Moore, 1994: „Some Principles of Stratification." In: Social Stratification in Sociological Perspective, edited by D. Grusky. Boulder, San Francisco, Oxford: Westview Press: 39-47.

Fussels, Paul, 2000: Cashmere, Cocktails, Cadillac. Ein Wegweiser durch das amerikanische Statussystem. Göttingen: Steidl.

Georg, Werner, 2009: „Reichtum und Lebensstil – ein Überblick vor dem Hintergrund soziologischer Theorieansätze und empirischer Befunde der Lebensstilforschung." In: Druyen, T.; W. Lauterbach und M. Grundmann (Hg.): Reichtum und Vermögen. Zur gesellschaftlichen Bedeutung der Reichtums- und Vermögensforschung. Wiesbaden: VS Verlag für Sozialwissenschaften: 266-278

Hartmann, Michael, 2007: Eliten und Macht in Europa. Frankfurt am Main: Campus.

Hartmann, Michael, 2004: „Eliten in Deutschland." In: Aus Politik und Zeitgeschichte 54: 17-24.

Hayek, Friedrich, A, 1994: Der Weg zur Knechtschaft. München: Olzog.

Hirschel, Dirk, 2004: Einkommensreichtum und seine Ursachen. Die Bestimmungsfaktoren hoher Arbeitseinkommen. Marburg: Metropolis.

Hradil, Stefan, 2009: „Die Aufstiegsgesellschaft – warum wir sie brauchen und was uns von ihr trennt." In: Zwischen Illusion und Verheißung: Soziale Mobilität in Deutschland. Düsseldorf: Vodafone Stiftung: 34-50.

Kahneman, Daniel und Amos Tversky, 1979: Prospect theory: An analysis of decision under risk, Econometrica 47, No. 2: 263-291.

Krampen, Günter, 1987: Handlungstheoretische Persönlichkeitspsychologie. Göttingen: Hogrefe.

Landes, David, 2006: Die Macht der Familie. Wirtschaftsdynastien in der Weltgeschichte. Berlin: Siedler.

Landes, David, 1999: Wohlstand und Armut der Nationen. Warum die einen reich und die anderen arm sind. Berlin: Siedler.

Merz, Joachim und Zwick Markus (2007): Reichtum in Deutschland – Ergebnisse, Methode und Datenlage, SPD Bundestagsfraktion, dokumente Nr. 05/07 http://www.spdfraktion.de/cnt/rs/rs_rubrik/0,,3214,00.html

Pollmann-Schult, Matthias (2006): Veränderung der Einkommensverteilung infolge von Höherqualifikationen. In: Hadjar, A. und R. Becker (Hg.): Erwartete und unerwartete Folgen der Bildungsexpansion. Wiesbaden: VS-Verlag: 157-179.

Schäfer, Annette, 2008: Die Kraft der schöpferischen Zerstörung. Campus, Frankfurt am Main.

Schiener, Jürgen, 2006: Bildungserträge in der Erwerbsgesellschaft. Analysen zur Karrieremobilität. Wiesbaden: VS-Verlag.

Schupp, Jürgen; Tobias Gramlich et al., 2005: Repräsentative Analyse der Lebenslagen einkommensstarker Haushalte. Erbschaft, soziale Herkunft und spezielle Lebenslagenindikatoren. Fachlicher Endbericht des Forschungsauftrags für das BmGS. Verfügbar unter: http://www.bmgs.bund.de (Stand: April 2006).

Tversky, Amos und Daniel Kahneman, 1992: Advances in prospect theory: cumulative representati-
    on of uncertainty. In: Kahneman, D. und A. Tversky (Hg.), (2000): Choices, values and frames.
    Cambridge: University Press: 44-66.

Vester, Michael; Peter von Oertzen; Heiko Geiling; Thomas Hermann und Dagmar Müller, 2001: So-
    ziale Milieus im gesellschaftlichen Strukturwandel. Zwischen Integration und Ausgrenzung.
    Frankfurt am Main: Suhrkamp.

Wagner, G.; G. Frick; J. R., Schupp, J., 2007: „The German Socio-Economic Panel Study (SOEP) –
    Scope, Evolution and Enhancement." In: Schmollers Jahrbuch, Heft 1: 139–169.

Wimmer, Rudolf; Torsten Groth und Fritz Simon, 2004: „Erfolgsmuster von Mehrgenerationen-Fami-
    lienunternehmen." Wittener Dikussionspapiere 85.

Reichtum und die Übernahme gesellschaftlicher Verantwortung

Miriam Ströing, Melanie Kramer

Einleitung

Seit einigen Jahren werden in sozialwissenschaftlichen und politischen Debatten die Begrifflichkeiten der Zivil- beziehungsweise Bürgergesellschaft[1] diskutiert, wobei es im Wesentlichen darum geht, Alternativen zum sozialstaatlichen System aufzuzeigen und einzelne Aufgaben in private Hand zu geben. Hinter diesen Diskussionen steht das Ziel, die bürgerliche Mitgestaltungskraft für die Belange der gesellschaftlichen Wohlfahrt zu stärken und gleichzeitig den Staat zu entlasten (vgl. z.b. Anheier/Toepler 2002; Münkler 2002). Um bürgerschaftliches Engagement zu fördern, wurden beispielsweise das Stiftungsrecht[2] reformiert und das „Gesetz zur weiteren Stärkung des bürgerschaftlichen Engagements" verabschiedet, außerdem wurden die Enquete-Kommission „Zukunft des bürgerschaftlichen Engagements"[3] des Deutschen Bundestags und schließlich der Unterausschuss „Bürgerschaftliches Engagement"[4] gegründet. Zentral für diesen Zusammenhang ist die gesamte Thematik des freiwilligen sozialen Engagements.

---

1   In seinem gegenwärtigen Gebrauch ist der Begriff der Bürger- beziehungsweise Zivilgesellschaft positiv besetzt und beschreibt den Raum gesellschaftlicher Selbstorganisation zwischen Staat, Ökonomie und Privatheit. Gemeint sind Vereine, soziale Beziehungen und Nichtregierungsorganisationen, öffentliche Diskurse und gemeinwohlorientierte Initiativen und Gruppen (vgl. Kocka 2002: 16f.). Auch gesellschaftliches Engagement von Unternehmen wird diskutiert (vgl. Backhaus-Maul 2006: 36). Die Definition steht in Zusammenhang mit einer Diskussion über Gemeinwohl und dem Versuch, das Spannungsverhältnis zwischen positiver und negativer Freiheit neu auszutarieren, in dem das Engagement für die Gemeinschaft eine besondere Bedeutung erhält (vgl. Münkler 2002: 30f.).

2   Am 14. Juli 2000 wurden mit dem Gesetz zur weiteren steuerlichen Förderung von Stiftungen die steuerlichen Voraussetzungen für gesellschaftliche Verantwortungsübernahme verbessert, indem steuerliche Hemmnisse beseitigt wurden (vgl. Deutsche Bundesregierung 2005).

3   Das Gesetz trat (rückwirkend) zum 1. Januar 2007 in Kraft und umfasst unter anderem höhere Steuerfreibeträge für freiwillig Engagierte sowie eine Erhöhung der steuerlichen Spendenhöchstgrenze (vgl. Steinbrück 2009).

4   Die Konstituierung der Kommission erfolgte am 14. Februar 2000 (vgl. Enquete-Kommission „Zukunft des Bürgerschaftlichen Engagements" Deutscher Bundestag 2002b). Anschließend setzte der Deutsche Bundestag 2003 den Unterausschuss „Bürgerschaftliches Engagement" ein, um

Die in *ViD* betrachtete Gruppe am oberen Rand der Vermögensverteilung nimmt in der Diskussion um Bürgerschaftlichkeit und gesellschaftliche Verantwortungsübernahme eine zentrale Position ein. Zum einen, da sie quantitativ an Bedeutung gewonnen hat, sowohl was ihren Anteil in der Gesellschaft betrifft, als auch bezüglich der Höhe der verfügbaren Ressourcen (vgl. Deutsche Bundesregierung 2005). Zum anderen ist Reichtum seit etwa einer Dekade erneut zum Bestandteil öffentlicher Diskussionen geworden: „Nicht nur Armut, sondern auch Reichtum muss ein Thema der politischen Debatte sein." (Deutsche Bischofskonferenz, Rat der EKD, 1997; Deutsche Bundesregierung 2001) Neben dem höheren finanziellen Mitgestaltungspotenzial wird wohlhabenden und reichen Personen oder Haushalten – wie bereits im Grundgesetz verankert – eine soziale Verpflichtung zugesprochen: „Eigentum verpflichtet. Gerade in einem insgesamt wohlhabenden Land wie Deutschland haben Eigentum und Vermögen wichtige gesellschaftliche Funktionen." (Deutsche Bundesregierung 2005)

Somit verbinden sich zwei gesellschaftspolitisch relevante Debatten zu einem Thema: Die Heterogenität der Reichen bezüglich ihrer Verantwortungsübernahme in Form von gesellschaftlichem Engagement. Bisher ist wenig darüber bekannt, welche reichen Personen sich engagieren und wenn sie sich engagieren, in welchem Ausmaß dies geschieht. Zwar gibt es Erkenntnisse über unterschiedliche Formen gesellschaftlichen Engagements, jedoch beziehen sie sich in der Regel nicht auf die Gruppe der Reichen (vgl. z.B. Timmer 2005; Gensicke 2006; Gensicke/Picot/ Geiss 2006; Buschle 2006, 2008). So zeigen beispielsweise Ergebnisse der r Freiwilligensurveys[5] der Jahre 1999 und 2004 einen positiven Zusammenhang zwischen sozialer Integration, Kircheneinbindung, Erwerbstätigkeit, Bildungsniveau sowie Haushaltsgröße und der Übernahme freiwilliger Tätigkeiten (vgl. Gensicke 2006). Bezüglich Spenden kann ein nahezu konstanter Spenderanteil von einem Drittel der Steuerpflichtigen konstatiert werden. Diese Spendenbereitschaft wird durch steigendes Einkommen, Alter, Kinderzahl und bestehende Kirchensteuerpflicht (einem Hinweis auf Religiosität), positiv beeinflusst (vgl. Buschle 2006).

Was wissenschaftlich bisher jedoch meist außer Acht gelassen wurde, ist der gesonderte Blick auf das Engagement reicher Haushalte oder Personen, die ein hohes Potenzial zur Übernahme gesellschaftlicher Verantwortung aufweisen. Worüber ebenfalls nichts bekannt ist, sind die Unterschiede zwischen Engagierten und

---

nach den durch die Kommission entstandenen Handlungsempfehlungen die Rahmenbedingungen für bürgerschaftliches Engagement weiter zu verbessern (vgl. Bürsch 2009).

5   Der Freiwilligensurvey wurde vom Bundesministerium für Familie, Senioren, Frauen und Jugend (BMFSFJ) in Auftrag gegeben. 1999 sowie 2004 erfolgten die ersten beiden Wellen einer repräsentativen Dauerbeobachtung des freiwilligen Engagements in Deutschland (vgl. Gensicke 2006).

nicht Engagierten sowie die Unterschiede innerhalb der Gruppe der Engagierten. Engagieren sich Frauen beispielsweise ebenso häufig wie Männer? Was unterscheidet freiwillig in Vereinen oder ähnlichen Organisationen Tätige von denjenigen, die sich über Geldspenden engagieren, und wer wählt beide Formen der gesellschaftlichen Verantwortungsübernahme? Geldspenden etwa können anonym getätigt und trotzdem sehr gezielt für einen ganz bestimmten Zweck eingesetzt werden. Bei der Übernahme freiwilliger Tätigkeiten kommt die Voraussetzung einer persönlichen und vor allem auch zeitlichen Einbindung hinzu.

In der vorliegenden Ausarbeitung geht es darum, diese offenen Fragen zu beantworten und zu untersuchen, inwieweit das Potenzial der Vermögenden, sich für gesellschaftliche Belange einzusetzen, von ihnen wahrgenommen und genutzt wird. Hierfür wird in zwei Schritten eine Bestandsaufnahme der Übernahme gesellschaftlicher Verantwortung vorgenommen. Im ersten Schritt erfolgt eine Differenzierung von engagierten und nicht engagierten Personen. Die wenigen vorliegenden Studien lassen die Vermutung zu, dass mit steigenden finanziellen Ressourcen auch die Bereitschaft zu gesellschaftlicher Verantwortungsübernahme zunimmt (vgl. Timmer 2005; Gensicke 2006; Gensicke/Picot/Geiss 2006; Buschle 2006, 2008). Doch wie unterscheiden sich engagierte von nicht engagierten *ViD*-Befragten hinsichtlich ihrer persönlichen und sozialstrukturellen Merkmale? Es wird angenommen, dass soziale, wertebasierte und persönlichkeitsbezogene Aspekte die Zugehörigkeit zu der Gruppe der Engagierten beziehungsweise der nicht Engagierten beeinflussen. Denkbar sind hier etwa die Höhe des Reichtums oder die Religionszugehörigkeit.

Desweiteren geht es darum, die Gruppe der Engagierten in den Blick zu nehmen und Unterschiede hinsichtlich der Art und des Ausmaßes ihrer Übernahme gesellschaftlicher Verantwortung herauszuarbeiten; mit anderen Worten: um eine Differenzierung der Engagierten. Wer beispielsweise vor allem Geld spendet und wie sich diejenigen von denen unterscheiden, die sich in Vereinen oder ähnlichen Organisationen engagieren, ist bislang nicht erforscht. Doch nur auf Grundlage dieser Unterscheidungen kann das Potenzial der Vermögenden zur Etablierung einer Zivil- oder Bürgergesellschaft herausgestellt werden. In diesem Zusammenhang sind auch die Motive entscheidend, die zu sozialem Engagement führen. Aus welchen Beweggründen setzen sich Vermögende für die Gesellschaft ein? Wird finanzielles Engagement aus anderen Motiven heraus getätigt als der Einsatz von Zeit?

1. Die Heterogenität von Reichen: Engagierte versus nicht engagierte ViD-Befragte

Bei der Untersuchung der Heterogenität von Reichen in Bezug auf ihr Engagement geht es darum, zu zeigen, in welchem Verhältnis Reichtum und soziale Verantwortung zueinander stehen. Dabei ist zu untersuchen, wer sich engagiert und wer nicht, und inwiefern sich die Gruppen unterscheiden. Im Folgenden steht dieser Vergleich im Vordergrund. Diesbezüglich werden vorerst deskriptiv Zusammenhänge zwischen verschiedenen persönlichen, strukturellen sowie psychologischen Aspekten aufgezeigt. Anschließend werden die verschiedenen Merkmale gemeinsam in einem multivariaten Regressionsmodell betrachtet.

Zunächst zeigt sich insgesamt ein außerordentlich hoher Anteil an gesellschaftlich engagierten Personen (vgl. Abbildung 1): Acht von zehn Befragten engagieren sich. Dieses Engagement kann materieller Art sein, beispielsweise in Form von Geld- oder Sachspenden. Doch auch Freiwilligenarbeit in Organisationen oder Hilfsprojekten, in Vereinen oder Stiftungen wird als gesellschaftliches Engagement berücksichtigt.

Abbildung 1: Gesellschaftliches Engagement (in Prozent)

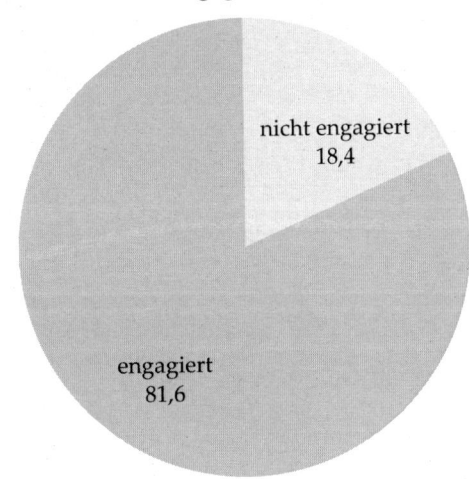

nicht engagiert
18,4

engagiert
81,6

N= 472.
Quelle: *ViD* 2009, eigene Berechnungen

82 Prozent der Befragten engagieren sich entweder mit finanziellem Aufwand, mit zeitlichem Aufwand oder mit beidem. Dieser Anteil liegt deutlich höher, als dies anhand bestehender Befunde aus der Gesamtbevölkerung anzunehmen war. Etwa 36 Prozent der Deutschen sind ehrenamtlich aktiv (vgl. Gensicke 2006; Gensicke/Picot/Geiss 2006) und der Anteil derjenigen, die Spenden steuerlich geltend machen, liegt konstant bei etwa einem Drittel der Steuerpflichtigen (vgl. Buschle 2008). Reichtum erhöht offensichtlich die Wahrscheinlichkeit, sich in die Gesellschaft einzubringen und Verantwortung für diese zu übernehmen. Ohne Zweifel wird das finanzielle Potenzial Reicher auch dafür genutzt, den Gedanken der Zivilgesellschaft zu leben.

Dennoch gibt es auch unter den Reichen Personen, die weder finanziell noch zeitlich aktiv sind. Es stellt sich also die Frage, wer sich besonders häufig und wer sich besonders selten engagiert. Die zuvor beschriebenen Befunde machen bereits deutlich, dass es verschiedene sowohl sozialstrukturelle als auch mit den Einstellungen des Menschen zusammenhängende Aspekte gibt, die sich auf die Wahrscheinlichkeit gesellschaftlichen Engagements auswirken. Im Folgenden werden diese Aspekte aufgegriffen und um wesentliche Merkmale erweitert.

1.1 Profil engagierter und nicht engagierter Reicher

In Bezug auf die sozialstrukturellen Faktoren der Befragten lassen sich folgende Zusammenhänge feststellen:

1.1.1 Kapitalvermögen[6]

Die aus dem vorhergehenden Beitrag bereits bekannten Vermögensgruppen, die nach der Höhe ihres Kapitalvermögens differenziert werden, sind in diesem Zusammenhang von besonderem Interesse. Denn je höher das frei verfügbare Finanzkapital ist, umso höher ist das tatsächliche finanzielle Potenzial eines Haushalts, dieses für gesellschaftliche Zwecke einzusetzen. Es ist daher anzunehmen, dass sich Affluents häufiger engagieren als Wohlhabende und seltener als HNWIs. Tatsächlich zeigt sich jedoch, dass die Höhe des Kapitalvermögens in keinem signifikanten Zusammenhang mit dem Anteil gesellschaftlich Engagierter steht. Es ist vielmehr erkennbar, dass Affluents den geringsten Prozentsatz an engagierten Personen aufweisen, Wohlhabende indes den höchsten. Die Ergebnisse lassen vermuten, dass für gesellschaftliche Verantwortungsübernahme weniger die Höhe finanzieller Ressourcen ausschlaggebend ist als vielmehr ihr generelles Vorhandensein.

---

6   Wohlhabend = 200.000 bis unter 500.000 Euro, Affluent = 500.000 bis unter 1 Mio. Euro, HNWI = 1 Mio. Euro und mehr an frei verfügbarem Geldvermögen.

Abbildung 2: Anteil an Engagierten nach Kapitalvermögen

Wohlhabende/r   Affluent   HNWI

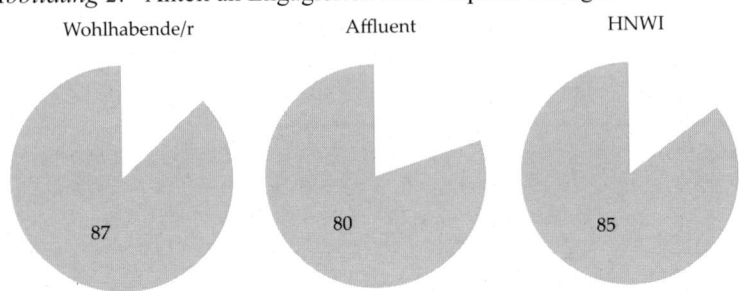

N= 438; nicht signifikant nach der Pearson-Chi²-Statistik.
Quelle: *VID* 2009, eigene Berechnungen

1.1.2 Geschlecht

Die allgemeine Vorstellung über soziale Verantwortung sagt vor allem Frauen eine stark an sozialen Werten ausgerichtete Einstellung nach (vgl. Ostrower 1995). Im Zusammenhang mit traditionellen Partnerschaftsmustern des männlichen Ernährer-Modells bietet sich gerade für in wohlhabenden und reichen Haushalten lebende Frauen die Möglichkeit, durch philanthropische Aktivitäten öffentliche Teilhabe auszudrücken. Ihr – im Vergleich zu Männern – stärkerer Schwerpunkt bei gemeinnütziger Arbeit unterstreicht diese Vermutung. Die hier vorliegenden Analysen zeigen jedoch nur marginale Unterschiede zwischen den Geschlechtern. Von den Männern sind 81 Prozent engagiert, bei den Frauen liegt dieser Anteil bei 83 Prozent. Der Unterschied ist jedoch nicht signifikant. Allerdings kann vermutet werden, dass es geschlechtsspezifische Differenzen in der Art und dem Ausmaß des Engagements gibt. Auf diese Vermutung wird später zurückzukommen sein.

1.1.3 Haushaltszusammensetzung[7]

Auch die jeweilige Haushaltssituation ist statistisch nicht ausschlaggebend für den Anteil an engagierten Personen. Die mit einem Partner/einer Partnerin zusammenlebenden Befragten engagieren sich nahezu zu gleichen Anteilen wie Alleinlebende. Es spielt auch keine signifikante Rolle, ob der/die Befragte dem jeweiligen Haushalt vorsteht, nicht vorsteht oder ob es sich um einen Haushalt mit egalitärer Aufteilung handelt.

---

7   Vorstand des Haushaltes ist die Person, die stärker ins Erwerbsleben eingebunden ist. Sind beide Partner vollzeiterwerbstätig, beide teilzeiterwerbstätig oder beide im Ruhestand, handelt es sich um einen egalitären Haushalt.

1.1.4 Erwerbsstatus

Untersuchungen mit Daten der Freiwilligensurveys 1999 und 2004 haben gezeigt, dass ein positiver Zusammenhang zwischen Erwerbsarbeit und ehrenamtlicher Tätigkeit besteht (vgl. Gensicke 2006, Gensicke/Picot/Geiss 2006). Die Vermutung, dass dies für die Übernahme gesellschaftlicher Verantwortung im Allgemeinen gilt, lässt sich bestätigen: Der Erwerbsstatus ist in der Tat bedeutsam für gesellschaftliches Engagement (vgl. Abbildung 3). Von den erwerbstätigen Befragten sind 82 Prozent engagiert, was dem Durchschnitt aller Befragten entspricht. Personen, die weniger ins Erwerbslegen integriert sind, engagieren sich nicht generell häufiger. Der Anteil an engagierten nicht erwerbstätigen Personen liegt mit 64 Prozent weit unter dem Durchschnitt und ist damit niedriger als in allen übrigen betrachteten Teilgruppen aus *ViD*. Eine Sonderposition kommt Personen im Ruhestand zu, die sich sehr häufig engagieren: Ihr Engagiertenanteil liegt bei 87 Prozent. Dieser Zusammenhang zwischen dem Engagement und dem Erwerbsstatus ist statistisch signifikant. Die Ergebnisse zeigen, dass die Eingebundenheit ins Erwerbsleben einen positiven Einfluss auf das Engagement ausübt. Trotz der vermutlich knapperen zeitlichen Ressourcen sind Erwerbstätige wesentlich häufiger engagiert als nicht erwerbstätige *ViD*-Befragte. Beim (Übergang in den) Ruhestand lässt sich aufgrund des weit überdurchschnittlich hohen Anteils an Engagierten vermuten, dass die Übernahme gesellschaftlicher Verantwortung einen sinnstiftenden Anschluss an das Arbeitsleben darstellt und die weitere Teilhabe am öffentlichen Leben gewährleistet: „Gut tun – tut gut! Das Gefühl, gebraucht zu werden, trägt zur Lebensqualität in jeder Altersstufe bei!" (Lehr 2009: 113).

Abbildung 3: Anteil an Engagierten nach Erwerbsstatus

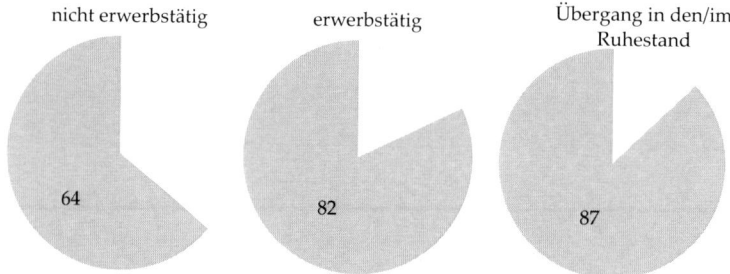

nicht erwerbstätig   erwerbstätig   Übergang in den/im Ruhestand

64   82   87

N= 471; signifikant auf dem .05-Niveau der Pearson-Chi^2-Statistik.
Quelle: *VID* 2009, eigene Berechnungen

1.1.5   Alter

Da vor allem Befragte im Ruhestand engagiert sind, scheint dem Alter eine besondere Bedeutung zuzukommen. Um diesen Zusammenhang näher zu beleuchten, wurde der Anteil an Engagierten in Abhängigkeit vom Alter untersucht. Aus
Abbildung 18 geht hervor, dass der Anteil an engagierten Befragten mit dem Alter erkennbar und statistisch signifikant zunimmt. Die unter 45-Jährigen sind zu
71 Prozent gesellschaftlich engagiert, die Befragten im Rentenalter (ab 65 Jahren)
dagegen wie vermutet deutlich häufiger, nämlich zu 87 Prozent. Ein vergleichbarer
Einfluss des Alters konnte in Bezug auf das Spendenverhalten bereits für die Gesamtbevölkerung nachgewiesen werden: Während im Veranlagungsjahr (2001) 14
Prozent der 20- bis 30-jährigen Steuerpflichtigen Spenden geltend machten, wuchs
dieser Anteil mit steigendem Alter kontinuierlich auf 43 Prozent unter den mindestens 65-jährigen steuerpflichtigen Deutschen (vgl. Buschle 2006). Ob jedoch das
Alter selbst ausschlaggebend für gesellschaftliches Engagement im Allgemeinen
ist, beispielsweise weil sich auch die Einstellungen und Werte von Menschen mit
dem Alter anpassen, oder ob vielmehr die Lebenssituation als Rentner entscheidend ist, werden die späteren multivariaten Analysen zeigen.

Abbildung 4:   Anteil an Engagierten nach Altersgruppen

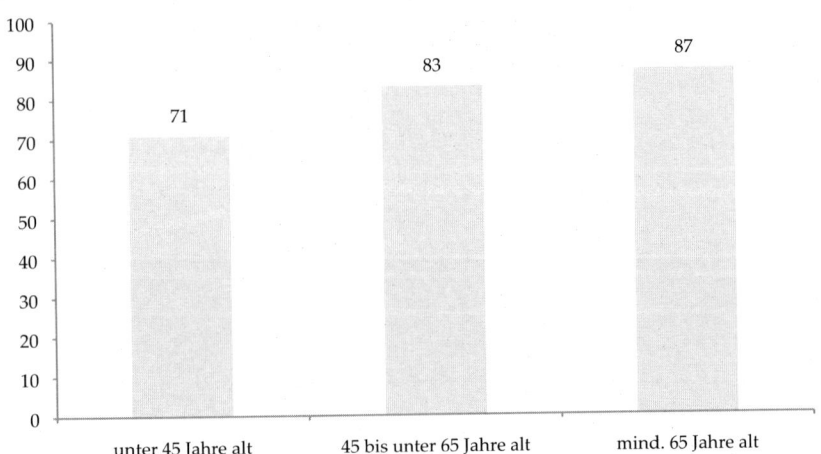

N= 467; signifikant auf dem .05-Niveau der Pearson-Chi²-Statistik.
Quelle: *VID* 2009, eigene Berechnungen

1.1.6 Reichtumsgenese

Ein weiteres sozialstrukturelles Merkmal ist die Art der Reichtumsgenese, also der für die Befragten ausschlaggebende Aspekt für ihre finanzielle Situation. Die Art und Weise, wie eine Person reich geworden ist, könnte sich durchaus als wichtig für die Frage nach sozialer Verantwortungsübernahme erweisen: In Abhängigkeit von der eigenen Geschichte und den eigenen Erfahrungen ergibt sich möglicherweise eine andere Wertschätzung von Reichtum und auch eine andere Wahrnehmung von gesellschaftlichen Zusammenhängen. Es kann spekuliert werden, dass „selbst erarbeiteter" Reichtum damit einhergeht, dass soziale Verantwortung stärker wahrgenommen und auch gelebt wird. Wohingegen Reichtum, der nicht ausschließlich erarbeitet, sondern beispielsweise durch Erbschaft oder Finanztransaktionen erzielt wurde, den Blick fürs Soziale schwächen beziehungsweise weniger schärfen könnte.

Die Befunde aus *ViD* zeigen klar, dass diese Überlegungen nicht von der Hand zu weisen sind: Die Gruppe derjenigen, die in erster Linie durch Erbschaft, Börsengewinn oder Immobilienbesitz reich wurden, verzeichnet mit Abstand den geringsten Anteil an Engagierten. Befragte, die angeben, vor allem durch Arbeit zu materiellem Reichtum gelangt zu sein, sind mit 88 Prozent deutlich häufiger engagiert. Dieser Anteil wird nur noch leicht von jenen überboten, die durch Heirat reich wurden (vgl. Abbildung 5). Es lässt sich demnach vermuten, dass – mit Ausnahme der Genese durch Heirat – die persönliche Erfahrung, wie schwer und aufwendig es ist, reich zu werden, eine Übernahme von Verantwortung für die Gesellschaft begünstigt. Ob diese Zusammenhänge auch noch unter Kontrolle weiterer Merkmale und Einstellungen gelten, ergibt sich aus den späteren Analysen.

Der Einfluss der Geneseart lässt vermuten, dass die Erfahrungen und Eigenschaften der Menschen zentral sind für ihr soziales Verhalten. Die Werte, die jemand vertritt, seine Einstellungen und Persönlichkeitseigenschaften wirken sich auf alle Lebensbereiche aus. Auch für die Frage, ob sich eine Person gesellschaftlich engagiert, könnten sie entscheidend sein. Aus diesem Grund schließen sich nun Analysen zum Zusammenhang zwischen Engagement und psychologischen Aspekten an:

Abbildung 5: Anteil an Engagierten nach Art der Reichtumsgenese

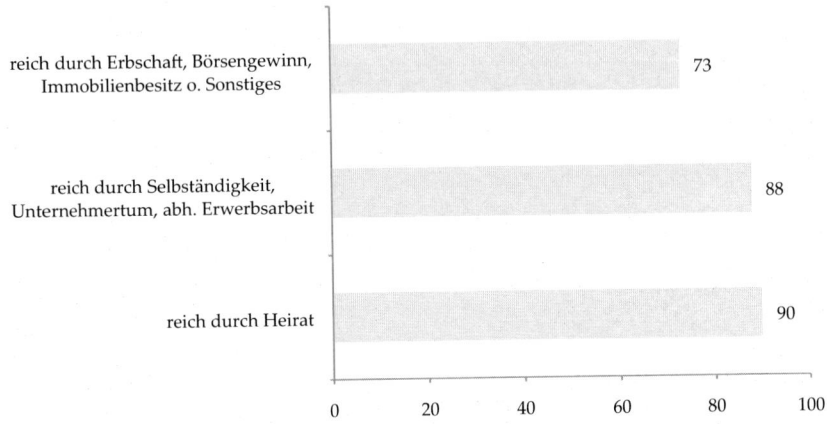

N= 463; signifikant auf dem .001-Niveau der Pearson-Chi²-Statistik.
Quelle: *VID* 2009, eigene Berechnungen

1.1.7 Religiosität[8]

Bereits Buschle (2006) und Gensicke (2006) belegen hinsichtlich steuerlich geltend gemachter Spenden beziehungsweise der Ausübung freiwilliger Tätigkeiten, dass die Bindung an eine Religion die Wahrscheinlichkeit zum freiwilligen und sozialen Engagement markant erhöht. Dies ist vermutlich vor allem auf die vielfältigen Möglichkeiten zur gesellschaftlichen Verantwortungsübernahme in den großen Kirchen in Deutschland zurückzuführen. Die Ergebnisse belegen diese Annahmen: Religiosität wirkt sich signifikant positiv auf das Engagement aus (vgl. Abbildung 6). Der Anteil an Engagierten liegt bei Personen, die nicht oder kaum religiös sind, bei 73 Prozent. Bei sehr religiösen Personen liegt dieser Anteil bei 90 Prozent.

---

8   Die Befragten haben ihre Religiosität auf einer 7-stufigen Skala selbst eingeschätzt. Die Gruppenabstufungen ergeben sich aus dem Quartilsgrenzen: nicht/schwach = 1 bis 2, mittel = 3 bis 5, stark = 6 bis 7.

Abbildung 6: Anteil an Engagierten nach Religiosität

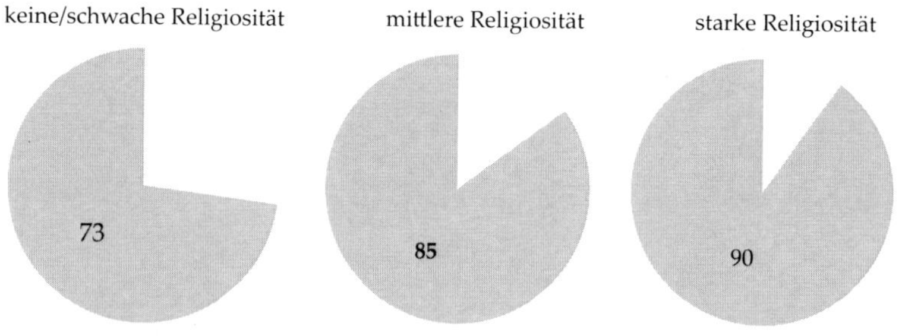

keine/schwache Religiosität   mittlere Religiosität   starke Religiosität

73   85   90

N= 467; signifikant auf dem .001-Niveau der Pearson-Chi²-Statistik.
Quelle: *VID* 2009, eigene Berechnungen

1.1.8 Verantwortungsbewusstsein[9]

Der Einfluss der Wertorientierungen und Einstellungen des Menschen auf sein soziales Verhalten zeigt sich ebenfalls, wenn man sich die Aussagen zur sozialen Verantwortungsübernahme ansieht. Personen, die der Meinung sind, dass jeder Mensch und insbesondere Vermögende eine Verantwortung gegenüber der Gesellschaft haben, und dass karitative Organisationen und auch der Staat auf die Hilfe der Bürger angewiesen sind, engagieren sich erkennbar häufiger als Andere. Zwei von drei Personen mit einem niedrigen Verantwortungsbewusstsein engagieren sich für die Gesellschaft. In der Gruppe derjenigen, die ein stark ausgeprägtes Bewusstsein für soziale Verantwortungsübernahme haben, sind es 95 Prozent (vgl. Abbildung 7). Damit wird deutlich, dass Personen, die sich für gesellschaftliche Belange in der Verantwortung sehen, diese auch übernehmen. Den Worten folgen also in den allermeisten Fällen auch Taten.

---

9   Bei der Variable für das Verantwortungsbewusstsein handelt es sich um einen gruppierten Summenindex (mit möglichen Werten zwischen 3 und 21) aus folgenden drei faktoranalytisch errechneten Items: „Soziale und karitative Organisationen sind auf jede Art von Unterstützung angewiesen. Deshalb fühle ich mich persönlich aufgefordert, einen Beitrag zu leisten", „Der Staat kann nicht alle sozialen Probleme lösen. Ich fühle mich verpflichtet, selbst Verantwortung zu übernehmen" und „Vermögende Personen haben eine höhere gesellschaftliche Verantwortung als nicht vermögende Personen und sollten sich daher auch stärker finanziell engagieren". Die Gruppen wurden anhand der Quartilsgrenzen gebildet: schwach = 3 bis 12, mittel = 13 bis 18, stark = 19 bis 21.

Abbildung 7: Anteil an Engagierten nach Verantwortungsbewusstsein

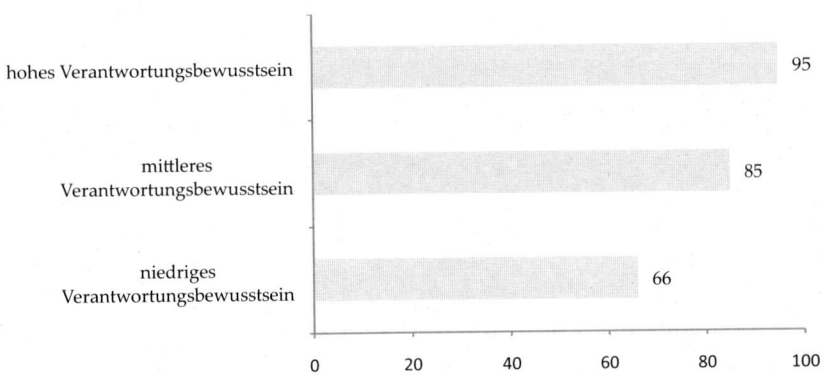

N= 461; signifikant auf dem .001-Niveau der Pearson-Chi²-Statistik.
Quelle: *VID* 2009, eigene Berechnungen

1.1.9 Internale Kontrollüberzeugung[10]

Auch Einstellungen und Charakteristika, die nicht direkt mit gesellschaftlicher Verantwortung in Zusammenhang zu bringen sind, können das Engagementverhalten beeinflussen; so beispielsweise die Kontrollüberzeugungen eines Menschen.
Die „internale Kontrollüberzeugung" (vgl. z.B. Bandura 1997; Schwarzer/Jerusa-
lem 2002) enthält Aussagen darüber, ob die Befragten das eigene Handeln wichtiger einstufen für das, was man im Leben erreicht, als Einflüsse von außen. Hohe
Ausprägungen stehen für eine starke internale Kontrollüberzeugung, also für die
Überzeugung, das Leben selbst „in der Hand" zu haben. Geringe Werte zeugen für
eine schwache internale Kontrollüberzeugung und somit ein Gefühl der Fremdbe-
stimmtheit. Es ist davon auszugehen, dass sich vor allem solche Personen engagieren, die glauben, dass sie durch ihr Handeln etwas bewirken können. Internal
Kontrollierte müssten dementsprechend häufig engagiert sein, external Kontrollierte dagegen selten.

   Die Analysen zeigen, dass zwar tendenziell mit steigender internalen Kontrollüberzeugung auch der Anteil an Engagierten zunimmt, dieser Zusammenhang je-

---

10   Bei der Variable für internale Kontrollüberzeugung handelt es sich um einen faktoranalytisch
     errechneten gruppierten Summenindex (mit möglichen Werten zwischen 3 und 21) aus folgenden
     drei Items: „Wie mein Leben verläuft, hängt von mir selbst ab", „Erfolg muss man sich hart
     erarbeiten" und „Wichtiger als alle Anstrengungen sind die Fähigkeiten, die man mitbringt".
     Die Gruppen wurden wie folgt gebildet: schwach = 3 bis 8, mittel = 9 bis 14, stark = 15 bis 21.

doch nicht signifikant ist. Die internale Kontrollüberzeugung scheint im Vergleich zu anderen Aspekten eine eher untergeordnete Rolle für die Entscheidung für oder gegen gesellschaftliche Verantwortungsübernahme zu spielen.

1.1.10 Persönlichkeit[11]

Die Persönlichkeit wird in *ViD* in Form der so genannten „Big Five" erhoben, einem Index zur Bestimmung fünf zentraler Persönlichkeitsmerkmale. Für den Einfluss der Persönlichkeit auf das gesellschaftliche Engagement wird angenommen, dass sich vor allem offene, gesellige (beziehungsweise extravertierte), verträgliche, psychisch stabile (beziehungsweise wenig neurotische) und gewissenhafte Menschen engagieren.

Abbildung 8: Anteil an Engagierten nach Persönlichkeit („Big Five")

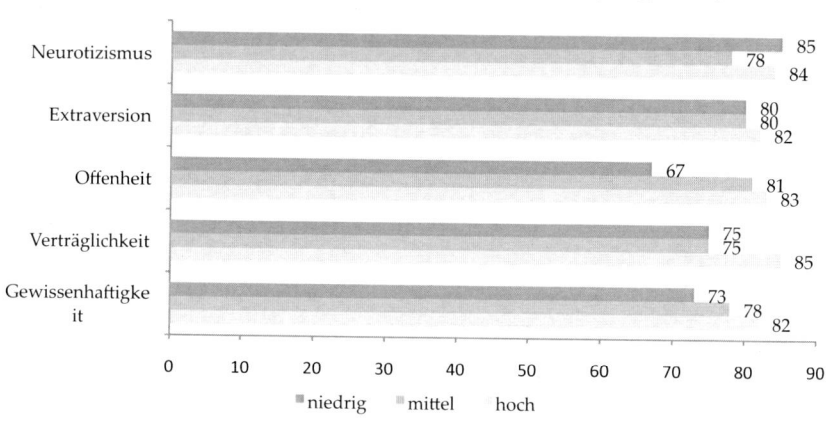

N= 469-472; signifikant auf dem .05-Niveau der Pearson-Chi^2-Statistik (nur Verträglichkeit).
Quelle: *ViD* 2009, eigene Berechnungen

Betrachtet man Persönlichkeitsmerkmale, lassen sich folgende Zusammenhänge erkennen (vgl. Abbildung 8): Eine eindeutige Auswirkung von Neurotizismus auf die Engagementquote besteht nicht. Es lässt sich lediglich feststellen, dass Perso-

---

11   Die „Big Five" sind: Neurotizismus, Extraversion, Offenheit für neue Erfahrungen, Verträglichkeit und Gewissenhaftigkeit (eine nähere Beschreibung findet sich bereits bei Lauterbach/Tarvenkorn i.d.B.).

nen mit mittlerer neurotischer Ausprägung den geringsten Anteil an Engagierten aufweisen und Befragte mit niedriger oder hoher Ausprägung jeweils leicht überdurchschnittlich engagiert sind. Die psychische Stabilität ist daher nicht ausschlaggebend dafür, ob sich eine Person engagiert. Auch die Geselligkeit beziehungsweise Extraversion eines Menschen nimmt darauf kaum Einfluss. Anders verhält es sich mit dem Ausmaß an Offenheit gegenüber neuen Erfahrungen, mit der Verträglichkeit (auch Liebenswürdigkeit) und mit der Gewissenhaftigkeit der Individuen: Je offener, verträglicher und gewissenhafter die Befragten sind, umso höher der Anteil an engagierten Personen. Für die Verträglichkeit erweist sich dieser Zusammenhang zusätzlich als statistisch signifikant.

1.2 Multivariate Modelle

Bislang konnte nachgezeichnet werden, dass sowohl verschiedene sozialstrukturelle Merkmale als auch individuelle Einstellungen und Eigenschaften Einfluss darauf nehmen, ob eine Person gesellschaftliche Verantwortung übernimmt. Bisher blieb unklar, welche dieser Aspekte auch dann noch entscheidend sind, wenn die einzelnen Merkmale zusammen betrachtet werden.

In Tabelle 1 sind Koeffizienten abgebildet, die das Chancenverhältnis abbilden, nach welchen Kriterien sich die engagierte Gruppe von derjenigen unterscheidet, die sich nicht engagiert (Referenzgruppe). Modell 1 enthält wesentliche psychologische Merkmale [12], Modell 2 sozialstrukturelle Einflussfaktoren, und Modell 3 ist als Gesamtmodell, in dem alle Faktoren enthalten sind, formuliert.

Wie auch bereits in den deskriptiven Befunden gezeigt werden konnte, steigt mit der Religiosität und dem Verantwortungsbewusstsein die Wahrscheinlichkeit signifikant, dass sich eine Person engagiert. Personen mit einem hohen Verantwortungsbewusstsein weisen eine 8-mal höhere Chance auf, engagiert zu sein, als jene mit niedrigem Verantwortungsbewusstsein. Es fällt allerdings auf, dass unter Kontrolle der sozialstrukturellen Aspekte der Einfluss der psychologischen Faktoren abgeschwächt wird. Der Einfluss der Religiosität ist nicht mehr signifikant, wenn die Merkmale aus Modell 2 hinzugenommen werden. Nicht die Religiosität selbst ist daher ausschlaggebend; sie erscheint nur deshalb relevant, weil vor allem ältere Personen im Ruhestand, die durch Erwerbstätigkeit reich wurden, religiös sind. Auch der Einfluss des Verantwortungsbewusstseins verliert an Stärke, nicht aber an Signifikanz.

---

12   Die Big Five werden hier der Übersicht halber nicht aufgeführt. Sie zeigen überwiegend keinen statistisch signifikanten Einfluss und wirken sich auch multivariat nicht auf den der übrigen Variablen aus.

Tabelle 1: Wer engagiert sich? Logistische Regressionsmodelle (Odds Ratios)

	Modell 1	Modell 2	Modell 3
keine/schwache Religiosität			
mittlere Religiosität	1,70*		1,28
hohe Religiosität	2,29**		1,66
niedriges Verantwortungsbewusstsein			
mittleres Verantwortungsbewusstsein	2,63***		2,29***
hohes Verantwortungsbewusstsein	7,97***		5,19***
niedrige internale Kontrollüberzeugung			
mittlere internale Kontrollüberzeugung	2,43		2,52
hohe internale Kontrollüberzeugung	1,70		1,24
Männer			
Frauen		1,49	1,24
Haushalt ohne (Ehe-)Partner/in			
gemeinsam geführter Haushalt		1,04	0,92
kein Haushaltsvorstand			
egalitäre Haushaltsaufteilung		0,43	0,36
Haushaltsvorstand		0,56	0,43
wohlhabend			
affluent		0,68	0,67
HNWI		0,81	0,67
unter 45 Jahre alt			
45 bis unter 65 Jahre alt		1,85*	1,66
mind. 65 Jahre alt		2,56*	2,95*
nicht erwerbstätig			
erwerbstätig		4,40**	3,83**
(Übergang in den) Ruhestand		5,08**	3,62*
reich durch Erbschaft/ Börsengewinn/ Immobilienbesitz/ Sonstiges			
reich durch Selbständigkeit/ Unternehmertum/ abhängige Erwerbsarbeit		2,61***	2,47***
reich durch Heirat		3,01	2,15
N	456	420	405
Chi²	39,6***	31,2***	48,8***
Pseudo R²	0,09	0,08	0,13

Koeffizient signifikant zum * < .10-, ** < .05- und *** < .01-Niveau.

Quelle: *VID* 2009, eigene Berechnungen

1.3 Engagierte und nicht engagierte Reiche – Zusammenfassung der Ergebnisse

Die Untersuchungen zu Unterschieden zwischen engagierten und nicht engagierten Personen haben bedeutsame Erkenntnisse zur Heterogenität und gesellschaftlichen Verantwortungsübernahme von Reichen aufgezeigt: Über 80 Prozent der Befragten engagieren sich gesellschaftlich. Vor allem die Einstellung zur sozialen Verantwortung der einzelnen Bürger ist ausschlaggebend dafür, ob sich eine Person engagiert. Auch unter Kontrolle weiterer Faktoren sind verantwortungsbewusste Menschen 5-mal wahrscheinlicher engagiert als Andere. Der Erwerbsstatus und das Alter sind ebenfalls entscheidende Kriterien für Engagement. Erwerbstätige und Ruheständler haben eine knapp 4-mal so hohe Wahrscheinlichkeit, sich zu engagieren, verglichen mit nicht Erwerbstätigen. Je älter eine Person ist, umso eher engagiert sie sich für die Gesellschaft. Insbesondere Personen im Rentenalter sind häufig engagiert. Vermutlich gibt es drei hauptsächliche Begründungen für diesen Zusammenhang. Zum einen haben Personen, die sich im Übergang in den beziehungsweise im Ruhestand befinden, mehr frei verfügbare Zeit als Erwerbstätige. Die Erkenntnis, dass Erwerbstätige häufiger engagiert sind als nicht Erwerbstätige spricht jedoch dafür, dass dies nicht ausschlaggebend ist. Vielmehr dürfte von Bedeutung sein, dass Personen auch nach ihrem Erwerbsleben am öffentlichen Leben teilhaben und sinnvoll tätig sein möchten. Somit nutzt ihr gesellschaftliches Engagement sowohl dem Gemeinwohl als auch den Engagierten selbst. Zudem lässt sich vermuten, dass sich Einstellungen und Werte aufgrund von Alterungsprozessen und der Reflexion eigener Erfahrungen im Laufe des Lebens verändern und anpassen (vgl. zum Beispiel Brandstätter 2006). Dies zu überprüfen, würde jedoch Längsschnittdaten fordern, die hier leider nicht vorliegen.

Auch die Art und Weise, wie die Befragten reich geworden sind, spielt eine Rolle für ihre Bereitschaft zum Engagement. So weisen vor allem diejenigen, die durch abhängige Erwerbsarbeit, Selbständigkeit oder Unternehmertum reich geworden sind, unter Kontrolle der Persönlichkeitsmerkmale, eine 2,5-mal so hohe Wahrscheinlichkeit auf, engagiert zu sein als Personen, die ihr Vermögen durch Erbschaft, Börsengewinn, Immobilienbesitz oder Sonstiges generiert haben. In diesem Zusammenhang liegt die Vermutung nahe, dass die Befragten, die sich ihren Reichtum durch eigene Anstrengungen erarbeitet haben, ein besonderes Bewusstsein für die Notwendigkeit gesellschaftlicher Verantwortungsübernahme erworben haben. Provokant ausgedrückt ließe sich vermuten, dass Personen, denen ihr Reichtum quasi „zugeflogen" ist, sich ihrer privilegierten Situation weniger bewusst sind und daher die Wertschätzung eine andere ist. Das Geschlecht, die Haushaltssituation oder die konkrete Höhe des Kapitalvermögens sind dagegen nicht entscheidend für die gesellschaftliche Verantwortungsübernahme. Auch die Persönlichkeit wirkt sich nicht signifikant darauf aus, ob man sich engagiert. Auswertungen der Daten des niederländischen Familiensurveys (2000) zeigen ebenfalls, dass Persönlichkeitsmerkmale insgesamt einen geringeren Einfluss auf die Spendenbereitschaft (und damit vermutlich auch auf gesellschaftliches Engagement im Allgemeinen) ausüben als soziale Zusammenhänge (vgl. Bekkers 2005).

1.4 Fallbeispiele

Die aufgezeigten Befunde beschreiben generelle Unterschiede zwischen engagierten und nicht engagierten Personen. Um das gesellschaftliche Engagement reicher Menschen anschaulicher zu machen, werden nachfolgend zwei Einzelfälle anhand Biographisch rekonstruierter Verläufe dargestellt. Es handelt sich dabei jeweils um befragte Personen.[13]

1.4.1 Nicht engagierter Haushalt

Herr X lebt mit seiner Ehefrau in der Pfalz. Er geht einer ganztätigen Berufstätigkeit nach, wie auch seine Frau. Der 48-Jährige ist Angestellter in einer öffentlichen Beratungsstelle, wo er für ein durchschnittliches Einkommen in der Regel wöchentlich etwa zehn Überstunden ableistet. Das Ehepaar hat keine Kinder und lebt ein verhältnismäßig bescheidenes Leben ohne Unterstützung im Haushalt oder hohe Ausgaben für das alltägliche Leben. Überschüssige Einnahmen investieren Herr und Frau X vor allem in ihren Vermögensaufbau oder in größere Anschaffungen; regelmäßig gönnen sie sich auch etwas von dem Geld. Der Haushalt gehört zu den affluenten und sein Gesamtvermögen beläuft sich auf mindestens 1,1 Mio. Euro. Herr X schätzt die Vermögensposition des Haushalts jedoch lediglich etwas überdurchschnittlich ein, was insofern verwunderlich ist, da er selbst sagt, Reichtum beginne ab einer Vermögenshöhe von 500.000 Euro. Er ist sich seines Reichtums anscheinend nicht bewusst. Ihr Vermögen hat das Ehepaar in erster Linie durch erhaltene Erbschaften aufgebaut. Die Gesamterbschaftssumme des Haushalts beläuft sich auf etwa 800.000 Euro und wurde überwiegend in Form von Immobilienvermögen geerbt.

Herr und Frau X sind nicht in einem Verein oder einer Organisation aktiv. Sie haben im Jahr vor der Befragung kein Geld gespendet und haben sich auch nie zuvor in Hilfsprojekten, als Sachmittelspender oder in anderer Form gesellschaftlich engagiert. Die Einstellung von Herrn X zur gesellschaftlichen Verantwortung weist starke Ambivalenzen auf; einerseits sieht er jeden Menschen für

---

13   Selbstverständlich wurde auf Anonymität geachtet.

sich selbst verantwortlich und kann beziehungsweise möchte sich nicht um andere kümmern. Andererseits empfindet er durchaus die Verpflichtung zur Verantwortungsübernahme und Solidarität. Dennoch kommen weder er noch seine Frau dieser als Verpflichtung empfundenen Verantwortung für die Gesellschaft nach. Auch
ihr eigenes materielles Erbe möchte Herr X später einmal ausschließlich im eigenen Familienkreis verteilen. Sein Persönlichkeitsprofil zeigt einen äußerst gewis-
senhaften, leicht unsicheren und nicht sehr geselligen oder wissbegierigen Mann.
Herr X scheint hin- und hergerissen zu sein zwischen seiner Leistungsorientierung
und hohen Selbstwirksamkeitsüberzeugung auf der einen und seinem Wissen um
soziale Ungerechtigkeit und persönliche Verantwortung auf der anderen Seite.
Letztendlich hat er sich offenbar – bewusst oder unbewusst – gegen die persönliche Mitwirkung an den gesellschaftlichen Strukturen entschieden.

1.4.2 Engagierter Haushalt

Herr Z aus einer Kleinstadt im Rheinland ist um die 60 Jahre alt und lebt mit seiner
Frau zu zweit im Haushalt, da die drei Kinder bereits ausgezogen sind. Herr Z hat
eine Arztpraxis mit mehreren Angestellten und arbeitet etwa 50 Stunden pro Woche. Er verdient zwischen 100.000 und 150.000 Euro netto im Jahr. Seine Frau ist
teilzeiterwerbstätig. Auch sie ist studierte Ärztin, arbeitet aber seit jeher als Leh-
rerin, zurzeit nur wenige Stunden in der Woche. Auch dieser Haushalt hat bereits
mehrere Erbschaften und Schenkungen erhalten, reich geworden ist das Paar allerdings in erster Linie durch die Berufstätigkeit von Herrn Z. Herr und Frau Z
sind wohlhabend im Sinne der Höhe ihres Kapitalvermögens. Ihr Gesamtvermögen beläuft sich indes auf etwa 1,5 Millionen Euro. Zwar ist Herr Z der Meinung,
Reichtum beginne erst ab einer Gesamtvermögenshöhe von 10 Millionen Euro und
einem Jahreseinkommen von 1 Million. Dennoch schätzt er die eigene Vermögensposition im Vergleich zur Gesamtbevölkerung recht realistisch ein. Er beurteilt die
äußeren Umstände insgesamt als wichtiger als das eigene Handeln und ist auch
sonst ein recht unsicherer und ängstlicher Mensch. Auf der anderen Seite ist Herr
Z sehr offen für Neues, äußerst herzlich zu Anderen und auch sehr gewissenhaft.

Das Ehepaar erhält mehrmals in der Woche Unterstützung im Haushalt und
gibt im Vergleich zum vorher betrachteten nicht engagierten Beispielhaushalt etwas mehr für beispielsweise Urlaub oder Autos aus. Aber das Ehepaar Z teilt seinen Reichtum auch in mehrfacher Weise mit der Gesellschaft. Herr Z hat ein ausge-
sprochen hohes und eindeutiges gesellschaftliches Verantwortungsbewusstsein, das
sich in seinem Engagementverhalten niederschlägt: Er investiert regelmäßig sowohl
Zeit als auch Geld für verschiedenste Zwecke. Einen ganz erheblichen Teil ihres
ursprünglichen Vermögens (1,5 Mio. Euro) hat das Ehepaar Z bereits als Schen-

kung weitergegeben. Ihr übriges Erbe planen sie zu gegebener Zeit überwiegend im Familienkreis zu verteilen, aber auch für gemeinnützige Zwecke einzusetzen.

2. Die Heterogenität von Engagierten: Das Potenzial gesellschaftlicher Verantwortungsübernahme

Im vorangegangenen Teil lag der Fokus auf den Unterschieden zwischen Befragten, die kein soziales Engagement aufweisen, und denjenigen, die sich engagieren. Doch Engagement ist nicht gleich Engagement. Es bestehen zahlreiche Möglichkeiten gesellschaftlicher Verantwortungsübernahme, die in *ViD* ausführlich erfragt wurden. So können Aussagen zu sechs verschiedenen Engagementformen gemacht werden: (1) Geldspenden, (2) Sachspenden, (3) aktive Mitgliedschaften in Vereinen oder ähnlichen Organisationen, (4) die (Mit-)Organisation von Hilfsprojekten, (5) (Zu-)Stiftungen sowie (6) sonstige Engagements. Auch das Ausmaß des Engagements, beispielsweise die Höhe von Spenden oder der zeitliche Aufwand in Organisationen, kann stark variieren. Erst durch eine diesbezügliche Analyse kann das eigentliche Potenzial reicher Personen und Haushalte ergründet sowie untersucht werden, inwiefern die Idee der Zivilgesellschaft für Vermögende bereits Realität geworden ist.

Es wurde bereits gezeigt, dass die deutliche Mehrheit der Reichen engagiert ist. Innerhalb dieses Kapitels wird es nun darum gehen, die Heterogenität von Vermögenden hinsichtlich ihres finanziellen und zeitlichen Beitrags für die Gesellschaft zu prüfen. Darüber hinaus ist von Interesse, wodurch Menschen zu sozialem Engagement bewegt werden. Daher erfolgt anschließend eine Betrachtung der unterschiedlichen Motive zur Übernahme gesellschaftlicher Verantwortung.

2.1 Art und Ausmaß an gesellschaftlichem Engagement

Anhand Abbildung 9 ist erkennbar, dass Geldspenden die mit Abstand am stärksten genutzte Variante gesellschaftlicher Verantwortungsübernahme sind. Knapp drei Viertel aller Befragten haben im Jahr vor der Befragung mindestens einmal Geld gespendet. Das entspricht 88 Prozent aller Engagierten. Im Vergleich zur Gesamtbevölkerung ist dieser Anteil auffallend hoch, denn dort macht jährlich etwa nur ein Drittel aller Steuerpflichtigen Geldspenden steuerlich geltend (vgl. Buschle 2008). Am zweit- beziehungsweise dritt-häufigsten werden mit einem Anteil von jeweils über 40 Prozent aller Befragten beziehungsweise mindestens 50 Prozent aller engagierten *ViD*-Befragten aktive Mitgliedschaften in Vereinen oder ähnlichen Organisationen ausgeübt und Sachspenden geleistet. Bezüglich der Übernahme freiwilliger Tätigkeiten, die auf etwa 36 Prozent der Deutschen zutrifft, liegen die *ViD*-Befragten mit ihrem Anteil leicht höher. Ebenso nennenswert ist, dass mehr als jeder zehnte Befragte und nahezu jeder fünfte engagierte Befragte mindestens ein Hilfsprojekt (mit-)organisiert hat. (Zu-)Stiftungen sowie sonstige Engagementvarianten kommen vereinzelt ebenfalls vor. Die Tatsache, dass vor allem Geldspenden eine beliebte Art sind, gesellschaftliche Verantwortung zu übernehmen, zeigt, dass das finanzielle Engagement gegenüber dem zeitlichen deutlich dominiert. Alle anderen Formen sind mit einem größeren zeitlichen und persönlichen Aufwand verbunden. Dennoch ist auch das persönliche Mitwirken in Vereinen oder bei Projekten äußerst häufig vertreten. Das wiederum zeigt, dass ein Großteil der Reichen nicht nur die monetären Ressourcen gesellschaftlich einzusetzen weiß, sondern auch die persönlichen.

Abbildung 9: Varianten sozialen Engagements (in Prozent)

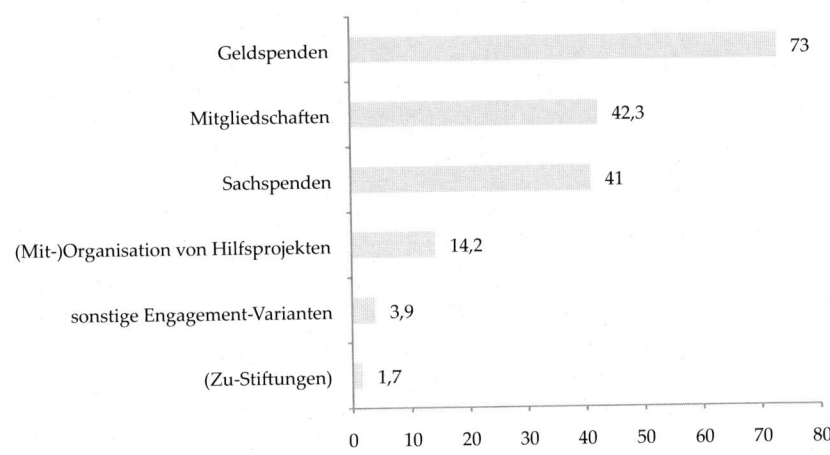

N = 464-470; Anteil an allen Befragten, Mehrfachnennungen möglich.
Quelle: *ViD* 2009, eigene Berechnungen

Wie bisher ist auch bei der Betrachtung sozialen Engagements die Heterogenität der in *ViD* befragten Personen hinsichtlich ihrer Vermögenssituation Gegenstand der Analysen. In diesem Zusammenhang wurde bereits deutlich, dass die Höhe des Kapitalvermögens unerheblich dafür ist, ob sich eine Person engagiert.

Die Frage ist nun, ob jedoch die Art des Engagements möglicherweise mit der Höhe des Vermögens zusammenhängt. Es kann vermutet werden, dass vor allem HNWIs häufig Geld spenden und Stiftungen gründen, wohingegen Wohlhabende vor allem auf aktives Engagement in Vereinen und Projekten sowie auf Sachmittelspenden zurückgreifen.

Abbildung 10: Varianten sozialen Engagements im Zusammenhang mit der Vermögenssituation (in Prozent)

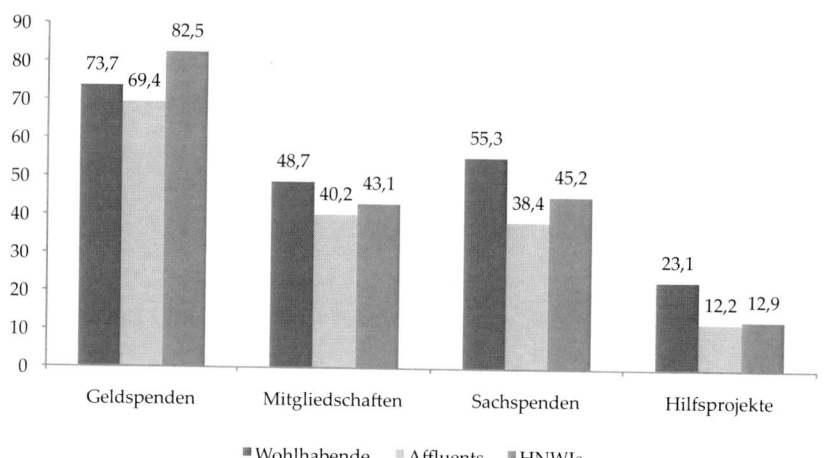

Kategorie	Geldspenden	Mitgliedschaften	Sachspenden	Hilfsprojekte
N / Pearson-Chi²	430 / 7,1***	436 / 1,1	434 / 4,7*	433 / 4,0

Koeffizient signifikant zum * < .10-, ** < .05- und *** < .01-Niveau; Mehrfachnennungen möglich.
Quelle: *VID* 2009, eigene Berechnungen

In Abbildung 10 werden die am häufigsten vorkommenden Engagementvarianten im Zusammenhang mit der Vermögenssituation dargestellt. Es können zwei Varianten ausgemacht werden, die von Wohlhabenden, Affluents und HNWIs signifikant unterschiedlich genutzt werden: Geldspenden und Sachspenden. Geldspenden werden in der Tat überdurchschnittlich stark von HNWIs getätigt. Mehr als vier Fünftel derjenigen, die mindestens 1 Mio. Euro Netto-Kapitalvermögen aufweisen, haben im Laufe des Jahres vor der Befragung Geld gespendet. Bei Sachspenden dominiert wie vermutet die Gruppe der Wohlhabenden, von denen mehr als die Hälfte schon einmal Sachspenden getätigt hat (dieser Anteil liegt mehr als 10 Prozentpunkte über dem Durchschnitt). Mitgliedschaften und die (Mit-)Organisation von Hilfsprojekten werden ebenfalls jeweils von den Wohlhabenden dominiert, jedoch sind diese Unterschiede nicht statistisch signifikant. Bei der grundsätzlichen Unterscheidung von nicht Engagierten und Engagierten spielt die Vermögenssituation keine Rolle. Betrachtet man aber die einzelnen Varianten gesellschaftlichen Engagements, so lassen sich deutliche Unterschiede zwischen den drei Reichtumsgruppen feststellen. Besonders hohe Vermögen begünstigen insbesondere das finanzielle Engagement. Reiche mit weniger Kapitalvermögen bringen sich häufiger persönlich ein. An dieser Stelle lässt sich somit doch ein Zusammenhang zwischen der Dimension des Reichtums und der Art des gesellschaftlichen Engagements erkennen. Wenn Reichtum vergleichsweise hoch ist, können auch finanziell anspruchsvolle Projekte wie etwa Stiftungsgründungen umgesetzt werden.

Diese Befunde bedeuten aber nicht, dass sich Reiche in der Regel explizit für eine Form gesellschaftlicher Verantwortungsübernahme entscheiden. Vielmehr werden zumeist verschiedene Möglichkeiten genutzt, wie anhand Abbildung 11 ersichtlich wird. Über das Ausmaß des jeweiligen Engagements lassen sich hier zwar noch keine Aussagen treffen, es wird jedoch deutlich, dass drei Viertel der engagierten Befragten sich in mindestens zwei Formen engagieren und mehr als ein Drittel sogar drei oder mehr verschiedene Varianten sozialen Engagements nutzen.

Abbildung 11: Anzahl verschiedener Engagementvarianten (in Prozent)

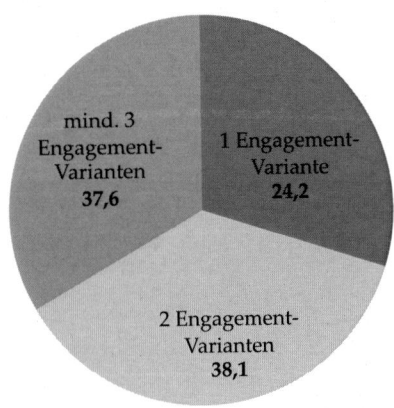

N= 385.
Quelle: *VID* 2009, eigene Berechnungen

Eine Analyse der Ausübung mehrerer Engagementvarianten im Zusammenhang mit der Vermögenssituation hat erbracht, dass keine statistisch signifikanten Unterschiede zwischen Wohlhabenden, Affluents und HNWIs bestehen (vgl. Anhang, Abbildung A1).

Nachdem bekannt ist, dass die meisten Befragten in mehr als einer Weise soziale Verantwortungsübernahme ausüben, stellt sich die Frage, ob es bestimmte Engagementformen gibt, die besonders häufig miteinander kombiniert werden. Bei einer Betrachtung der Kombinationen (vgl. auch Anhang, A2) zeigt sich, dass unter den engagierten *ViD*-Befragten 29 mögliche Kombinationen gesellschaftlichen Engagements vorkommen. Dies reicht von beispielsweise 22 Prozent (85 Personen), die ausschließlich Geld spenden, über 6,5 Prozent (25 Personen), die erstens an der (Mit-)Organisation von Hilfsprojekten beteiligt sind, zweitens Geld- und drittens Sachspenden tätigen sowie viertens aktive Mitgliedschaften in Vereinen oder ähnlichen Organisationen innehaben.

Die häufigsten Kombinationen werden in Abbildung 12 dargestellt. Hier finden sich die drei für sich genommen am häufigsten gewählten Engagementformen wieder. Etwa ein Fünftel der Befragten (22 Prozent) engagiert sich – wie bereits erwähnt – ausschließlich über Geldspenden. Nahezu 15 Prozent kombinieren Geld- mit Sachspenden und jeweils etwas mehr als 15 Prozent der in *ViD* befragten Personen übernehmen soziale Verantwortung durch eine Kombination von Geldspenden und aktiven Mitgliedschaften beziehungsweise die Kombination aller drei häufigsten Engagementformen, den Geld- und Sachspenden sowie Mitgliedschaften.

Abbildung 12: Kombination verschiedener Engagementvarianten (in Prozent)

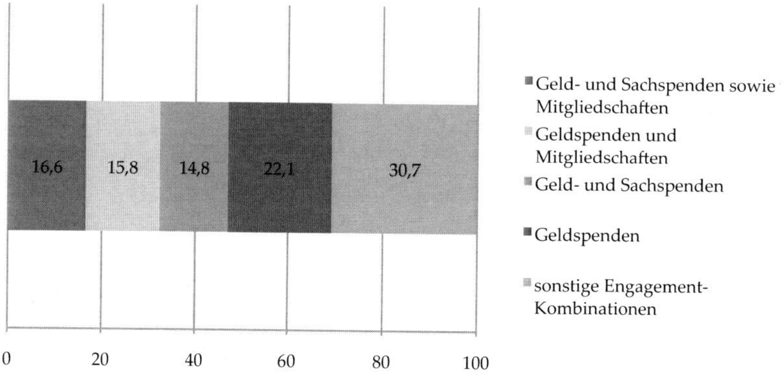

- Geld- und Sachspenden sowie Mitgliedschaften
- Geldspenden und Mitgliedschaften
- Geld- und Sachspenden
- Geldspenden
- sonstige Engagement-Kombinationen

16,6 | 15,8 | 14,8 | 22,1 | 30,7

0   20   40   60   80   100

N= 385.
Quelle: *VID* 2009, eigene Berechnungen

Die Ergebnisse machen deutlich, dass finanzielles Engagement zwar am häufigsten genutzt, aber meistens mit anderen Arten der Verantwortungsübernahme kombiniert wird. Geldspenden sind für diejenigen Befragten, die sich engagieren, beinah selbstverständlich, kaum jemand engagiert sich nicht über Geldspenden. Allerdings muss auch hier zwischen verschiedenen Ausprägungen differenziert werden. Engagement ist nicht gleich Engagement, Geldspende ist aber auch nicht gleich Geldspende.

So können Geldspenden zum einen unterschiedlich hoch ausfallen, zum anderen können sie zugunsten unterschiedlichster Zwecke getätigt werden, wie sich in Abbildung 13 zeigt. Am häufigsten spenden die *ViD* Befragten für soziale Zwecke (52 Prozent) und zur Krisen- beziehungsweise Katastrophenhilfe (43 Prozent). Mit Anteilen von jeweils um die 25 Prozent schlagen Geldspenden in den Bereichen Freizeit, Entwicklungshilfe, Religion beziehungsweise Glaube, Umwelt-, Tier- beziehungsweise Naturschutz sowie Bildung und Erziehung zu Buche.

Ergebnisse des Spendenmonitors zeigen, dass die Geld spendende Gesamtbevölkerung häufiger für Krisen- und Katastrophenhilfe spendet (57 Prozent), ähnliche Anteile für religiöse Zwecke und Entwicklungshilfe aufweist und sich jeweils weniger stark für die anderen Bereiche über Geldspenden engagiert. Gerade die Spendenzwecke Forschung/Wissenschaft, Kultur und Bildung/Erziehung werden häufiger von den *ViD*-Befragten unterstützt (vgl. Deutscher Fundraisingverband 2006). Daraus lässt sich die Vermutung aufstellen, dass reiche Personen etwas häufiger Geld für langfristig angelegte Projekte spenden, die weniger als Reaktion auf ein Ereignis (wie beispielsweise eine Naturkatastrophe) gedeutet werden können, sondern aktiv eine Entwicklung (wie etwa die Unterstützung eines Forschungsprogramms) vorantreiben.

Wie bereits deutlich wurde (vgl. Abbildung 10), zeigen sich bezüglich Geldspenden signifikante Zusammenhänge mit der Vermögenssituation insofern, dass HNWIs im Vergleich zu Affluents und Wohlhabenden den höchsten Anteil an Geldspendern ausmachen. Doch spenden HNWIs auch für andere Bereiche? Es kann vermutet werden, dass gerade hohe Vermögen besonders gezielt eingesetzt werden, für Zwecke, in denen mittlere Spendensummen weniger ausrichten können.

Abbildung 13: Engagementzwecke bei Geldspenden (in Prozent)

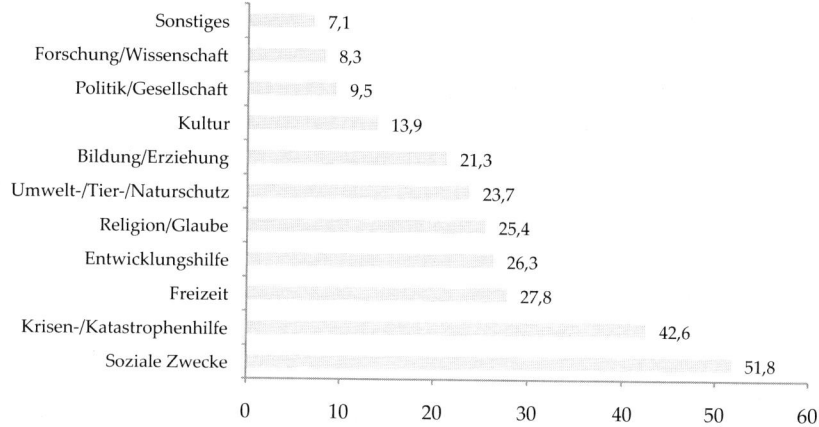

N = (jeweils) 338; Mehrfachnennungen möglich.
Quelle: *VID* 2009, eigene Berechnungen

In Abbildung 14 sind die drei häufigsten Spendenzwecke im Zusammenhang mit der Vermögenssituation abgebildet sowie diejenigen Bereiche, die einen statistisch signifikanten Zusammenhang mit der Kapitalvermögenshöhe aufzeigen. Es wird deutlich, dass die Spendenzwecke Freizeit und Kultur de facto von der Vermögens-situation abhängen. Während Wohlhabende und HNWIs sich überdurchschnittlich häufig finanziell für Freizeit engagieren, machen Affluents hier einen unterdurch-schnittlichen Anteil aus. Bezüglich Spenden für kulturelle Zwecke gibt es keine Wohlhabenden, die hier aktiv sind, und HNWIs stellen hier die Gruppe mit dem höchsten Anteil dar. Für den Kulturbereich zeigt sich also in der Tat, dass vor allem sehr reiche Personen für kulturelle Zwecke spenden. Auf der anderen Seite trifft dies jedoch auch auf soziale Zwecke zu. Ohne die Details zu den jeweiligen Pro-jekten und Organisationen zu kennen, lässt sich eine Logik in dem unterschiedli-chen Spendenverhalten von Wohlhabenden, Affluents und HNWIs nur mutmaßen. Es wird jedoch deutlich, dass diese verschiedene Zwecke verfolgen. Die Analyse der Motive, die dem Engagement zugrunde liegen, wird mehr Aufschluss bringen. Zunächst jedoch bleibt der Fokus auf der Art und dem Ausmaß des Engagements.

Abbildung 14: Engagementzwecke bei Geldspenden im Zusammenhang mit der
Vermögenssituation (in Prozent)

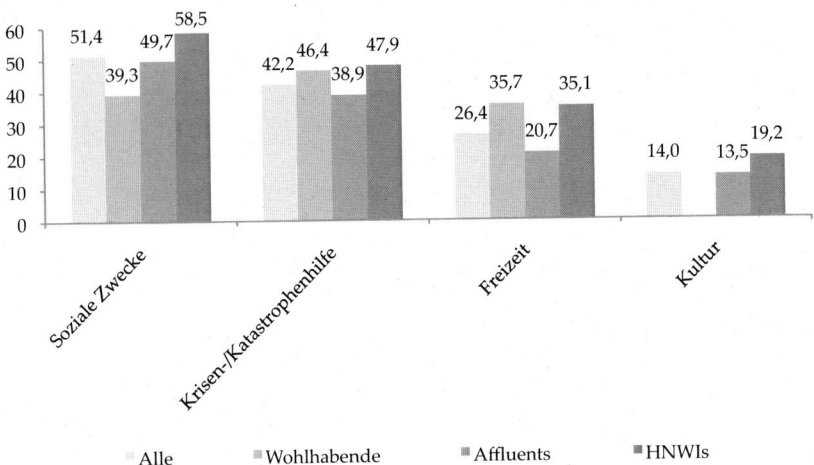

Kategorie	Soziale Zwecke	Krisen-/Katastrophenhilfe	Freizeit	Kultur
Pearson-Chi^2	3,8	2,3	8,1**	6,7**

Koeffizient signifikant zum * < .10-, ** < .05- und *** < .01-Niveau; N= (jeweils) 315; Mehrfachnennungen möglich.
Quelle: *VID* 2009, eigene Berechnungen

Wie schon bezüglich der Engagementformen sind die Befragten auch bei den Geldspenden bei weitem nicht auf einzelne Bereiche festgelegt. Stattdessen spendet der
Großteil für mehrere Zwecke (vgl. Abbildung 15): Etwas mehr als zwei Drittel
der Befragten haben im letzten Jahr vor dem Befragungszeitpunkt für mindestens
zwei verschiedene Bereiche Geld gespendet und mehr als 40 Prozent aller engagierten Befragten sogar für mindestens drei verschiedene Zwecke. Es ist also nur
selten der Fall, dass reiche Personen ganz gezielt nur für einen konkreten gesellschaftlichen Bereich Geld investieren, vielmehr fühlen sie sich häufig in mehre
ren Bereichen verantwortlich.

Abbildung 15: Anzahl der Spendenzwecke (in Prozent)

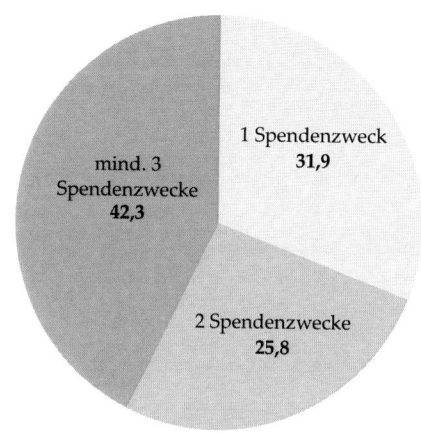

N= 337.
Quelle: *VID* 2009, eigene Berechnungen

Das trifft insbesondere für HNWIs zu. Abbildung 16 zeigt, dass mit höherem Vermögen auch die Anzahl der Spendenzwecke zunimmt. So spendet mit knapp 30 Prozent ein unterdurchschnittlicher Anteil Wohlhabender und mit 55 Prozent ein überdurchschnittlicher Anteil der HNWIs für mindestens drei verschiedene Bereiche. Besonders hohe frei verfügbare Geldressourcen führen möglicherweise dazu, diese vielfältig für die Gesellschaft einzusetzen.

Doch bestätigt sich dieser Zusammenhang auch für die Höhe an gespendetem Geld? Wäre dies der Fall, müsste sich zeigen, dass mit der Höhe an verfügbarem Kapitalvermögen auch die Höhe der Geldspenden steigt. Es wurde bereits deutlich, dass Reiche generell häufiger und vielfältiger gesellschaftlich engagiert sind als die Durchschnittsbevölkerung. Darüber hinaus sind auch die gespendeten Geldbeträge außerordentlich hoch. Die Befragten spenden jährlich insgesamt durchschnittlich 4.500 Euro. Der höchste genannte Wert liegt sogar bei 403.150 Euro. Im Vergleich dazu liegt der Durchschnittsbetrag der im Jahr 2003 steuerlich geltend gemachten Geldspenden bei 325 Euro, was im Mittel 107 Euro je deutschem Steuerpflichtigen entspricht (vgl. Buschle 2008). Auch bestätigt sich, dass innerhalb der Gruppe der Reichen die Kapitalvermögenshöhe nochmals einen Einfluss auf die Spendenhöhe einnimmt: Wohlhabende spenden im Durchschnitt 3.450 Euro pro Jahr, HNWIs dagegen weit mehr als doppelt so viel, nämlich 8.740 Euro (vgl. Anhang, Tab. A3). Allerdings erweist sich der Zusammenhang zwischen der Spendenhöhe und dem Kapitalvermögen nicht als signifikant.

Abbildung 16: Anzahl der Spendenzwecke im Zusammenhang mit der Vermögenssituation (in Prozent)

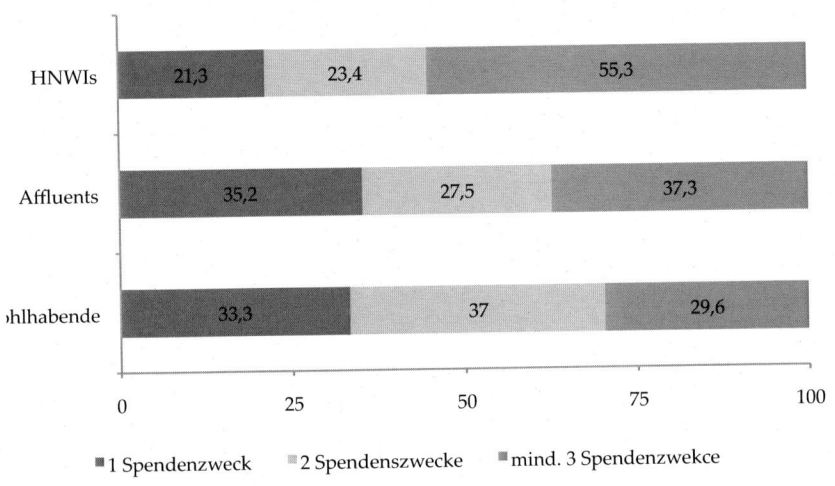

N= 345; signifikant auf dem .05-Niveau der Pearson-Chi2-Statistik.
Quelle: *ViD* 2009, eigene Berechnungen

Die Spendenhöhe variiert auch mit dem jeweiligen Bereich, für den gespendet wird. (vgl. Anhang, Tab. A4). Vor allem in den Bereichen Kultur, Forschung und Wissenschaft wird in der *ViD*-Stichprobe besonders viel gespendet. Für Krisen- und Katastrophenhilfe, Natur- und Tierschutz sowie Politik und Gesellschaft spenden die Befragten hingegen verhältnismäßig wenig Geld. Allerdings muss bedacht werden, dass die Spendenhöhen stark durch einzelne besonders hohe Beträge verzerrt werden können.

Die detaillierte Betrachtung der Geldspenden zeigt, dass das jeweilige Engagement in seiner Ausrichtung und seinem Ausmaß mitunter deutlich variiert. Die Höhe des Kapitalvermögens hat sich in diesem Zusammenhang als relevanter Einflussfaktor erwiesen. Die Frage, die sich nun anschließt, ist, ob ähnliche Befunde auch für das zeitliche Engagement festgestellt werden können.

Denn auch hinsichtlich aktiver Mitgliedschaften in Vereinen oder ähnlichen Organisationen zeigen sich die verschiedensten Möglichkeiten. Wiederum sind unterschiedliche Bereiche denkbar, in denen eine Person institutionell verankert ist, etwa in Gewerkschaften, Bürgerinitiativen, Sportvereinen, Wohlfahrtsverbänden oder Heimatvereinen. Ebenso kann auch das Ausmaß an investierter Zeit stark variieren.

Abbildung 17: Engagementbereiche bei aktiven Mitgliedschaften in Vereinen oder ähnlichen Organisationen (in Prozent)

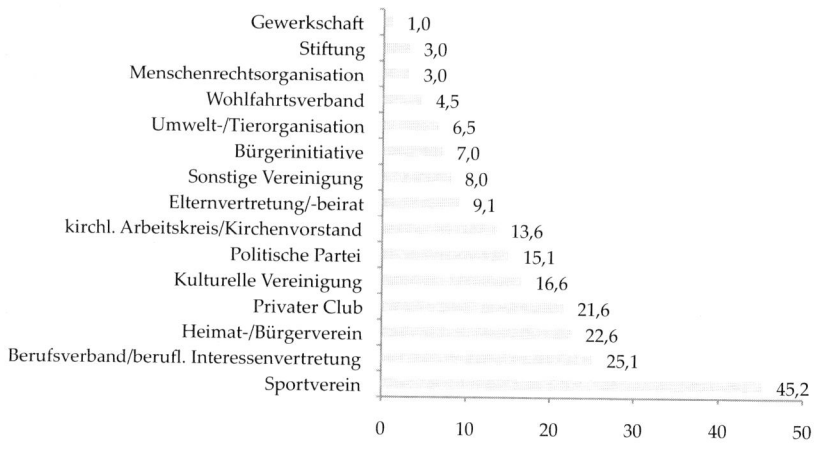

N = (jeweils) 199; Mehrfachnennungen möglich.
Quelle: *VID* 2009, eigene Berechnungen

Die Anteile an aktiven Mitgliedern in den verschiedenen Gesellschaftsbereichen sind in Abbildung 17 aufgeführt. Ganz deutlich dominiert hier mit einem Anteil von 45 Prozent das aktive Engagement in Sportvereinen. Ob die Befragten lediglich als Sportler aktiv sind, oder ob sie beispielsweise als Trainer, Betreuer oder Förderer fungieren, kann im Einzelnen nicht nachvollzogen werden. Es muss allerdings davon ausgegangen werden, dass die Mitgliedschaft in Sportvereinen überwiegend nicht in erster Linie der Übernahme sozialer Verantwortung dient, sondern häufig der eigenen persönlichen sportlichen Aktivität. Der Bezug zur sozialen Verantwortung tritt in anderen Bereichen sehr viel stärker hervor: Mit einem Anteil von jeweils etwa einem Viertel sind die Befragten auch häufig in Berufsverbänden und beruflichen Interessenvertretungen, Heimat- und Bürgervereinen sowie privaten Clubs (zum Beispiel Rotary oder Lions Club) aktiv. Es sind gerade diese Organisationen, in denen der dahinterstehende zivilgesellschaftliche Gedanke erkennbar wird. Doch auch in weiteren Gesellschaftsbereichen sind Reiche häufig engagiert, beispielsweise in kulturellen Vereinigungen, politischen Parteien und kirchlichen Gremien.

Ähnlich deutliche Zusammenhänge mit der Höhe des Kapitalvermögens wie bei den Geldspenden können hinsichtlich des zeitlichen Engagements in Vereinen und Organisationen nicht nachgewiesen werden. Allerdings zeigen sich zumindest für die aktiven Mitgliedschaften in privaten Clubs statistisch signifikante Zusammenhänge (vgl. Abbildung 18): Hier wird insbesondere deutlich, dass sich mit materiell verbessernder Vermögenssituation die Anteile an aktiven Mitgliedschaften in privaten Clubs erhöhen. Während nur etwa jeder zehnte Wohlhabende hier aktiv ist, sind es bereits nahezu ein Fünftel der Affluents und ein Drittel der HNWIs. Für diese durchaus spezielle Organisationsform ist es also durchaus relevant, ob jemand „nur" wohlhabend oder sehr reich ist.

Abbildung 18: Anteile aktiver Mitgliedschaften in privaten Clubs im Zusammenhang mit der Vermögenssituation (in Prozent)

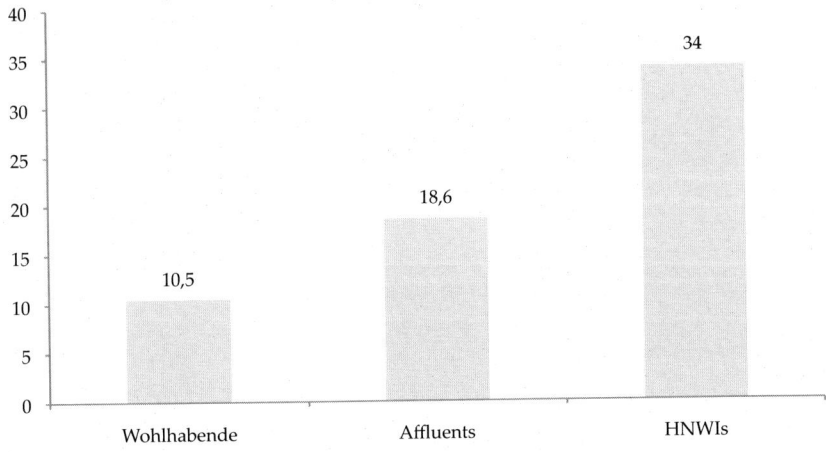

N= 182; signifikant auf dem .05-Niveau der Pearson-Chi²-Statistik.
Quelle: *VID* 2009, eigene Berechnungen

Auch für die Anzahl an Mitgliedschaften in verschiedenen Bereichen erweist sich die Vermögenshöhe als bestimmend. Insgesamt sind mehr als die Hälfte der Befragten aktive Mitglieder in mindestens zwei Vereinen oder ähnlichen Organisationen (vgl. Abbildung 19). Etwas mehr als ein Viertel unterhält mindestens drei aktive Mitgliedschaften.

Abbildung 19: Anzahl aktiver Mitgliedschaften (verschiedener Bereiche, in Prozent)

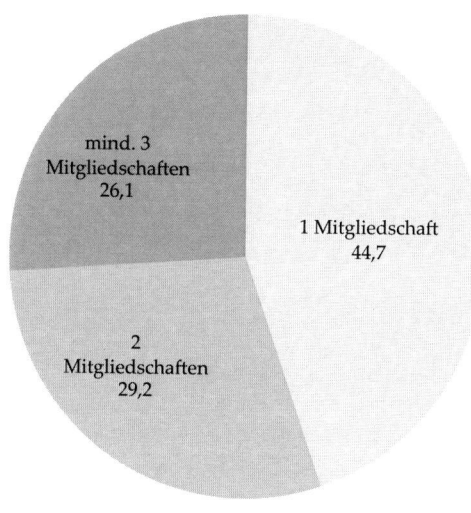

N= 199.
Quelle: *VID* 2009, eigene Berechnungen

Je höher allerdings das verfügbare Kapitalvermögen, umso eher liegen mehrere Mitgliedschaften vor, wie aus Abbildung 20 hervorgeht. Hier bestätigt sich erneut, was bereits für die Geldspenden identifiziert wurde: Mit den finanziellen Ressourcen steigt auch die Vielfalt, mit der diese für gesellschaftliche Belange eingesetzt werden.

Abbildung 20: Anzahl aktiver Mitgliedschaften im Zusammenhang mit der
Vermögenssituation (in Prozent)

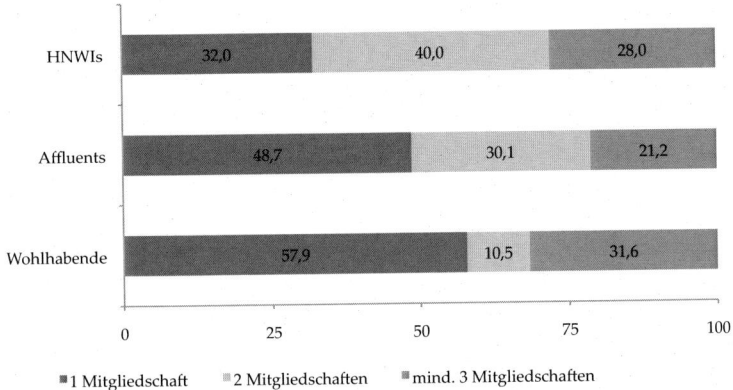

■ 1 Mitgliedschaft   ■ 2 Mitgliedschaften   ■ mind. 3 Mitgliedschaften

N= 182; signifikant auf dem .10-Niveau der Pearson-Chi^2-Statistik.
Quelle: *VID* 2009, eigene Berechnungen

Gleichermaßen lassen sich diese Überlegungen auf das Ausmaß an zeitlichem Engagement übertragen: Die Befragten sind durchschnittlich 18 Stunden monatlich
(beziehungsweise 12 Stunden im Median) in den von ihnen genannten Vereinen
und Organisationen aktiv (vgl. Tabelle 2). Wohlhabende engagieren sich im Mittel (Median) 10 Stunden, Affluents 12 und HNWIs 13 Stunden.

Tabelle 2: Monatliches zeitliches Engagement in Vereinen oder ähnlichen
Organisationen im Zusammenhang mit der Vermögenssituation (in
Stunden)

Vermögenssituation	Min.	Median	Durchschnitt	Max.	N
Wohlhabende	2	10	15,3	40	19
Affluents	2	12	19,1	140	113
HNWIs	2	13	18,6	106	50
Gesamt	2	12	18,4	140	199

Quelle: *VID* 2009, eigene Berechnungen

Bezüglich der einzelnen Bereiche wird im Durchschnitt die meiste Zeit für politische Parteien (13 Stunden monatlich), Sportvereine (12 Stunden monatlich) und kirchliche Arbeitskreise beziehungsweise Kirchenvorstände (11 Stunden monatlich) aufgewendet (vgl. Anhang, Tab. A5).

2.2 Motive für die Übernahme gesellschaftlicher Verantwortung

In Bezug auf die Unterscheidung engagierter *ViD*-Befragter von denen, die keine gesellschaftliche Verantwortung übernehmen, konnte bereits gezeigt werden, dass ein Bewusstsein für die persönliche Verantwortung gegenüber der Gesellschaft und – in schwächerer Form – religiöse Motive zentrale Aspekte sind. Um genutzte und noch brachliegende Potenziale für Bürgerschaftlichkeit und gelebte Zivilgesellschaft tiefgehender zu durchleuchten, ist es von weiterem Interesse, die Beweggründe derjenigen zu hinterfragen, die bereits engagiert sind. Welche Gründe sind es, aus denen sich Reiche für die Gesellschaft einsetzen? Steht bürgerschaftliches Denken hinter den tatsächlichen Engagements?

Hinsichtlich ehrenamtlicher Tätigkeiten konnte im Rahmen der Untersuchungen mit Daten der Freiwilligensurveys (1999 und 2004) bereits festgestellt werden, dass es den freiwillig Engagierten primär darum geht, die Gesellschaft mitgestalten zu können und mit anderen Menschen zusammenzukommen, und dass dies zu großen Teilen auch als Form politischen Engagements verstanden wird. Hier finden folglich zivilgesellschaftliche Vorstellungen ihren Ausdruck. Daneben empfinden die freiwillig Engagierten häufig auch eine gesellschaftliche Verpflichtung (vgl. Gensicke/Picot/Geiss 2006). Finden sich diese Motive auch unter den *ViD*-Befragten?

Es gibt zahlreiche Beweggründe, aus denen heraus sich Menschen sozial engagieren, die zum Teil auf eigene Interessen und zum Teil auf die Verbesserung der Situation Außenstehender ausgerichtet sind. Man kann sich aus einem Gefühl des Mitleids gegenüber Notleidenden heraus veranlasst fühlen, zu helfen, etwa im Falle einer Naturkatastrophe. Oder man möchte über das aktive Engagement in einem privaten Club soziale Netzwerke knüpfen und pflegen und dabei gleichzeitig lokale Hilfsprojekte fördern. Zunächst ist festzuhalten, dass sich egoistische und altruistische Motive in der Regel nicht gegenseitig ausschließen. Oft sind es Bündel von Motiven, die zu sozialem Engagement veranlassen. So schließt die Freude an der (Mit-)Organisation einer Hilfsaktion nicht aus, dass man damit gleichzeitig etwas bewirken und Missstände bekämpfen möchte. Es wäre ja sogar für alle wünschenswert, dass gesellschaftliches Engagement allen Beteiligten einen Mehrwert verschafft, den Hilfsbedürftigen Unterstützung und den Helfenden persönliche Vorteile: „Wer sich engagiert, zieht auch persönlichen Nutzen daraus. Eigen-

nutz und Gemeinnutz sind in der Verantwortungsgesellschaft kein Widerspruch"
(von der Leyen 2009: 12). Um das Engagement von Reichen besser nachvollzie-
hen und dessen Potenzial beleuchten zu können, werden nachfolgend verschiedene Motivgruppen unterschieden und nebeneinander gestellt.

Tabelle 3:   Motive der Übernahme gesellschaftlicher Verantwortung[14]

gesellschaftliche Partizipation

„Mein Engagement ermöglicht es mir, am gesellschaftlichen Leben teilzuhaben und Kontakte zu pflegen."

„Ich bin in die Tradition, sich für die Gesellschaft zu engagieren, hineingewachsen."

„Durch mein Engagement habe ich Zugang zu neuen gesellschaftlichen Kreisen."

gesellschaftliche Verantwortung

„Ich engagiere mich aus Mitgefühl mit Notleidenden."

„Mit meinem Engagement kann ich dort ansetzen, wo die Möglichkeiten der Politik aufhören."

„Ich trage mit meinem Engagement dazu bei, gesellschaftlichen Missständen entgegenzuwirken."

moralisch-dankbare Verantwortung

„Es ist meine religiöse Verpflichtung, mich zu engagieren."

„Ich kann mein Vermögen rechtfertigen, indem ich einen Teil davon für gemeinnützige Zwecke einsetze."

„Ich möchte mit meinem Engagement der Gesellschaft etwas zurückgeben."

Selbstverwirklichung

„Durch mein Engagement kann ich mich ein Stück weit selbst verwirklichen."

„Mein Engagement hat positive Auswirkungen auf mein Selbstwertgefühl."

Quelle: *VID* 2009

Bei einer näheren Untersuchung der Daten können vier hauptsächliche Motivgruppen ausgemacht werden (vgl. Tabelle 3). (1) Der Wunsch nach gesellschaftlicher
Partizipation und Teilhabe ist ein erster Faktor, der zu Engagement veranlasst. Hierunter fallen der Wunsch, „am gesellschaftlichen Leben teilzuhaben und Kontakte zu knüpfen" sowie „Zugang zu neuen gesellschaftlichen Kreisen" zu gewinnen
und die Verfolgung familiärer Traditionen. Das Motiv des Gefühls einer gesellschaftlichen Verantwortung (2) ergibt sich aus „Mitgefühl mit Notleidenden", dem
Wunsch, „dort anzusetzen, wo die Möglichkeiten der Politik aufhören" und dazu
beizutragen, „gesellschaftlichen Missständen entgegenzuwirken". Außerdem gibt

---

14   Die Motive sind das Ergebnis einer explorativen Faktoranalyse, die eine 4-Faktoren-Lösung
     anhand von insgesamt 16 zugrunde liegenden Items als beste Lösung hervorgebracht hat, und
     einer darauffolgenden konfirmatorischen Faktoranalyse.

es ein Motiv, in dem sich eine gewisse Werthaltung sowie Dankbarkeit für das eigene Glück ausdrückt (3). Hierunter fällt das Gefühl einer „religiösen Verpflichtung", die Rechtfertigung des eigenen Vermögens durch den Einsatz eines Teils davon für gemeinnützige Zwecke sowie „der Gesellschaft etwas zurückgeben" zu wollen. (4) Ein vierter Faktor beschreibt das Motiv der Selbstverwirklichung. Hierbei geht es den Befragten darum, sich durch das eigene Engagement selbst zu entfalten und positive Auswirkungen auf das eigene Selbstwertgefühl hervorzurufen.

In Abbildung 21 ist dargestellt, welche Motive in welcher Stärke von den Befragten genannt werden. Es wird erkennbar, dass lediglich acht Prozent der Befragten moralisch-dankbare Verantwortung als sehr wichtiges Motiv für das eigene Engagement einstufen. Etwa ein Fünftel der befragten Engagierten sieht das Motiv der gesellschaftlichen Partizipation für sich als Beweggrund für das eigene Engagement. Mit Anteilen von jeweils mehr als einem Viertel sind die Motive gesellschaftlicher Verantwortung und Selbstverwirklichung von hoher Bedeutung für die Engagierten. Auch die auf Gesamtdeutschland bezogenen Ergebnisse der Freiwilligensurveys zeigen auf, dass Gemeinwohlorientierung und Selbstentfaltung häufig genannte Motivbündel sind (vgl. Enquete-Kommission 2002a).

Abbildung 21: Motive der Übernahme gesellschaftlicher Verantwortung (in Prozent)

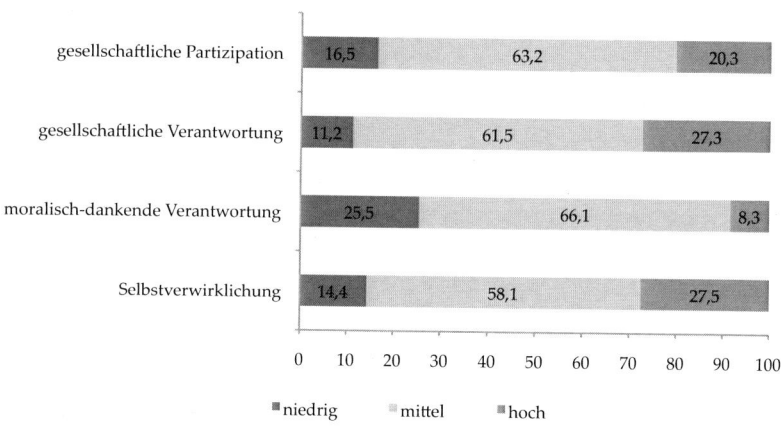

N= 372-382

Quelle: *VID* 2009, eigene Berechnungen

Alle Motivgruppen werden also überwiegend als wichtig angesehen. Lediglich die Gründe einer moralischen Dankbarkeit spielen im Vergleich zu den übrigen Gruppen eine deutlich untergeordnete Rolle. Reiche geben also weniger aus einer Verpflichtung heraus, sondern eher aus eigenem Antrieb und aufgrund eigener Interessen sowie mit dem Willen, etwas zu verändern.

Diese Tendenz gilt darüber hinaus für alle Vermögensgruppen innerhalb der *ViD*-Stichprobe (vgl. Abbildung 22), für alle Gruppen sind die moralisch-dankbaren Motive die unwichtigsten. Dennoch verschiebt sich die Rangfolge der übrigen Motivgruppen teilweise mit der Vermögenshöhe. Die Zusammenhänge sind zwar statistisch nicht signifikant, aber deskriptiv durchaus deutlich erkennbar: Wohlhabende fühlen sich überdurchschnittlich oft stark durch einen Wunsch nach Selbstverwirklichung motiviert, während HNWIs hier einen unterdurchschnittlichen Anteil aufweisen. Die gesellschaftliche Verantwortung (und zum Teil auch die gesellschaftliche Partizipation) weist den entgegengesetzten Zusammenhang auf, diese ist umso wichtiger, je mehr Kapitalvermögen vorhanden ist. Offensichtlich werden Wohlhabende also verhältnismäßig stark durch den Wunsch zur Selbstverwirklichung angetrieben, wohingegen diese mit steigendem Vermögen zunehmend abgeschlossen scheint. Wohlhabende befinden sich möglicherweise noch weitgehend am Anfang der Vermögensbildung und möchten stärker am gesellschaftlichen Leben teilhaben und sich weiterentwickeln, wohingegen HNWIs offenbar ihre zentralen Ziele weitestgehend erreicht haben und sich stärker ihrer sozialen Verantwortung bewusst machen.

Diese unterschiedlichen Motivlagen erklären auch zum Teil die verschiedenen Engagementformen und -bereiche der Reichen. Wohlhabende engagieren sich stärker in Vereinen und Organisationen, wodurch sie Kontakte knüpfen und persönlich teilhaben können. HNWIs spenden eher Geld, weil sie gezielt helfen möchten, ohne zu stark persönlich beteiligt zu sein.

Abbildung 22: Starke Motive der Übernahme gesellschaftlicher Verantwortung im Zusammenhang mit der Vermögenssituation (in Prozent)

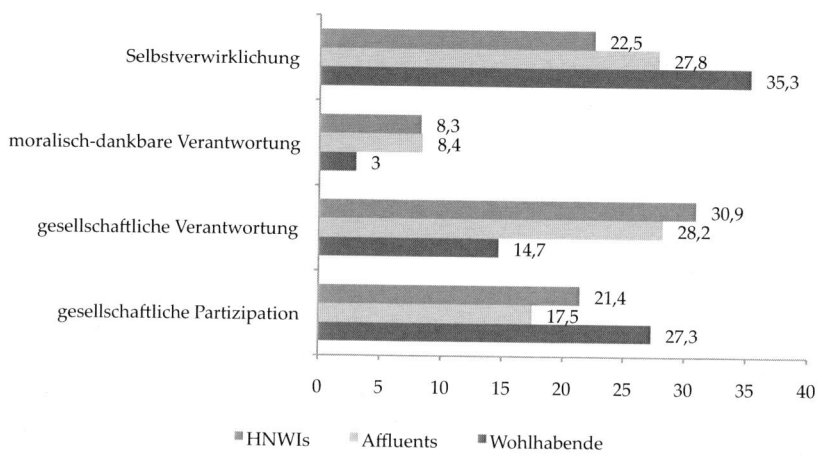

Kategorie	gesellschaftliche Partizipation	gesellschaftliche Verantwortung	moralisch-dankbare Verantwortung	Selbstverwirk-lichung
Pearson-Chi^2	4,8	4,4	1,4	2,9

Koeffizient signifikant zum * < .10-, ** < .05- und *** < .01-Niveau; N= 345-355; Mehrfachnennungen möglich.

Quelle: *VID* 2009, eigene Berechnungen

Ob die Vermutung, dass unterschiedlichen Formen gesellschaftlicher Verantwortungsübernahme unterschiedliche Beweggründe zugrunde liegen, zutrifft, zeigen die nachfolgenden Befunde. Eine nähere Betrachtung der häufigsten Engagementvarianten anhand der starken Motive (vgl. Abbildung 23) bringt einige statistisch signifikante Zusammenhänge hervor. Wer Geld spendet, dem ist im Vergleich zur Gesamtgruppe der Engagierten gesellschaftliche Verantwortung überdurchschnittlich oft besonders wichtig. Ebenso verhält es sich mit der moralisch-dankbaren Verantwortung. Der Wunsch nach Selbstverwirklichung spielt etwas seltener eine Rolle. Die Unterschiede sind jeweils gering, jedoch signifikant. Aktive Mitglieder in Vereinen oder ähnlichen Organisationen haben ein überdurchschnittlich starkes Bedürfnis nach gesellschaftlicher Partizipation und Selbstverwirklichung. Auch für Personen, die Sachspenden leisten, ist das Motiv der Selbstverwirklichung überdurchschnittlich häufig stark. Wer Hilfsprojekte (mit-)organisiert, ist insgesamt besonders stark in allen Motivgruppen motiviert. Hilfsprojekte erweisen sich damit als eine Engagementform für Personen, die sehr stark von bestimmten – auch unterschiedlichen – Motiven bewegt werden und ein überaus hohes Bedürfnis haben, sich zu engagieren.

Abbildung 23: Starke Motive der Übernahme gesellschaftlicher Verantwortung im Zusammenhang mit verschiedenen Engagementvarianten (in Prozent)

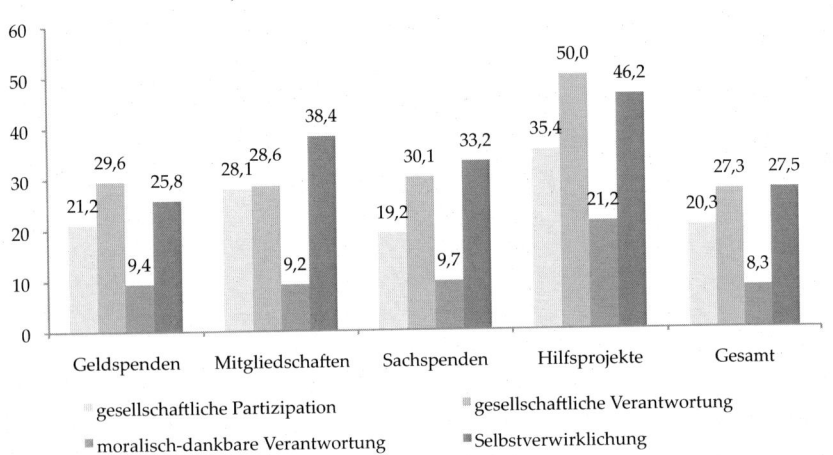

Pearson-Chi²	Geldspenden	Mitgliedschaften	Sachspenden	Hilfsprojekte
gesellschaftliche Partizipation	2,3	32,1***	2,1	12,3***
gesellschaftliche Verantwortung	16,7***	1,0	1,9	25,1***
moralisch-dankbare Verantwortung	18,1***	1,9	2,6	21,5***
Selbstverwirklichung	8,5**	31,5***	6,1**	15,0***

Koeffizient signifikant zum * < .10-, ** < .05- und *** < .01-Niveau; N = 367-381; Mehrfachnennungen möglich.

Quelle: *VID* 2009, eigene Berechnungen

Es zeigen sich insgesamt also einige signifikante Zusammenhänge zwischen der Motivation zu gesellschaftlicher Verantwortung und dem Bereich, in dem man sich engagiert. Auch die Unterschiede zwischen dem Engagement von Wohlhabenden,

Affluents und HNWIs werden in diesem Zusammenhang nachvollziehbarer. Durch ihre verschiedenen Lebenssituationen, Ziele und Interessen wählen sie unterschiedliche Engagementformen und -bereiche. Reiche wissen ihre gesellschaftlichen Potenziale durchaus zu nutzen, ohne dabei die eigenen Interessen aus den Augen zu verlieren. Engagement erweist sich grundsätzlich als ein bewusst gewählter Beitrag zur gesellschaftlichen Verantwortung, der freiwillig und gezielt geleistet wird.

2.3 Heterogenität von Engagierten – Zusammenfassung der Ergebnisse

Die Teilnehmer der Studie *ViD* engagieren sich aus den verschiedensten Gründen auf die unterschiedlichste Art und Weise. Die Untersuchungen zur Heterogenität der Engagierten zeigen vor allem zwei zentrale Befunde: Erstens sind Reiche auffallend häufiger und stärker engagiert als die Durchschnittsbevölkerung, und zwar unabhängig davon, welche Form des Engagements betrachtet wird. Zweitens erweist sich das gesellschaftliche Engagement von Reichen als sehr heterogen. Im Einzelnen zeigt sich: Am häufigsten wird Geld (73 Prozent) gespendet. Über 40 Prozent der Befragten sind aber auch aktive Mitglieder in Vereinen und ähnlichen Organisationen und/ oder tätigen Sachspenden. Geldspenden werden am häufigsten für soziale Zwecke (52 Prozent) oder zur Krisen- beziehungsweise Katastrophenhilfe (43 Prozent) eingesetzt. Die aktiven Mitgliedschaften beziehen sich häufig auf Sportvereine. Mit steigender Vermögensposition steigt allerdings vor allem der Anteil derjenigen, die in privaten Clubs engagiert sind. HNWIs spenden außerdem überdurchschnittlich oft für kulturelle Zwecke, Affluents besonders selten für den Bereich Freizeit. Auch in der Art des Engagements unterscheiden sich die Vermögensgruppen von *ViD*; HNWIs spenden überdurchschnittlich häufig Geld und Wohlhabende Sachmittel.

Es konnten vier zentrale Motivgruppen identifiziert wurden, die zu sozialem Engagement führen: Der Wunsch nach Selbstverwirklichung sowie ein Gefühl der Verantwortung gegenüber der Gesellschaft spielen am häufigsten eine starke Rolle für die Engagierten. Danach folgen der Wunsch nach gesellschaftlicher Teilhabe und ein moralisch-dankbares Verantwortungsgefühl. Die jeweilige Motivation zum Engagement ist außerdem ausschlaggebend dafür, in welcher Form man Verantwortung übernimmt. So empfinden Personen, die Geld spenden, überdurchschnittlich oft ein starkes Gefühl der gesellschaftlichen Verantwortung. Interessenbezogene Beweggründe spielen hier offensichtlich eine untergeordnete Rolle. Hinsichtlich derjenigen, die aktive Mitgliedschaften in Vereinen oder ähnlichen Organisationen innehaben, wird festgestellt, dass hier die Motive der gesellschaftlichen Partizipation sowie der Selbstverwirklichung besonders stark sind. Dies bestätigt, dass die Engagierten neben der zum Ausdruck gebrachten gesellschaftlichen Verant-

wortungsübernahme gerade durch freiwillige Tätigkeiten selber stark profitieren.
Aktive Mitglieder in Vereinen oder ähnlichen Organisationen handeln durchaus in
ihrem eigenen Sinne und bringen zugleich einen hohen Nutzen für das Gemeinwohl. Wer Sachspenden leistet, ist überdurchschnittlich oft durch einen starken
Wunsch nach Selbstverwirklichung geprägt. Bei Personen, die Hilfsprojekte (mit)
organisieren, werden sehr oft alle vier Motivgruppen als stark wirkend benannt.

2.4 Fallbeispiele

Wie und warum, wie stark und wofür sich eine Person engagiert, ist von Fall zu Fall
verschieden. In den vorangegangenen Ausführungen haben wir Zusammenhänge
und Verteilungen der gesamten *ViD*-Stichprobe beschrieben, um einen Überblick
über das Ausmaß und die Motivlagen für das gesellschaftliche Engagement reicher Personen zu geben. Auch diese Befunde werden nun in zwei realen Beispie-
len dargestellt, die die Heterogenität gesellschaftlichen Engagements illustrieren.
Es geht dabei nicht um eine unterschiedliche Bewertung des jeweiligen Engagements, sondern vielmehr darum, die Vielfalt der Möglichkeiten aufzuzeigen. Auch
diese Einzelfälle entstammen dem *ViD*-Datensatz.

2.4.1 Engagierte Wohlhabende

Frau A ist über 70 Jahre alt und lebt mit ihrem Mann als Rentner-Ehepaar in Brandenburg. Ihre drei Kinder sind längst ausgezogen. In ihrer letzten beruflichen Tätigkeit hat die gelernte Betriebsfacharbeiterin ihrem Mann in dessen Gastrono-
miebetrieb geholfen. Durch die erarbeiteten Gewinne dieses selbst aufgebauten
Betriebs haben beide über die Zeit ihren Reichtum angespart. Der Haushalt gehört
zu den Wohlhabenden und das Gesamtvermögen beläuft sich auf deutlich unter 1
Mio. Euro. Die Eltern von Frau waren ebenfalls Kleinunternehmer und haben sie
zu Fleiß, Sparsamkeit, Verantwortungsübernahme und nach religiösen Werten erzogen. Die heutige Rentnerin wuchs als ältestes von zwei Kindern zu Zeiten des
Krieges und in der Nachkriegszeit auf. Sie ist – wohl auch durch ihre Generatio-
nenzugehörigkeit – verhältnismäßig konservativ eingestellt, nicht unbedingt offen
für neue Erfahrungen und sehr stark lokal verwurzelt.

Frau A fühlt sich verantwortlich für soziale Belange und hat ein starkes Bedürfnis, Anderen zu helfen. Dies tut sie, indem sie sich vor allem für Hilfsprojekte
der Kirche einsetzt, bei denen sie beispielsweise für Bedürftige kocht, Sachspenden
für Hilfstransporte sammelt oder auch regelmäßig mehrere Hundert Euro spendet.
Sie engagiert sich seit Jahren jeden Monat etwa 20 Stunden für die Kirche; plus
der bereits erwähnten Sonderprojekte und Sach- und Geldspenden. Dies alles tut
sie, weil sie helfen und ihre Verantwortung als gläubiger Christ und wohlhaben-

der Bürger wahrnehmen möchte. Steuerliche Vorteile sind ihr dabei ebenso gleichgültig wie der Wunsch, gestalterisch tätig zu sein. Für Frau A ist ein Gefühl der Verantwortung für die Gesellschaft ein starker Beweggrund für ihr Engagement. Ebenso ist es ihr sehr wichtig, sich über ihr Engagement selbst zu verwirklichen.

2.4.2 Engagierter HNWI

Der mittesechzigjährige Herr B ist Unternehmer, lebt mit seiner Frau in einer norddeutschen Großstadt und führte dort bis vor Kurzem ein mittleres Familienunternehmen in erster Generation; inzwischen ist er Rentner. Als mittlerer von drei Brüdern wuchs Herr B in durchschnittlichen Vermögensverhältnissen auf und wurde zu Sparsamkeit, Eigenverantwortung und Toleranz erzogen. Heute weist er eine psychisch stabile Persönlichkeit auf, ist gesellig und offen für Neues. Er ist sehr weltoffen und dennoch lokal verwurzelt. Das Leben wird seiner Meinung nach durch das eigene Handeln, nicht von außen bestimmt.

Der kinderlose Haushalt von Herrn B ist ein „High Networth Individual Household", die Kapitalanlagen belaufen sich auf einen mehrfachen Millionenbetrag, das Haushaltsgesamtvermögen schätzt Herr B auf 4 Millionen Euro. Überschüssige Einnahmen investiert er in erster Linie in das Unternehmen und, wie sich zeigt, in erheblichem Ausmaß für gemeinnützige Zwecke.

Herrn B motiviert bei seinem Einsatz für die Gesellschaft ganz besonders der Wunsch, gestalterisch wirken zu können. Er möchte gezielt Einfluss nehmen und gesellschaftliche Prozesse verbessern. Zudem fühlt er sich auch verantwortlich und dankbar. Er hofft, der Gesellschaft etwas zurückgeben zu können. Die Motivgruppen einer moralisch-dankbaren Verantwortung sowie der Wunsch nach Selbstverwirklichung sind seine stärksten Beweggründe, sich zu engagieren. Dafür findet Herr B verschiedene Wege. Zum einen spendete er im Vorjahr insgesamt 50.000 Euro in den Bereichen Erziehung/Bildung sowie für ein spezielles Projekt zum Aufbau und Erhalt eines Reservats. Nach eigenen Angaben fallen die Spendenhöhen in normalen Jahren noch deutlich höher aus. Zum anderen begleitet er zeitlich und finanziell die Gründung eines medizinischen Forschungsinstituts. Weiterhin ist Herr B in einer Menschenrechtsorganisation und einem privaten Club aktiv.

3. Fazit

Das Potenzial reicher Personen und Haushalte zur bürgerlichen Mitgestaltung und gesellschaftlichen Verantwortungsübernahme blieb lange Zeit unbeachtet und wurde bislang kaum untersucht. In dem vorliegenden Beitrag wurden die Daten der Studie „Vermögen in Deutschland" (*ViD*) unter genau diesem Blickwinkel ausgewertet. Es wurde danach gefragt, wer sich von den Reichen auf welche Weise, in welchem Ausmaß und aus welchen Gründen gesellschaftlich engagiert. Es konnte mit 82 Prozent ein sehr hoher Anteil engagierter Personen identifiziert werden. Sowohl für das finanzielle Engagement (vor allem Geldspenden und Stiftungsgründungen) als auch für das zeitliche Engagement liegen die Quoten der aktiv Engagierten in *ViD* deutlich höher als in der Gesamtbevölkerung. Diese Befunde sprechen eindeutig dafür, dass die Übernahme gesellschaftlicher Verantwortung durch vermögende Bevölkerungsgruppen eine bedeutsame Ergänzung zum sozial- und wohlfahrtstaatlichen System darstellt. Allerdings wird dieses Potenzial bislang noch nicht erschöpfend genutzt: Erstens ist ein knappes Fünftel der Befragten gar nicht gesellschaftlich engagiert. Es kommen Jene hinzu, die beispielsweise ausschließlich in einem Sportverein aktiv sind und somit nur bedingt sozial engagiert sind. Zweitens ist das Ausmaß des Engagements von Reichen noch ausbaufähig. Zwar wurde in diesem Zusammenhang deutlich, dass zum Teil erhebliche Summen gespendet werden und viel Zeit für gesellschaftliche Belange investiert wird. In Relation zu den verfügbaren Ressourcen allerdings (zumindest in finanzieller Hinsicht) besteht hier in vielen Fällen durchaus noch Potenzial für mehr Engagement. Vorliegende Forschungsergebnisse zeigen, dass die grundsätzliche Bereitschaft zum Engagement höher ist als das tatsächlich ausgeführte Engagement und dass dieses zum Teil an fehlenden Möglichkeiten oder Informationen scheitert (vgl. Gensicke 2006; Gensicke/Picot/Geiss 2006). Dies unterstützt die Annahme, dass die Bereitschaft zu (mehr) Engagement auch unter den *ViD*-Befragten hoch sein dürfte.

Bei denen, die sich gar nicht oder wenig gesellschaftlich verpflichten, zeigte sich ein schwächer ausgeprägtes Bewusstsein sozialer Verantwortung. Vor allem jüngere Personen und solche, die durch Erbschaft reich wurden, sowie Nichterwerbstätige engagieren sich seltener. Argumente für mehr gesellschaftlichen Einsatz auch aus der Perspektive der Reichen gibt es allerdings ausreichend. Immerhin zeigen die Befunde zur Motivlage für gesellschaftliches Engagement deutlich, dass dieses nicht nur ein Geben, sondern auch ein Nehmen beinhaltet. Sich in finanzieller oder zeitlicher Hinsicht für soziale oder gesellschaftliche Belange einzusetzen, bringt nicht nur der Gemeinschaft einen Nutzen, sondern auch denen, die sich für gesellschaftliches Engagement entschieden haben. Das Anliegen, Verantwortung zu übernehmen und zu helfen, ist eben gerade in Kombination mit dem Wunsch nach Selbstentfaltung und gesellschaftlicher Teilhabe bestimmend für das Engagement der Reichen: „While characterizing philanthropy as an obligation, donors readily acknowlegdged that it is also enjoyable." (Ostrower 1995: 14) Hinzu kommt, dass gesellschaftliches Engagement insbesondere Nichterwerbstätigen und Ruheständlern eine „socially acceptable avenue for the exercise of leadership and public participation" (Ostrower 1995: 69) eröffnet.

Für die Förderung bürgerschaftlichen Engagements, wie etwa durch die Enquete-Kommission und den daran anschließend gegründeten Unterausschuss „Bürgerschaftliches Engagement", ist es interessant, die speziellen Bedürfnisse der reichen Bevölkerung zu untersuchen, um diese Potenziale gezielt fördern zu können. Dazu leisten die vorliegenden Analysen einen wichtigen Beitrag.

Anhang

Abbildung A1: Anzahl verschiedener Engagementvarianten im Zusammenhang
mit der Vermögenssituation

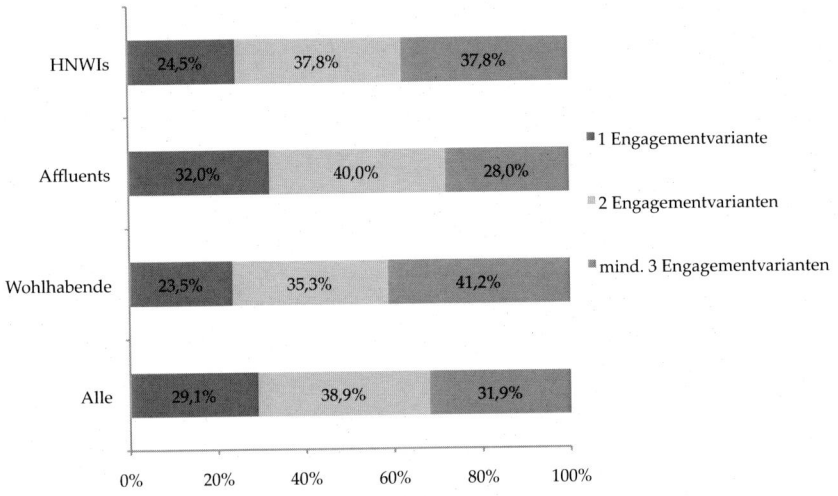

N=357; nicht signifikant nach der Pearson-Chi^2-Statistik.
Quelle: *VID* 2009, eigene Berechnungen

Tabelle A1: Kombination verschiedener Engagementvarianten

Engagement-Kombinationen	relative Häufigkeiten (N)
Geldspenden	22,1 (85)
Sachspenden	3,4 (13)
Mitgliedschaften	3,9 (15)
sonstige Engagements	0,3 (1)
Hilfsprojekte/Geldspenden	1,8 (7)
Hilfsprojekte/Mitgliedschaften	0,5 (2)
(Zu-)Stiftungen/Geldspenden	0,5 (2)
Geldspenden/Sachspenden	14,8 (57)
Geldspenden/Mitgliedschaften	15,9 (61)
Geldspenden/sonstige Engagements	0,5 (2)
Sachspenden/Mitgliedschaften	2,1 (8)
Sachspenden/sonstige Engagements	0,5 (2)
Mitgliedschaften/sonstige Engagements	0,3 (1)
Hilfsprojekte/Geldspenden/Sachspenden	2,3 (9)
Hilfsprojekte/Geldspenden/Mitgliedschaften	2,9 (11)
Hilfsprojekte/Sachspenden/Mitgliedschaften	0,8 (3)
(Zu-)Stiftungen/Geldspenden/Sachspenden	0,3 (1)
(Zu-)Stiftungen/Geldspenden/sonstige Engagements	0,5 (2)
Geldspenden/Sachspenden/Mitgliedschaften	16,7 (64)
Geldspenden/Sachspenden/sonstige Engagements	0,3 (1)
Geldspenden/Mitgliedschaften/sonstige Engagements	0,5 (2)
Hilfsprojekte/(Zu-)Stiftungen/Sachspenden/Mitgliedschaften	0,3 (1)
Hilfsprojekte/Geldspenden/Sachspenden/Mitgliedschaften	6,5 (25)
Hilfsprojekte/Geldspenden/Sachspenden/sonstige Engagements	0,8 (3)
Hilfsprojekte/Geldspenden/Mitgliedschaften/sonstige Engagements	0,3 (1)
(Zu-)Stiftungen/Geldspenden/Sachspenden/Mitgliedschaften	0,3 (1)
Geldspenden/Sachspenden/Mitgliedschaften/sonstige Engagements	0,3 (1)
Hilfsprojekte/(Zu-)Stiftungen/Geldspenden/Sachspenden/ Mitgliedschaften	0,3 (1)
Hilfsprojekte/Geldspenden/Sachspenden/Mitgliedschaften/ sonstige Engagements	0,5 (2)

Quelle: *VID* 2009, eigene Berechnungen

Tabelle A2: Gesamthöhe der Geldspenden im Zusammenhang mit der Vermögenssituation

Vermögenssituation	Min.	Median	Durchschnitt	Max.	N
Wohlhabende	100	350	3.446	44.600	27
Affluents	20	1.060	2.788	31.000	178
HNWIs	50	1.800	8.737	403.150	85
Gesamt	20	1.150	4.512	403.150	308

Quelle: *VID* 2009, eigene Berechnungen

Tabelle A3: Höhe der Geldspenden innerhalb einzelner Bereiche

Spendenzweck	Min.	Median	Durchschnitt	Max.	N
Soziale Zwecke	30	500	1.078	20.000	157
Krisen-/Katastrophenhilfe	30	300	956	10.000	131
Freizeit	50	800	1.451	10.000	83
Entwicklungshilfe	30	450	1.095	15.000	82
Religion/Glaube	20	500	1.637	23.000	79
Umwelt-/Natur-/Tierschutz	20	300	828	5.000	73
Bildung/Erziehung	50	300	1.620	25.000	62
Kultur	20	500	10.922	400.000	42
Politik/Gesellschaft	50	500	796	5.000	28
Forschung/Wissenschaft	50	550	2.448	20.000	28
Sonstige Zwecke	50	500	2.832	25.000	17
Gesamt	20	1.150	4.512	403.150	308

Quelle: *VID* 2009, eigene Berechnungen

Tabelle A4: Monatliches zeitliches Engagement in Vereinen oder ähnlichen Organisationen innerhalb der Bereiche (in Stunden)

Engagementbereich	Min.	Median	Durchschnitt	Max.	N
Sportverein	1	10	11,9	80	90
Berufsverband/berufl. Interessenvertretung	1	4	6,9	40	50
Heimat-/Bürgerverein	1	4	5,9	20	45
Privater Club	1	8	8,6	35	43
Kulturelle Vereinigung	1	6	8,6	40	33
Politische Partei	1	7	12,5	100	30
kirchl. Arbeitskreis/Kirchenvorstand	2	6	10,9	40	27
Gesamt	2	12	18,4	140	199

Quelle: *VID* 2009, eigene Berechnungen

Literatur

Anheier, H. und Toepler, S., 2002: Bürgerschaftliches Engagement in Europa. Überblick und gesellschaftspolitische Einordnung. In: Aus Politik und Zeitgeschichte 9: 31-38.

Asendorpf, J., 2007: Psychologie der Persönlichkeit. Berlin: Springer.

Backhaus-Maul, H., 2006: Gesellschaftliche Verantwortung von Unternehmen. In: Aus Politik und Zeitgeschichte 12: 32-38.

Bandura, A., 1998: Self-Efficacy: the Exercise of Control. New York: Freeman.

Bekkers, R., 2005: Spenden und freiwilliges Engagement in den Niederlanden. Soziologische und psychologische Perspektiven. In: Deutsches Zentralinstitut für soziale Fragen (Hg.): DZI Spenden-Almanach 2005/06. Berlin: Eigenverlag DZI: 10-15.

Brandstätter, Herrmann, 2006: Veränderbarkeit von Persönlichkeitsmerkmalen aus sozial- und differentialpsychologischer Sicht. In: Karlheinz Sonntag [Hg.]: Personalentwicklung in Organisationen. Psychologische Grundlagen, Methoden und Strategien. Göttingen: Hogrefe: 57-83

Bürsch, M., 2009: Engagement im Dienste der Demokratie. In: Bundesministerium für Familie, Senioren, Frauen und Jugend (BMFSFJ) (Hg.): Zukunft gestalten – sozialen Zusammenhalt sichern. Nachhaltige Entwicklung durch bürgerschaftliches Engagement: 36-42.

Buschle, N., 2008: Spenden – von wem und wofür? In: STATmagazin Februar: 1-4.

Buschle, N., 2006: Spenden in Deutschland. Ergebnisse der Einkommensteuerstatistik 2001. In: Wirtschaft und Statistik 2: 151-159.

Costa, P. und McCrae, R., 1995: Primary traits of Eysenck's P-E-N system: Three and five factor solutions. In: Journal of Personality and Social Psychology 69: 308-317.

Costa, P. und McCrae, R., 1994: Set like plaster? Evidence for the stability of adult personality. In: Heatherton, T. F. und Weinberger, J. L. (Hg.): Can Personality Change? Washington DC: American Psychological Association: 21-40.

Deutsche Bundesregierung, 2001: Lebenslagen in Deutschland. Der 1. Armuts- und Reichtumsbericht der Bundesregierung.

Deutsche Bundesregierung, 2005: Lebenslagen in Deutschland. Der 2. Armuts- und Reichtumsbericht der Bundesregierung.

Deutscher Fundraisingverband 2006: Online aus dem Internet am 06.04.2010: http://fundraising .de/ Statistiken.

Enquete-Kommission „Zukunft des Bürgerschaftlichen Engagements" Deutscher Bundestag (Hg.), 2002a: Bürgerschaftliches Engagement: auf dem Weg in eine zukunftsfähige Bürgergesellschaft. Berlin: Deutscher Bundestag.

Enquete-Kommission „Zukunft des Bürgerschaftlichen Engagements" Deutscher Bundestag (Hg.), 2002b: Bürgerschaftliches Engagement und Zivilgesellschaft. Opladen: Leske + Budrich.

Gensicke, T., 2006: Bürgerschaftliches Engagement in Deutschland. In: Aus Politik und Zeitgeschichte 12: 9-16.

Gensicke, T., Picot, S. und Geiss, S., 2006: Freiwilliges Engagement in Deutschland 1999-2004. Ergebnisse der repräsentativen Teilerhebung zu Ehrenamt, Freiwilligenarbeit und bürgerschaftlichem Engagement. Kurzfassung. In Auftrag gegeben und herausgegeben durch das Bundesministerium für Familie, Senioren, Frauen und Jugend. Wiesbaden: VS-Verlag für Sozialwissenschaften.

Kocka, J., 2002: Das Bürgertum als Träger von Zivilgesellschaft – Traditionslinien, Entwicklungen, Perspektiven. In: Enquete-Kommission „Zukunft des Bürgerschaftlichen Engagements" Deutscher Bundestag: Bürgerschaftliches Engagement und Zivilgesellschaft. Opladen: Leske + Budrich: 15-22.

Lehr, Ursula, 2009: Nicht nur dem Leben Jahre, sondern den Jahren Leben geben. In: Bundesministerium für Familie, Senioren, Frauen und Jugend (BMFSFJ) (Hg.): Zukunft gestalten – sozialen Zusammenhalt sichern. Nachhaltige Entwicklung durch bürgerschaftliches Engagement: 108-115.

Linnenkamp, G., 2007: Meritokratie. In: Fuchs-Henritz, Werner (u.a.) (Hg.): Lexikon zur Soziologie. Wiesbaden: VS-Verlag für Sozialwissenschaften: 425.

Münkler, H., 2002: Bürgerschaftliches Engagement in der Zivilgesellschaft. In: Enquete-Kommission „Zukunft des Bürgerschaftlichen Engagements" Deutscher Bundestag (Hg.): Bürgerschaftliches Engagement und Zivilgesellschaft. Opladen: Leske + Budrich: 29-36.

Ostrower, F., 1995: Why the Wealthy Give. Princeton: Princeton University Press.

Schwarzer, R. und Jerusalem, M., 2002: Das Konzept der Selbstwirksamkeit. In: Zeitschrift für Pädagogik 44. Beiheft: Selbstwirksamkeit und Motivationsprozesse in Bildungsinstitutionen: 28-53.

Steinbrück, P., 2009: Die wahren Vorbilder unserer Zeit. In: Bundesministerium für Familie, Senioren, Frauen und Jugend (BMFSFJ) (Hg.): Zukunft gestalten – sozialen Zusammenhalt sichern. Nachhaltige Entwicklung durch bürgerschaftliches Engagement: 182-189.

Timmer, K., 2005: Stiften in Deutschland. Die Ergebnisse der StifterStudie. Gütersloh: Verlag Bertelsmann Stiftung.

von der Leyen, U., 2009: Verantwortung übernehmen – Zusammenhalt stärken. In: Bundesministerium für Familie, Senioren, Frauen und Jugend (BMFSFJ) (Hg.): Zukunft gestalten – sozialen Zusammenhalt sichern. Nachhaltige Entwicklung durch bürgerschaftliches Engagement: 6-13.

Vermögende in Deutschland – Die Perspektive der Vermögenskulturforschung

Tarek el Sehity, Anna Schor-Tschudnowskaja

1. Einleitend

In diesem Beitrag wird die Gelegenheit wahrgenommen, den vermögenskulturellen Ansatz vorzustellen, indem wir die in der Studie „Vermögen in Deutschland" (*ViD*) gewonnenen Daten einer Analyse im Sinne der Vermögenskultur unterziehen. Ein zentraler Anspruch der Vermögenskulturforschung besteht in der differenzierten Betrachtung des Phänomens Reichtum. Druyen (2007, 2009) postuliert, dass es notwendig und sinnvoll ist, Reiche von Vermögenden qualitativ zu unterscheiden. Anliegen ist hierbei also nicht, einen weiteren Ansatz zur ökonomischen Bestimmung von quantitativen Reichtumsschwellen zu bieten (siehe hierzu Übersicht bei Lauterbach), sondern durch die Untersuchung des Selbst- und Weltbildes (Einstellungen, individuelle und kollektive Vorstellungen, Normen und Motivationen) zu erkennen, wie sich Personen dieser sehr distinkten Minderheit in ihrer gesellschaftlichen Stellung wahrnehmen und welche Bedeutung sie ihrem eigenen Handeln beimessen.

Aus der Perspektive der Vermögenskulturforschung ist es folglich unzureichend, die Unterscheidung zwischen „reich" und „vermögend" allein durch einen Blick auf die Verhaltensebene vorzunehmen: Einem gezeigten Verhalten (zum Beispiel einer Spende) liegt nicht unbedingt eine bewusste Verantwortungsübernahme zugrunde. So könnte es kaum im Sinne der Verantwortungsübernahme interpretiert werden, wenn es primär oder gar ausschließlich die persönliche Profitmaximierung (zum Beispiel die „Reduktion der Steuerlasten") ist, die die Handlung motiviert hat. Zudem sind Begriffe wie „soziales Engagement" oder „gemeinnützige Aktionen" insofern mehrdeutig, als Menschen, gefragt danach, wie sie sich „in die Gesellschaft einbringen", sehr unterschiedliche Antworten geben und Engagementformen beschreiben, die sich kaum in einheitliche Kategorien fassen lassen: „Betreuung von aus dem Gefängnis entlassenen Personen", „Pflege eines Angehörigen", „Hilfsaktionen für Osteuropa", „Ehrenamtliche Arbeit im Sportverein", „Engagement für ein Kinderhaus der Krebsstation", „Finanzierung des Baus eines Wasserbrunnens in Togo" oder auch „Spende für die Rentnerweihnachtsfeier am Ort" (Nennungen aus der *ViD*-Studie).

Abgesehen von der Interpretationsproblematik des gezeigten Verhaltens, stellt sich auch die oft vernachlässigte Frage nach der Bedeutung des nicht gezeigten Verhaltens: Hat Jemand, der keine Spende tätigt, auch tatsächlich keine Intention zu spenden? Vielleicht findet er in den vorhandenen Formen des möglichen Engagements keine, die seinen Vorstellungen der Solidarität und Effektivität entsprechen? Die Vernachlässigung der mentalen Ressourcen einer Person, die als „reich" etikettiert wird, führt in einem solchen Fall zu einem fehlerhaften Urteil über ihr gesellschaftliches Dasein. Wenn es also um die Klärung der Handlungsfähigkeit einer Person im vermögenskulturellen Sinne geht, ist von einer a priori Kategorisierung entsprechend des gezeigten Verhaltens (zum Beispiel soziales Engagement versus kein soziales Engagement) oder entsprechend des Reichtums abzusehen. Stattdessen richtet sich in der Vermögenskulturforschung das Hauptaugenmerk auf das dem Handeln zugrundeliegende Selbst- und Weltbild, um den Umgang mit den Ressourcen in ihrer jeweiligen Bedeutung zu verstehen.

Mit den in der Studie *ViD* erhobenen Daten wird in der wissenschaftlichen Auseinandersetzung mit Reichen und Vermögenden empirisches Neuland betreten. Bisher liegen keine systematischen Erhebungen vor, die das Reichtumssegment unserer Gesellschaft psychologisch und sozialpsychologisch untersuchen. Die inhaltliche Weite der erhobenen Daten ermöglicht es erstmals zu analysieren, wie weit Ressourcenreichtum, Soziodemographie, Psychologie und das gezeigte soziale Engagement einer Person einander bedingen. Es sind eben diese Zusammenhänge, die im vorliegenden Beitrag zu *ViD* aus vermögenskultureller Perspektive untersucht werden.

Im Folgenden wird zunächst die Perspektive der Vermögenskulturforschung genauer erläutert (Abschnitt 1.1) und dargelegt, worin der konzeptionelle Unterschied zwischen Vermögen und Reichtum besteht: Es ist zu zeigen, dass die nahezu synonyme Verwendung dieser beiden deutschen Begriffe im Alltag wie auch in der Reichtumsforschung zu einem gravierenden Erkenntnisverlust führt, und damit zu einem nicht hinreichend differenzierten Verständnis dessen, was gemeinhin als Reichtum bezeichnet wird. Unser Ziel ist es daher, Vermögen als psychologische Kategorie einzuführen und zu verstehen. In den Abschnitten 1.2 und 1.3 fokussieren wir auf einen Bestandteil der Druyenschen Konzeption des Vermögensbegriffs, nämlich Verantwortung, und untersuchen ihre mentale Architektur. Wir fragen uns, wie die Verantwortung als kognitive Leistung zu verstehen ist, und berücksichtigen hierbei einige aktuelle soziologische Debatten zu diesem Phänomen.

Im Abschnitt 2 konzentrieren wir uns auf die Skalen, die in der *ViD*-Studie Anwendung fanden, und zeigen, welche von ihnen für die vermögenskulturellen Fragestellungen am relevantesten sind. Mit den mit diesen Skalen erhobenen Daten haben wir eigene inhaltsanalytische und statistische Untersuchungen durchgeführt, um mentale Typen modellieren zu können (siehe Abschnitt 2.2), die der kognitiven Differenzierung der psychologischen Kategorie „Vermögen" und der damit zusammenhängenden Verantwortungsübernahme näher kommen. Basierend auf unseren Analysen können wir Zusammenhänge zwischen mentalen Charakteristika und einem Handeln im Sinne der Vermögenskultur skizzieren (siehe Abschnitt 3). Im abschließenden 4. Teil des Beitrags fassen wir die Ergebnisse zusammen und diskutieren ihre Bedeutung sowie die noch offenen Fragen aus der Perspektive der Vermögenskulturforschung.

1.1 Zur Perspektive der Vermögenskulturforschung

In der bestehenden Reichtumsforschung wird ein nahezu exklusiver Fokus auf die quantitative Bestimmung von Reichtumsschwellen gelegt, welche dazu dienen, Individuen entsprechend ihres Besitzes von ökonomischen Ressourcen zu kategorisieren. Ein persistentes Manko in diesem Forschungsfeld findet sich jedoch im Verständnis um die individuelle Bedeutung, die diesem Ressourcenreichtum beigemessen wird. Auf der Suche nach immer neuen Bewertungsmaßstäben des Reichtums blieb bisher unberücksichtigt, was eine Person mit ihren Ressourcen tatsächlich *vermag*. Wir finden uns, Musil folgend, gewissermaßen in einer Situation des „Reichtums ohne Eigenschaften", in dem Geldbeträge sortiert werden, ohne nach den *Potenzialen* zu fragen, mit denen die Eigentümer diese Beträge bewegen, oder eben nicht. Welche Rolle die vorhandenen Ressourcen im Leben eines Menschen spielen, welche Bedeutung sie für ihn als Individuum und sein Handeln haben, und wie sie in der Zukunft eingesetzt werden, wird nicht zu klären sein, wenn sich der Blick nicht auf den Menschen „hinter" den Reichtümern richtet.

Die Ausstattung mit besonderen Ressourcenreichtümern stellt für den Menschen ohne Zweifel eine psychologische wie auch soziale Herausforderung dar, der sich die bisherige Forschung noch nicht gewidmet hat. So sehr sie auch hinter den Reichtumsschwellen verborgen bleiben, es sind die jeweiligen individuellen Bewältigungsstrategien dieser Herausforderung, welche uns Auskunft darüber geben, was ein vermögender Umgang mit den eigenen Ressourcen bedeutet. Um sich diesen Strategien anzunähern, legt die Vermögenskulturforschung einen besonderen Fokus auf die persönliche Bedeutung des verfügbaren Reichtums und geht davon aus, dass sich aus dieser persönlichen Bedeutung (Sinn) der Umgang (Handeln) mit den Ressourcen ableitet. So lässt sich in einem ersten Schritt feststellen, dass sich in der Art und Weise des Umgangs mit den Ressourcen die „Vermögenskultur" einer Person manifestiert.

Der Bedeutung der „Vermögenskultur" kommt man bereits über die Untersuchung der Etymologie der beiden Komponenten des Wortes, „Vermögen" und „Kultur", näher: In der semantisch-etymologischen Dichte des deutschen Begriffs „Vermögen" verdeutlichen sich zunächst zwei Verweise: einerseits auf das „Tun Können" und andererseits auf den materiellen Besitz. Der Ursprung des Wortes „Vermögen" (als *vermügen*) wird zwar vor dem 15. Jahrhundert – und damit im Frühneuhochdeutschen – datiert, allerdings auch noch auf das althochdeutsche *firmugan* – „imstande sein" – bezogen (Kluge & Seebold, 1989, S. 859). Somit war die ursprüngliche Bedeutung des Wortes zunächst ausschließlich immateriell beziehungsweise abstrakt. Interessant ist der Befund, dass Vermögen etwa seit dem 18. Jahrhundert im materiellen, konkreten Sinne von Wohlstand und Reichtum verwendet wurde (Dudenredaktion, 1989). Dem ursprünglichen immateriellen Aspekt des Wortes wurde der materielle nicht nur hinzugefügt, er hat ihn in der gegenwärtigen Alltagssprache im Sinne von Reichtum weitgehend ersetzt.

Die semantische Bedeutung von „Vermögen" war somit bereits früh in der deutschen Sprache auf einer Ebene angesiedelt, die sich von Besitz und einem bloßen „Haben" abhob: Gemeint war eine bestimmte Handlungsfähigkeit („Imstandesein") des Subjekts. Dafür spricht auch der Umstand, dass „Vermögen" und „Möglichkeit" etymologisch verwandt sind und sich mit „Vermögen" auch das Potenzial des zukünftigen Handelns assoziiert, dessen Verwirklichung mehr oder weniger in der Macht des Vermögenden liegt. Für eine Forschung, die ihren Blick, über die schlichte Manifestation von materiellem Wohlstand hinaus, auf den Menschen „dahinter" richtet, findet sich im deutschen Begriff „Vermögen" somit eine ideale heuristische Weite.

Abgesehen von dem rein etymologischen Befund, dass der immaterielle Bedeutungsaspekt gegenüber der materiellen Bedeutung in den Hintergrund gerückt ist, finden sich auch in einigen philosophischen Fachwörterbüchern aufschlussreiche Abhandlungen zum Begriff. Dies ist kaum verwunderlich, wenn man bedenkt, dass mit dem altgriechischen Wort für „Vermögen" (Δυναμισ – Dunamis) ein Grundprinzip der Aristotelischen Ontologie erfasst wird, nämlich, das Potenzial der Veränderung des Wesens (Aristoteles, 1985, B. IX). Aristoteles folgend, ordnet Eisler (1904, S. 629) Vermögen zunächst der „Kategorie der Kraft" zu, und definiert es als „Wirkungs- oder Seinsfähigkeit". Die zwei immateriellen Aspekte – Kraft und Fähigkeit – stehen somit im Vordergrund. Daraus leitet sich ab, dass die Handlungsmöglichkeiten eines „Vermögenden" von seiner spezifischen „inneren Erfahrung" (ebd.) – also seinen mentalen Ressourcen – bestimmt werden.

Für die Vermögenskultur ist die enge Fassung des Begriffs „Kultur", nämlich „Kultur als Gesamtheit der geistigen und künstlerischen Lebensäußerungen" (Dudenredaktion, 1989, S. 393) nicht hinreichend. Viel wichtiger ist dagegen der Umstand, dass bereits in der römischen Antike unter *cultura* eine „umfassende Lebensgestaltung und -pflege im Umgang mit innerer und äußerer Natur" verstanden wurde (Klein, 2000, S. 218). Das lateinische *cultura* meint sowohl die Pflege des Landes (Landbau, Bodenkultur etc.) als auch die Pflege des Körpers und des Geistes (Dudenredaktion, 1989, S. 393). Diese Zusammenschau von Land, Körper und Geist bedeutete in der landwirtschaftlich dominierten Antike letztlich die Pflege und Gestaltung des Lebens insgesamt. Ein bedeutsames Indiz für die semantische Basis von „Vermögenskultur", im Sinne eines gestalterischen Unternehmens, findet sich auch in der etymologischen Verwandtschaft des Wortes „Kultur" mit „Kolonie": „Das Fremdwort wurde im 16. Jahrhundert aus lat. Colonia >Länderei, Vorwerk, Ansiedlung, Niederlassung, Kolonie< entlehnt. Dies ist eine Bildung zu lat. Colere >bebauen, [be]wohnen; pflegen, ehren< (…) Lat. Colere gehört wahrscheinlich zu der (…) indogermanischen Wurzel *kuel- >[sich] drehen, [sich] herumbewegen<, sodass als ursprüngliche Bedeutung für ‚colere' etwa >emsig beschäftigt sein; sich gewöhnlich irgendwo aufhalten< anzusetzen wäre" (Dudenredaktion, 1989, S. 363).

Der lateinische Kulturbegriff beinhaltet eine Wertschätzung des Lebens und der Lebensgemeinschaft, er umfasst alles Handeln, das dieser Wertschätzung folgt. Dieser Kulturbegriff impliziert insofern die Vermögensthematik, als in ihm jener Aspekt hervorgehoben wird, der die Art und Weise des Umgangs mit menschlichen Ressourcen in einer Gesellschaft erfasst. So verstanden ergänzen die beiden Begriffe Vermögen und Kultur einander und stecken gemeinsam das Forschungsfeld des Vermögenskulturansatzes ab.

Der heuristische Wert des hier kurz skizzierten semantischen Umfanges des deutschen Vermögensbegriffes ist kaum zu unterschätzen, wenn man bedenkt, dass sich in der Etymologie des Wortes Gedanken antizipiert finden, die auch gegenwärtig stark mit dem Konzept der „Capability" (dt.: Befähigung, Vermögen; siehe Fisch, 2002, S. 120) in der ökonomischen Debatte um die subjektive Bedeutung von Ressourcen diskutiert werden (Sen, 2001). Ausgehend von den Arbeiten zur Armutsforschung erkannte Sen, dass der singuläre Blick auf die bestehende Ressourcenarmut (u.a. fehlendes Geld) eines Individuums keinen direkten Hinweis zur Bewertung seiner tatsächlichen Lebensqualität zulässt. Erst unter der Berücksichtigung der „Capabilities", das sind (1) soziale Freiheiten (gesellschaftliche Lebensbedingungen) und (2) individuelle Möglichkeiten, lässt sich Sen folgend beurteilen, wie weit eventuell gegebene externe Ressourcen verwertet und positiv für die Lebensqualität genutzt werden (Sen, 1985, S. 10). Sen beschreibt in seinem Ansatz, wie über den Besitz von Ressourcen ein Lebensstil generiert wird (Sen, 1993, S. 38) und somit Haben und Können einander wechselseitig bedingen. In der Druyenschen Konzeption des Vermögens findet sich in der Synthesis von externen (Haben) und internen (Können) Ressourcen, eine wesentliche Verschiebung vom Haben zum Sein eines Menschen: Vermögen ist „(…) nicht nur das, was wir haben, sondern immer auch das, was wir sind. Es geht nicht nur um Eigentum und Besitz, sondern auch um Talent, Lebensplanung und beispielsweise die Fähigkeit, Prioritäten zu setzen." (Druyen, 2007, S. 12) Damit ist ein wesentliches Kriterium zur Unterscheidung der gemeinhin synonym verwendeten Begriffe „Reichtum" und „Vermögen" gesetzt. Der Vermögensbegriff soll sich von einer rein materiellen Dimension abheben und sich vor allem der Inanspruchnahme der Ressourcen widmen. „Der zugrundeliegende Vermögensbegriff ist also mehrdimensional, wobei jedoch dem ökonomischen Kapital (also dem Reichtum) eine besondere Bedeutung zukommt. Es eröffnet nämlich im besonderen Maße Handlungsspielräume und Verwirklichungschancen…" (Grundmann, 2009, S. 203). Es geht um das Handeln des Individuums und seine Potenziale in einem gesellschaftlichen Kontext. Vermögen in diesem Sinne ist das, was „(…) einer Person zur Verfügung steh[t], um sich selbst zu verwirklichen, bzw. sich für die gesellschaftliche Wohlfahrt einzusetzen (was sich keineswegs widerspricht). Bezogen auf die differenzierte Betrachtung von Reichtum und Vermögen lassen sich so auch Reiche von Vermögenden unterscheiden." (ebd.)

Was sind nun jene mentalen Prozesse, die den gegebenen „Ressourcenreichtum" eines Menschen zu seinem tatsächlichen Vermögen machen und somit auch ein theoretisch fundiertes Trennkriterium zur Unterscheidung von „Vermögenden" und „Reichen" bieten? Worin bestehen jene „Eigenschaften", die hinter dem Reichtum „vermögende" Menschen erkennen lassen? Erst die Kenntnis der mentalen Charakteristika von Menschen, die über besondere materielle Reichtümer verfügen, erlaubt uns, jenseits der quantitativen Bewertungsmaßstäbe der gängigen Reichtumsforschung, die eigentlichen, psychologisch, wie auch soziologisch relevanten Potenziale des Reichtums zu fassen. Hierzu ist es im Folgenden dienlich, jene sozial-kognitiven Prozesse analytisch zu verorten, die dem Vermögensphänomen zugrunde liegen.

1.2 Vermögen als eine psychologische Kategorie

Um den Vermögensbegriff in seinem vollen Umfang zu würdigen, ist es notwendig, ihn sowohl auf seine materiellen wie auch auf seine mentalen Voraussetzungen zu untersuchen. In einer ersten Abgrenzung gegenüber dem Reichtumsbegriff stellen wir mit Grundmann fest: „Der Begriff des Vermögens zielt zunächst auf unterschiedliche Aspekte des Reichtums. Mit ihm wird zum einen die Quantität an ökonomischen Ressourcen erfasst. In diesem Sinne sprechen wir von Reichtum. Mit dem Begriff des Vermögens wird zum Anderen auch ein Reichtum an Handlungsvermögen umschrieben. Dieser lässt sich, dem Wort gemäß, darüber konkretisieren, was eine Person zu tun vermag." (Grundmann, 2009, S. 202) Der Reichtum einer Person, so wäre weiter zu präzisieren, ist die Quantität an ökonomischen Ressourcen, die de juris das Eigentum[1] einer Person ausmacht. In der Reichtumsforschung bildet der vertraglich abgesicherte Ressourcenreichtum das exklusive Studienobjekt und folgerichtig den Gegenstand einschlägiger Untersuchungen. Für die Vermögenskulturforschung, und die Psychologie des Vermögens im Spezifischen, bildet das institutionell etablierte Eigentum lediglich seine objektivierte Manifestation. Sie gibt uns lediglich Auskunft über die von Außen, durch gesellschaftliche Konventionen (Verträge), zugeschriebenen Ressourcen. Die vertraglichen Verhältnisse treffen allerdings keine Aussage über das subjektive Verhältnis des Eigentümers zu seinen Ressourcen.

Um dem Vermögensbegriff in seinem oben dargestellten Umfang Rechnung zu tragen, bedarf es einer zusätzlichen Differenzierung des Ressourcenreichtums, welche sich aus der Berücksichtigung ergibt, wie dieser individuell erlebt wird:

Aus der Perspektive der Vermögenskulturforschung beginnt die differenzierte Betrachtung des Ressourcenreichtums auf der Ebene des individuellen Erlebens mit der Frage, ob der Ressourceneigentümer (X) von seinen Ressourcen (R) *Kenntnis* hat[2]. Mit dieser Kenntnis um die Existenz einer Ressource geht die subjektive *Bewertung* von R einher – unter Berücksichtigung der Ziele, die ihr Eigentümer verfolgt. Unter der Bedingung also, dass X glaubt, seine Ziele mithilfe von R erreichen zu können, koppelt X an R sein *Interesse*, R zu besitzen, und generiert mit seinem Interesse an R den *subjektiven Wert* von R (Conte & Cristiano Castelfranchi, 1995). Über diesen Prozess erfolgen die ersten Schritte zur psychologischen Aneignung, und die Ressource wird im psychologischen Sinne als „eigene" verstanden.

Wir postulieren somit für den Vermögensbegriff ein kognitives Primat des Eigenen: Interne wie auch externe Ressourcen können nicht als Vermögen in der

---

1 In einer wegweisenden Analyse zum Ursprung des ökonomischen Handels konnten die beiden Wirtschaftstheoretiker Gunnar Heinsohn und Otto Steiger (Heinsohn & Steiger, 2008, 1996) zeigen, dass sowohl Geld wie auch Zins sich aus dem Eigentumsphänomen ableiten, dass also das Eigentumsrecht die Basis des modernen Wirtschaftens bildet.

2 „Erst wenn ich die Ressourcen als meine eigenen erkenne, werden sie zu meinem Vermögen, das ich erschließen und entwickeln kann – und das mir die Möglichkeit gibt etwas zu bewirken." (Druyen, 2007, S. 10)

oben dargestellten Begrifflichkeit erachtet werden, wenn sie nicht persönlich als „eigene" wahrgenommen und erlebt werden. Diese psychologische Aneignung einer Ressource ergibt sich nicht trivial aus einem formal-vertragsrechtlichen Verhältnis zwischen einer Person und einer Ressource. Aus kognitiver Perspektive entscheidet sich mit der mentalen Aneignungsleistung, ob jemand nicht nur aus institutioneller Perspektive als rechtmäßiger „Eigentümer" einer Ressource aufscheint, sondern, ob sie für ihn auch einen *subjektiven Wert* hat, welcher sich nur aus der erkannten Nützlichkeit der Ressource zum Erreichen der persönlichen Ziele ergibt (siehe hierzu besonders Mises, 1996, S. 94ff). Bei Heider (1958) findet sich hierzu die „wahrgenommenes-Eigentum-Hypothese", wonach Personen dazu tendieren, das, was sie sich aneignen, auch wertzuschätzen.[3] Wie wir bereits ausgeführt haben, erfolgt diese Wertschätzung insofern psycho-logisch, als sich an einen jeden Aneignungsprozess Interessen koppeln (die Motivation der Ressourcenaneignung). Es wäre widersinnig, sich Ressourcen anzueignen, mit denen man kein Interesse verbindet. Im kognitiven Aneignungsprozess ist somit die persönliche Wertschätzung einer Ressource in der Gestalt ihres Nutzens enthalten, aus der sich weitere ressourcenspezifische Interessen (Subziele) generieren, wie das Interesse an deren Erhalt, deren Mehrung sowie das Interesse, sie nicht zu verlieren. Es handelt sich hierbei um zukunftsgerichtete (prospektive) Interessen, welche von der momentanen Bindung an R (die Inbesitznahme) zu einer zukunftsgerichteten (prospektiven) *Verpflichtung* gegenüber R im Sinne einer Verbindlichkeit führen. Letztes bildet ein kognitives Primat der gefühlten Verantwortung des Vermögenden gegenüber seinen Ressourcen.

Das enge Verhältnis zwischen der psychologischen Aneignung einer Ressource und dem „Gefühl der Verantwortung" für diese ist seit längerem beschrieben und empirisch untersucht (z.B. Furby, 1980; Van Dyne & Pierce, 2004). Dieses Phänomen wird mitunter auch dadurch erklärt, dass der psychologische Aneignungsprozess von Ressourcen dazu führt, dass diese zum Teil eines „erweiterten Selbst" werden (Belk, 1988), dass sich also das Haben als Sein manifestiert. Das Konzept des „erweiterten Selbst" (engl. *Extended Self*) findet sich übrigens bereits in der Formulierung des amerikanischen Philosophen und frühen Psychologen William James wieder, dass „wir bezüglich bestimmter Dinge die uns gehören, so fühlen und handeln, wie wir auch über uns selbst entsprechend fühlen und handeln" (James, 1890, S. 291). In seiner radikalen Form finden wir den Gedanken als Grundbau-

---

3　Die „wahrgenommenes-Eigentum-Hypothese" erwies sich für Wirtschaftspsychologen und Mikro-Ökonomen von hoher Bedeutung zur Klärung eines Phänomens, das als „Besitztumseffekt" (engl. *Endowment-Effect* (Kahneman, Knetsch, & Thaler, 2000) beschrieben wird: Menschen neigen dazu, den monetären Wert eines Gegenstands höher einzuschätzen, wenn er sich in ihrem Besitz befindet.

stein im philosophischen Existenzialismus verankert und formuliert: „Die Totalität meiner Besitztümer reflektiert die Totalität meines Seins. Ich *bin* das, was ich *habe.*" (Sartre, 1993 [1943], S. 1012) Berücksichtigt man die prinzipielle Abhängigkeit, die sich aus unseren Ressourcen für die Verwirklichung unserer Ziele und, mit diesen, für die Verwirklichung unseres Selbst ergibt, so verdeutlicht sich das Potenzial der Ressourcen als elementare Bausteine der Identität. Der psychologische Aneignungsprozess und, über diesen, die soziale Etablierung von Eigentum transformieren das bedrohlich prekäre Abhängigkeitsverhältnis zu den Ressourcen in einen expliziten und abgesicherten Modus: Zugriffsmöglichkeiten auf die Ressourcen werden realisiert und Zugriffsrechte sozial etabliert. Sowohl die Möglichkeit ihrer Verwertung im Sinne ihres Zwecks, wie auch die (soziale) Absicherung ihrer Verfügbarkeit weisen auf einen weiteren, und für den Vermögenskulturansatz zentralen, Prozess hin: die Verantwortungsübernahme.

1.3 Zum Phänomen der Verantwortung

In die psychologische Literatur hat die Frage der Verantwortungsübernahme spätestens seit Fritz Heiders Publikation zur Psychologie der zwischenmenschlichen Interaktion (Heider, 1958) Eingang gefunden. In Heiders Theorie lassen sich im Prozess der Verantwortungsübernahme fünf Aspekte unterscheiden (Hamilton, 1978), die das Erleben von Verantwortung bestimmen.

1. Von diesen Aspekten ist die *Attribution* zentral, also das Erkennen des ursächlichen Zusammenhangs, den eine Person zwischen sich und dem betreffenden Ereignis (oder Zustand) setzt. Als notwenige Bedingung für die Verantwortungsübernahme gilt, dass sich die Person selbst (Subjekt der Verantwortung) als eine notwendige Ursache für eine Wirkung (Objekt der Verantwortung) wahrnimmt. Erst durch die interne Attribuierung (Aneignung) kann das Objekt der Verantwortung tatsächlich auf die eigene Person zurückgeführt und als solches wahrgenommen werden.

2. Darüber hinaus ist für die wahrgenommene Verantwortung die *Absicht* wichtig, also die Intention bezüglich des Objektes der Verantwortung: Was von einer Person nicht intendiert war, wird nicht intern attribuiert und entzieht sich damit der wahrgenommenen persönlichen Verantwortlichkeit.

3. Die empfundene Intensität der Verantwortung hängt ab von der *Beteiligung* der Person, also davon, wie weit sie sich an der Wirkung – allein und zur Gänze, mit anderen und nur teilweise – als beteiligt wahrnimmt.

4. Entscheidend für den Umfang der Verantwortung, den eine Person auf sich nimmt, ist daher auch die *Rechtfertigung* der Ursache. Durch Rechtfertigun-

gen lässt sich die Verantwortung mit der Umwelt (andere Personen, Kontext, Geschichte, etc.) teilen, wenn nicht zur Gänze auf diese abschieben.

5. Schließlich ist die *Vorhersagbarkeit* der Wirkung (Objekt der Verantwortung) wichtig: Wirkungen die nicht absehbar waren, werden in der Verantwortlichkeit anders empfunden als solche, die vorhersehbar waren.

Bei allen fünf Komponenten bildet die Attribution den grundlegenden Prozess der Verantwortungsübernahme. Damit Zustände oder Ereignisse zum Objekt der Verantwortung werden können, müssen sie kognitiv in der Form von kausalen Zusammenhängen verarbeitet und auf Ursache und Wirkung untersucht werden. Überhaupt setzt das menschliche Handeln die Kenntnis des Kausalitätsprinzips voraus, ein Prinzip, wonach Ursache und Wirkung voneinander unterscheidbar sind. Nur basierend auf dem Kausalitätsprinzip entwirft der Mensch zielgerichtete Handlungen und erkennt Mittel, die seinem Zweck dienlich sind – eine Leistung, zu der er ohne die Unterscheidung von Ursache und Wirkung nicht in der Lage wäre. Verantwortungsübernahme bedeutet folglich zunächst das Erkennen der Ursache (Verantwortungssubjekt) für eine Wirkung (Verantwortungsobjekt). Im positiven Falle der Verantwortlichkeit heißt dies, dass sich das Verantwortungssubjekt als eine Ursache (Urheber) des Verantwortungsobjektes (zum Beispiel Erfolg) wahrnimmt, und somit einen Anspruch auf seine Wirkung zu erkennen gibt. Durch die Verantwortungsübernahme kommt es daher nicht nur zu einem schlichten Besitzanspruch im Sinne eines Verfügungsanspruchs, sondern zur Aneignung des Potenzials des Objekts der Verantwortung in seiner Ganzheit: seinem Sein und seinem potenziellen Wirken. Vor diesem Hintergrund verdeutlicht sich die enge Assoziation zwischen dem Haben und Sein, wie sie oben bereits angedeutet wurde: Über die „verantwortungsvolle Aneignung" wird das Objekt der Verantwortung sprichwörtlich inkorporiert, und als solches, als unmittelbar kontrollierter Teil des eigenen Seins und Handelns, erfasst und gelebt.

Kontrolle und Aneignungsansprüche bilden jedoch nur die individuelle Ebene der Verantwortung ab. Bedeutsamer für das Verständnis des Verantwortungsphänomens ist die soziale Funktion, die es erfüllt. Auf der sozialen Ebene koppelt sich an die Frage der Verantwortlichkeit für die Ressource (R) die Frage nach der Zuständigkeit für R, die nicht nur persönlich beansprucht, sondern auch extern zugewiesen werden kann. Über letzteres kann die Verantwortung als angemessen oder unangemessen erachtet werden. Damit Verantwortung auch sozial zum Tragen kommt, also *anerkannt* wird, wird eine Verhältnismäßigkeit zwischen der Person und dem Objekt der Verantwortung etabliert, es werden Bewertungen des Verhältnisses von Verantwortungsträger und Objekt der Verantwortung vorgenommen (Analog zur „Rechtfertigung" in Heiders Modell). Das Ausmaß („die Last") der anerkannten Verantwortung ergibt sich aus dem Potenzial und wahrgenommenen Wert von R, den nicht nur der Verantwortungsträger (X), sondern auch eine außenstehende Person (Y) der Ressource (R) beimisst.

Damit Y die Verantwortlichkeit von X für R akzeptieren kann, muss Y eine adäquate Wertung über die Macht von X über R vornehmen. Auf der sozialen Ebene zeigt sich somit, dass durch die anerkannte Verantwortlichkeit einer Person (X für R) auch Annahmen über ihre zugeschriebene Wirkmächtigkeit (das Handlungsvermögen) zum Ausdruck kommen, und dass umgekehrt mit einer aberkannten Verantwortlichkeit auch eine entsprechende Machtlosigkeit (Unvermögen) zugeschrieben wird. Entscheidende psychologische Variablen in diesem sozialen Bewertungsprozess finden sich in Ys Vertrauen[4] in X (also in Xs Vertrauenswürdigkeit, R angemessen zu verantworten) und auch in der wahrgenommenen Reputation (sozialer Status), die X hat. Auf der sozialen Ebene ist Verantwortung somit nicht nur eine Frage der individuell wahrgenommen Kausalität von X:R, sondern bietet ein wichtiges Kriterium in der Bewertung des sozialen Status einer Person. Dies ist insofern von hoher Bedeutung für Fragestellungen die das soziale Engagement behandeln, als sich prinzipiell sehr verschiedene Formen der Verantwortungsübernahme erkennen lassen, die wiederum verschiedene Deutungsmuster für das soziale Engagement anbieten. So ist es zum Beispiel möglich, dass sich durch die impliziten Konsequenzen, die eine Verantwortungsübernahme für den sozialen Status einer Person hat, die Frage der Verantwortung für seine soziale Existenz als ein Phänomen von so strategischer Bedeutung erweist, dass die Verantwortung weniger über die wahrgenommene Kausalität und Kontrollmacht, denn über den sozialen Druck („normativ") entschieden und bestimmt wird – und dies umso mehr, je höher der sozial wahrgenommene Wert des Verantwortungsobjektes ist.

Für die Vermögenskulturforschung ist eine kombinierte Betrachtung der individuellen (wahrgenommenes Kontrollerleben) und der sozialen (u.a. Vertrauen, Reputation und Status) Dimension der Verantwortung besonders bedeutsam, um den vermögenden Umgang mit den eigenen Ressourcen zu erfassen. Es ist an dieser Stelle nur zu vermuten, dass der vermögende Umgang mit Ressourcenreichtümern bedeutet, dass die Verantwortlichkeit für diese nicht nur von den Inhabern der Ressourcen beansprucht, sondern auch sozial zuerkannt wird. Letzteres liegt weniger unter der direkten Kontrolle des Vermögenden, macht jedoch deutlich, dass Vermögen nicht nur einen individuellen (psychologisch angeeigneten) Besitz darstellt, sondern in seiner Qualität immer auch als soziale Ressource zu erkennen

---

4   Das Vertrauen von Y in X bedeutet in diesem Zusammenhang, dass Y glaubt, dass X die Fähigkeit, Bereitschaft und externen Bedingungen hat mit R verantwortungsvoll umzugehen (Christiano Castelfranchi & Falcone, 2010, S. 47-49)

ist, und sich daher folgerichtig nur in Abhängigkeit von der sozialen Zuerkennung als solches etabliert. Es ist daher festzustellen, dass Vermögen im vermögenskulturellen Sinne im Idealfall immer beides ist: die individuell bewusste und gesellschaftlich zuerkannte Kontrolle der Ressourcen.

Abgesehen von der individuellen und sozialen Dimension der Verantwortung, ist aus der Perspektive der Vermögenskultur besonders die zeitliche Dimension bedeutsam für die Frage des vermögenden Umgangs mit Ressourcen. In Heiders Model der Verantwortung finden sich vor allem Handlungen berücksichtigt, in denen retrospektiv die Verantwortlichkeit einer Person entschieden wird. Der dem Ansatz der Vermögenskultur zugrundeliegende Begriff „Vermögen" orientiert sich jedoch an einer spezifisch zukunftsgerichteten Zeitachse zur Analyse der Bedeutung des Handelns. Es ist daher von hoher Relevanz, dass zwei grundlegende Formen der Verantwortungsübernahme unterschieden werden, nämlich, die prospektive und die retrospektive Verantwortung. Im Falle der *retrospektiven Verantwortungsübernahme* stellt sich post-hoc, also erst nach der erfolgten Handlung, die Frage nach der Verantwortlichkeit, und diese kann auf der kognitiven Ebene entsprechend intern oder extern attribuiert werden. Jedenfalls ist, wie oben bereits ausgeführt, der mentale Mechanismus der Attribution für die retrospektive individuelle Verantwortungsübernahme konstitutiv.

Im Falle der *prospektiven Verantwortungsübernahme* richtet sich die Frage der Verantwortlichkeit auf die potenziellen Effekte die das Objekt der Verantwortung in der Zukunft verursachen kann, sodass eine bestimmende kognitive Leistung in der Antizipation besteht. Die antizipierten Folgen des Handelns (oder seines Unterlassens), können die Person motivieren, die Verantwortung zu übernehmen und diese gegenüber Anderen zu deklarieren. Deklariert die Person ihre Intention zu verantworten, wird ihr zukünftiges Handeln durch die deklarierte Verantwortungsübernahme bestimmt. Die prospektive Verantwortung bezieht sich „auf herbeizuführende oder zu verhindernde Zustände in der Welt. Die Aussage X sei für Y prospektiv verantwortlich, besagt nichts anderes, als dass Y einen Wirklichkeitsbereich darstellt, in Bezug auf den X gewisse [...] Pflichten zu erfüllen hat, für deren Vernachlässigung oder Verletzung X sich gegebenenfalls [...] würde rechtfertigen (d. h.: retrospektiv verantworten) müssen." (Werner, 1994, S. 304) Mit der zeitlichen Perspektive auf das Objekt der Verantwortung bietet sich auch die Unterscheidung zwischen empirischer und normativer Verantwortung an, wobei erstere nur in vergangenheitsbezogener Form auftritt (ebd.). Die prospektive Verantwortungsübernahme erfordert daher zwei wesentliche Kenntnisbereiche: die Kenntnis um das zukünftige Potenzial von R und die Kenntnis um das eigene adäquate Potenzial, R in der Zukunft im Sinne der Verantwortlichkeit zu kontrollieren.

Der hohe Anspruch, der sich aus der prospektiven Form der Verantwortlichkeit ergibt, findet sich in Hans Jonas Theorie zur Ethik der Verantwortung dargestellt, die den Anspruch hat, den Anforderungen des neuen technologischen Zeitalters logisch zu folgen: „Die moderne Technik hat Handlungen von so neuer Größenordnung, mit so neuartigen Objekten und so neuartigen Folgen eingeführt, dass der Rahmen früherer Ethik sie nicht mehr fassen kann." (Jonas, 1979, S. 26) In diesem Ansatz gibt es einige Thesen, die auch für den Ansatz der Vermögenskultur aktuell sind, bedenkt man beispielsweise die Entwicklung immer riskanterer Finanzinstrumente und die Zunahme der Reichtumskonzentration im Eigentum eines immer kleiner werden Bevölkerungsanteils (Frick & Grabka, 2010).

Durch die neuen Technologien werden neue, noch bis vor kurzen unvorstellbare Möglichkeiten gewonnen, auf die Umwelt und das menschliche Zusammenleben Einfluss zu nehmen, und dies gleichermaßen im positiven wie auch im negativen Sinne. Das Prinzip Verantwortung, welches Jonas postuliert, soll die gegebenen Einfluss- beziehungsweise Handlungsmöglichkeiten charakterisieren, und zwar als solche, die geboten sind, und solche die zu verbieten wären. Das Wissen um das Machbare und seine Folgen zeichnet das Gebotene und seine akzeptierbaren Konsequenzen aus. Das heißt, der Ausblick auf die Folgen des möglichen Handelns ist für Jonas die Perspektive, welche die Frage der prospektiven oder auch *präventiven* Verantwortung stellt. Das gegenwärtige Potenzial ist für ihn Anstoß, das neue Prinzip der Verantwortung, das eine Orientierung im Umgang mit den Kapazitäten bieten soll, zu formulieren. Wertet man dieses Potenzial positiv, kann man durchaus auch von Vermögen sprechen.

Jonas geht es ganz wesentlich darum, die Folgen des eigenen Handelns zu beherrschen [Kontrolle]. Die antizipierten negativen bis zerstörerischen Folgen des eigenen Verhaltens lassen feststellen, dass sich das Prinzip der Verantwortung aus einer gewissen Zwangslage ergibt: Möchte man diese negativen Folgen nicht eintreten lassen, ist man gezwungen, die eigenen Handlungsmöglichkeiten zu beherrschen. „In der technischen Welt ist nach Jonas allein die philosophische Ethik angetan und in der Lage, das drohende Schicksal des Untergangs vor Augen, die erforderlichen Orientierungen zu stiften. [...] Die Ethik der Verantwortung übernimmt eine ‚Treuhänderrolle' nicht nur gegenüber dem anderen Menschen sondern gegenüber der Welt überhaupt." (Gethmann-Siefert, 1993, S. 176f) Das Bewusstsein der möglicherweise zerstörerischen Folgen der eigenen Kapazitäten begründet eine spezifische Handlungsorientierung, die auf der „Heuristik der Furcht" (Jonas, 1979, S. 63) basiert, nämlich der Furcht vor den katastrophalen Folgen der eigenen Handlungspotenziale.

So ausgelegt, ist Verantwortung immer die „als Pflicht anerkannte Sorge um ein anderes Sein, die bei Bedrohung seiner Verletzlichkeit zur Besorgnis wird" (Jonas, 1979, S. 391). Die mit dem Gefühl der Furcht einhergehende Verantwortung impliziert offensichtlich auch ein Gefühl intersubjektiver Verbundenheit: Solidarität. Insgesamt ist dem Modell von Jonas die paradoxe Vorstellung eigen, dass man mit Menschen solidarisch sein kann beziehungsweise für Menschen Verantwortung übernehmen kann, die jenseits des Zeithorizonts des eigenen Lebens leben werden. Das Prinzip Verantwortung von Jonas impliziert insofern eine sehr besondere Verantwortungsform, als hier der Fall mitgedacht ist, in dem der Zusammenhang zwischen Ursache (verantwortungsbewusstes Handeln) und Wirkung (Verantwortungsobjekt: zum Beispiel Zustand der Gesellschaft) für das Subjekt nicht direkt beobachtbar, oder gar nicht mehr erlebbar ist. Mitunter handelt es sich hierbei um Zukunftseinschätzungen und -prognosen, die die kognitive Leistungskraft zu überfordern drohen.

Ausgehend vom skizzierten Bedeutungsumfang des Verantwortungsbegriffs ergeben sich wesentliche Aspekte, die in der vermögenskulturellen Untersuchung des sozialen Engagements zu berücksichtigen sind. Zunächst lässt sich feststellen, dass soziales Engagement als zielgerichtete Handlung erfordert, dass man sich als wirkmächtig, das heißt als Allein- oder Mitverursacher für eine bestimmte Wirkung wahrnimmt, und das Handeln entsprechend motiviert wird. Da wir jedoch festgestellt haben, dass die erlebte (individuelle) Kontrolle der Ressourcen lediglich eine notwendige, aber keine hinreichende Bedingung für den vermögenden Umgang mit Ressourcen darstellt, ist neben dem Wissen um das Potenzial der eigenen Ressourcen vor allem das persönliche Vermögen (Fähigkeiten) konstitutiv, um diese Ressourcen problemorientiert und wirksam einzusetzen. Die individuelle wie auch soziale Bedeutung des Engagements ergibt sich jedoch erst über die soziale Rolle (soziale Identität und Status), die angesichts des Ressourcenreichtums zugeschrieben wird. Eine solche soziale Rolle kann eine Person, wissend um eigene Ressourcen, selbst übernehmen, indem sie sich aufgrund der Möglichkeiten ihrer Ressourcen berufen fühlt, sich zu engagieren.[5] Ebenso kann die soziale Rolle einer Person von Anderen beigemessen werden, was unter Umständen den sozialen Druck erzeugt, sich im Sinne der Rechtfertigung der eigenen Ressourcen zum sozialen Engagement zu verpflichten. Auch Aspekte wie Mitgefühl, Betroffenheit, gesellschaftspolitische Einstellungen, die wahrgenommene gesellschaft-

---

5   Ein Aspekt wie er in einem Item des *ViD*-Fragebogens trefflich zum Ausdruck kam: „Vermögende Personen haben eine höhere gesellschaftliche Verantwortung als nicht vermögende Personen und sollten sich daher auch stärker finanziell (z.B. philanthropisch) engagieren."

liche Gerechtigkeit etc. können uns Auskunft über die Art der Verantwortung geben, die das soziale Engagement bestimmt.

Nicht zuletzt findet sich in der Kenntnis um die bestehenden gesellschaftlichen Probleme und in der Fähigkeit, ihre möglichen weiterreichenden Konsequenzen zu antizipieren, ein notwendiges Kriterium zur Identifikation einer vermögenskulturell besonders wichtigen Form des Engagements, nämlich dem problem- und zukunftsorientierten Engagement. In diesem Zusammenhang erweist sich der Ansatz von Jonas als richtungsweisend für die empirischen Studien des vermögenskulturellen Engagements.

1.4 ViD aus der Perspektive des Vermögenskulturansatzes

Die wohl herausragende Aufgabe für das empirische Studium der Vermögenskultur besteht zunächst in ihrer adäquaten Operationalisierung. In diesem Sinne war es Ziel der vorangegangen Darstellung des Vermögenskulturansatzes, wesentliche Kernkonzepte zu präsentieren. So zeigte sich, dass dem Phänomen „Vermögen" (a) ein psychologischer Aneignungsprozess zugrundeliegt, welcher wiederum eine essenzielle kognitive Grundlage für (b) das Bestehen erlebter Verantwortung bietet – ein Phänomen mit weitreichenden sozialen Implikationen. Die eingehende Besprechung dieser beiden Ebenen der Vermögenskultur hebt die Bedeutung von psychologischen und sozialpsychologische Prozessen, wie der Kontrollüberzeugung auf der individuellen Ebene und dem sozialen Status (Reputation) auf der gesellschaftlichen Ebene, hervor, die eine nicht zu vernachlässigende Rolle spielen, wenn es darum gehen soll, Vermögenskultur empirisch zu fassen.

Da sich die Vermögenskultur unterschiedlich manifestieren kann, verfolgt die empirische Vermögenskulturforschung keinen wertenden Ansatz. Folglich ist es nicht von Interesse, eine eindimensionale kategorische Trennung zur Klassifizierung von „vermögenskulturellen Handlungen" versus „nicht vermögenskulturelles Handeln" vorzunehmen. Vielmehr ist dem Handlungspluralismus empirisch Rechnung zu tragen, um einem möglichst breiten Spektrum an vermögenskulturellem Handeln Raum zu bieten. Es ist daher angebracht, das Phänomen der Vermögenskultur nach Möglichkeit empirisch mehrdimensional zu untersuchen. Auch wenn der Fokus in der Studie *ViD* nicht explizit auf der Vermögenskultur lag, erweist sie sich von hohem heuristischen Wert aufgrund ihres weit angelegten explorativen Designs, das psychologische, sozialpsychologische und soziodemografische sowie auch pragmatische Variablen einschloss.

2. Die mentalen Typen als Ergebnis eines mehrdimensionalen Ansatzes

Vor dem Hintergrund der oben dargestellten Begrifflichkeit des Vermögenskulturansatzes richtete sich das Hauptaugenmerk in der empirischen Analyse der *ViD*-Daten auf Inhalte, die vor Allem die Überzeugungen einer Person erheben. Überzeugungen liefern wertvolle Hinweise über die Art und Weise, in der ein Mensch sich und seine Welt vorstellt. Sie bieten im Idealfall einen direkten Einblick in den motivatonalen Hintergrund des individuellen Handelns oder aber zumindest einen approximativen Indikator über die mögliche Bedeutung der Handlung. Methodisch gilt in diesem Zusammenhang: Je mehr Information über diese individuellen Überzeugungen vorliegen, desto deutlicher werden die zentralen Vorstellungen, die dem Verhalten einer Person zugrundeliegen und es motivieren.

In der *ViD* kamen 18 Items zur Anwendung, in denen die Überzeugungen der Befragten explizit erhoben wurden. Diese Items entstammen zum Teil bestehenden Instrumenten (psychologischen Skalen). Wir haben uns bei der Datenanalyse der qualitativen Dimension dieser Items zugewendet und ihre Inhalte detailliert auf ihre konkreten Aussagen (im Sinne des Ansatzes der Vermögenskultur, siehe die theoretische Darstellung oben) untersucht. Besonders interessiert haben uns dabei Charakteristika wie die individuell wahrgenommene Wirkmächtigkeit (Selbstbild) und die eigene soziale Rolle sowie die vorhandenen Indizien zur Art und Weise, wie die soziale Welt wahrgenommen wird.

In einem zweiten Schritt wurde das itemspezifische Antwortverhalten (Iteminterkorrelationen) analysiert, um gegebene Abhängigkeiten zwischen den Items zu erfassen und sie inhaltsanalytisch wie auch statistisch nach Kernthematiken in drei thematische Skalen zu unterteilen. Bei der Erstellung der Skalen achteten wir einerseits auf die skalen-interne inhaltliche Konsistenz einer jeden Skala (Homogenität), wie auch auf die höchstmögliche inhaltliche wie auch statistische Unabhängigkeit zwischen den Skalen (das heißt keine oder nur geringe Korrelationen zwischen den Items unterschiedlicher Skalen). Von den 18 Überzeugungs-Items entsprechen 12 weitgehend diesen Kriterien und wurden für die Erstellung von drei inhaltlich distinkten Skalen verwendet.

In einem weiteren Schritt (siehe Abschnitt 2.2) wurden die Studienteilnehmer für jede der drei Skalen darauf untersucht, ob sie der inhaltlichen Kernthematik zustimmend oder aber ablehnend gegenüberstanden. Aus der Kombination des möglichen Antwortverhaltens zu den drei Skalen ergaben sich acht mentale Typen (2x2x2). Diese Typen werden im eigentlichen Ergebnisteil (siehe Abschnitt 3) abschließend empirisch detailliert charakterisiert, basierend auf den übrigen Informationen, die im Fragebogen erhoben wurden.

2.1 Darstellung der Skalen

2.1.1 „Kontrollüberzeugung": die erlebte Kontrolle der Lebensgestaltung

In dieser Skala finden sich Aussagen zum persönlichen Lebensverlauf, in denen vor allem Ansichten zur erlebten Kontrolle in der Lebensgeschichte zum Ausdruck kommen, beziehungsweise Aussagen des Erlebens externer Abhängigkeiten. Diese Überzeugungen können sowohl aus den persönlichen Lebenserfahrungen abgeleitet wie auch das Resultat prinzipieller Überlegungen sein, nach denen der eigene Lebenslauf sinngebend erfasst wird.

Die empirischen Studien zur Attribution (Weiners, 1986) zeigen, dass die Frage der Attribution von Verantwortung keineswegs das Resultat einer neutralen Bestimmung von Zusammenhängen zwischen dem Individuum und seiner Welt ist, sondern dass Personen einen mehr oder weniger tief verankerten persönlichen Attributionsstil entwickeln, der dazu führt, Verantwortlichkeit tendenziell intern (Person) oder extern (Umwelt) zuzuschreiben. Diese persönlichen Attributionsstile werden in den Studien besonders durch die Neigung einer Person beschrieben, für den Lebensverlauf (zum Beispiel Erfolge oder Misserfolge) eher interne oder externe Ursachen zu suchen und zu erkennen, und werden in der deutschen Psychologie entsprechend als „Kontrollüberzeugung" bezeichnet (engl. *Locus of Control*).

Tabelle 1:   Überzeugungen zur erlebten Lebensgestaltung
(Kontrollüberzeugung)[6]

	Item	Anteil der Zustimmungen (%)	Inhaltliche Erläuterung
1	Ich habe wenig Kontrolle über die Dinge, die in meinem Leben passieren.	19,3	Eine prinzipielle Feststellung, in der zum Ausdruck kommt, dass der persönliche Lebensverlauf sich in Abhängigkeit von externen Faktoren entwickelt.
			Wenngleich absolut formuliert, so präsentiert diese Formulierung mehr Lebenserfahrung als Prinzip.
2	Wie mein Leben verläuft, hängt von mir selbst ab.	87,5	Inverses Item zu 1: jedoch kommt darin zusätzlich die Einsicht zum Ausdruck, dass man selbst seinen Lebenslauf verantwortet.
			In seiner negativen Formulierung („…, hängt nicht von mir ab") wird deutlich, dass weniger eine Fähigkeit, als vielmehr die Verantwortlichkeit verneint wird. In der Ablehnung der Verantwortlichkeit kann auch die (fatalistische) Überzeugung zum Ausdruck kommen, dass sich das Leben unabhängig vom eigenen Handeln gestaltet.
			Die absolute (nicht relativierte) Formulierung verdeutlicht die prinzipielle Natur dieser Überzeugung.
3	Erfolg muss man sich hart erarbeiten.	93	Dieses Item impliziert die Überzeugung, die im Item „Wie mein Leben verläuft, hängt von mir selbst ab" zum Ausdruck kommt. Folglich ist zu erwarten, dass, wer diesem Item zustimmt, auch der Aussage „Wie mein Leben verläuft, hängt von mir selbst ab" zustimmt, jedoch nicht umgekehrt, da es nicht notwendiger Weise „harte Arbeit" sein muss, die den Lebensverlauf bestimmt.
4	Wenn ich im Leben auf Schwierigkeiten stoße, zweifle ich oft an meinen Fähigkeiten.	24,6	In diesem Item kommen quantifizierte („oft") Erfahrungswerte zum Ausdruck, die möglicherweise eine kausale Verhaltensbasis (Zweifel an den eigenen Fähigkeiten) bilden für den wahrgenommenen Kontrollverlust im eigenen Leben.

Die Kernaussage in dieser Skala findet sich in der Formulierung „Ich habe wenig Kontrolle über die Dinge, die in meinem Leben passieren". Hier wird ein Selbstbild zum Ausdruck gebracht, dass von einer wahrgenommen persönlichen Entmachtung dominiert ist. Die Person zeichnet sich nicht durch Selbstbestimmung aus und erkennt sich nicht als Ursprung der Kontrolle über den Lauf der Dinge im eigenen Leben. Es ist anzunehmen, dass die Situation der geringen Kontrolle über die eigene Lebensgestaltung als unangenehm und/oder als ungerecht wahrge-

---

6   Reliabilität der Skala beträgt: $\alpha = .736$

nommen wird. Als Konsequenz dieser entmachteten und abhängigen Selbstwahrnehmung, beziehungsweise der als ungerecht wahrgenommenen Stellung der eigenen Person ist man geneigt, sich selbst die Anerkennung abzusprechen. Es sind daher nicht nur die Machtverhältnisse, die hier thematisiert werden, sondern auch die Tendenz zur Unterschätzung der eigenen Person.

Wie bereits im Beitrag von Lauterbach/Travenkorn in diesem Band eingehend dargestellt, zeichnet sich die *ViD*-Stichprobe durch sehr hohe Werte auf der Kontrollüberzeugungsskala aus, und dies so sehr, dass einige der Items in der Skala kaum noch bedeutungsvolle statistische Varianzen im Antwortverhalten der Population verzeichnen. Unter diesen Bedingungen wurde von einer Datenanalyse basierend auf dem Antwortverhalten auf der vorgegebenen siebenstufigen Likertskala abgesehen (7: stimme völlig zu … 1: stimme überhaupt nicht zu). Stattdessen wurden die Items umskaliert, indem die Werte 1-3 als „Nein" und die Werte 5-7 als „Ja" gewertet wurden. Personen, die die Skalenmitte (4) angekreuzt haben, wurden zugunsten der Meinungsminderheit zugeordnet: Das heißt, dass wenn ein Item mehrheitlich Zustimmung fand, eine 4 als Ausdruck der relativen Ablehnung gewertet wurde und vice versa. In diesem Format wurden über die vier Items Summenwerte[7] gebildet.

In Bezug auf die wahrgenommene Kontrolle über die individuelle Lebensgestaltung teilt sich die *ViD*-Stichprobe wie folgt auf: 62,1% (N=293) der *ViD*-Stichprobe erreichen einen Summenscore von 4, beantworten also alle vier Items im Sinne einer hohen Kontrollüberzeugung. 37,8% (N=178) haben bei einem oder mehreren Items im Sinne einer geringeren Kontrollüberzeugung geantwortet. (12 Personen – das sind 2,5% – haben keinem Item zugestimmt und weisen somit eine extrem niedrige Kontrollüberzeugung auf.) Dieses Ergebnis ist insofern bedeutsam, als es die besondere psychologische Konstitution der *ViD*-Stichprobe verdeutlicht (siehe hierzu den Beitrag von Travenkorn/Lauterbach).

2.1.2 „Glaube an die gerechte Welt": Auffassung der wahrgenommenen und erlebten Gerechtigkeit in der gegebenen sozialen Realität

Mit dieser Skala wird die wahrgenommene Gerechtigkeit erhoben. Im Fokus steht die Frage, ob Menschen im Leben überwiegend entsprechend ihren Fähigkeiten und Leistungen behandelt werden und ob das im Leben Erreichte als gerecht bewertet werden kann. Glaubt jemand an die „gerechte Welt", geht er von einer meritokratischen Norm aus, wonach einem jedem das zusteht, was er mit seiner in-

---

7 Durch die Wahl des Summenskors mussten die Daten eines Studienteilnehmers daher aufgrund einer fehlenden Angabe zu einem Item von der weiteren Datenanalyse ausgeschlossen werden.

dividuellen Leistung verdient hat. Es geht hier also offensichtlich um eine ganz konkrete Form der Gerechtigkeit, nämlich die Ergebnisgerechtigkeit.

Melvin Lerner (1980, 1965, 1997, 2003; Lerner & Miller, 1978) konnte in einer Serie von Befragungen und Experimenten feststellen, dass sich mit der grundlegenden Überzeugung von einer gerechten Welt weitreichende Konsequenzen für die soziale Wahrnehmung und das Engagement ergeben. Menschen, die davon überzeugt sind, dass die Welt gerechten Regeln folgt, dass wir in unserer Welt das bekommen, was wir verdienen, tendieren dazu, soziale und individuelle Missstände als sinnhafte Phänomene zu beurteilen und eher zu akzeptieren. Erfolge und Misserfolge werden als Resultat der eigenen Leistung des betroffenen Subjekts gesehen. Alle anderen Faktoren wie der soziale Kontext oder glückliche (beziehungsweise unglückliche) Zufälle werden dem untergeordnet wenn nicht sogar ausgeblendet. Personen hingegen, die die Macht ungerechter, oder auch zufälliger Kräfte, in ihr Weltbild integrieren, erleben die gesellschaftliche Realität entsprechend problematischer. Gesellschaftliche Regeln werden nicht mehr als eine allgemeingültige Konstante im sozialen Zusammenleben wahrgenommen, sondern prinzipiell auf ihre Gültigkeit beziehungsweise Gerechtigkeit hinterfragt. Im Zusammenhang mit dem sozialen Engagement konnte eine interessante empirische Studie (Braman & Lambert, 2001) zeigen, dass Personen die an eine gerechte Welt glauben, sich besonders dann sozial engagieren, wenn einem Betroffenen (Objekt der Verantwortung) unverschuldet Leid widerfährt, wenn also die Ursache des Leids für den Betroffenen als unvorhersehbar (siehe Punkt 2 & 5 in Heiders Modell) erachtet wird.

Tabelle 2: Überzeugungen zur „gerechten Welt"[8]

	Item	Anteil der Zustimmungen (%)	Inhaltliche Erläuterung
1	Ich glaube, dass jeder Mensch im Großen und Ganzen das bekommt, was ihm gerechterweise zusteht.	67,2%	In diesem Item wird der Kerninhalt des Glaubens an die gerechte Welt formuliert, wonach die gesellschaftlichen Verhältnisse dafür sorgen, dass jeder seinen verdienten Teil bekommt.
2	Ich halte es für gerechtfertigt, dass jeder nur seine eigenen Interessen verfolgt.	47,9%	Der ausschließliche Fokus auf die eigenen Interessen wird als gerechtfertigt verteidigt (als Prinzip).

---

8   Reliabilität der Skala beträgt: α=.585. Dieser Wert liegt deutlich unter der tolerablen Untergrenze von .700. Dieser würde man jedoch näherkommen, wenn man das Item „Wenn jemand immer wieder bis zum Hals in Schwierigkeiten steckt, hat er meist selbst dazu beigetragen." von der Skala ausschließt α=.659. Aus Inhaltsanalytischen Gründen (siehe Argumentation unten) haben wir diese extreme Formulierung jedoch behalten.

3	Ich habe mit mir selbst zu viel zu tun, als dass ich mich auch noch um andere kümmern könnte.	48,1%	Ähnliche Aussage wie bei 2, allerdings in Form einer praktischen persönlichen Lebenserfahrung.
4	Wenn jemand immer wieder bis zum Hals in Schwierigkeiten steckt, hat er meist selbst dazu beigetragen.	58,7	Eine klare Auffassung der Gerechtigkeit, wonach die Schwierigkeiten, mit denen man im Leben zu kämpfen hat, meist selbstverschuldet sind. Dieser Einstellung zufolge, sind auch die Opfer meist „selbst schuld".

Zum Ausdruck gebracht wird ein Weltbild, in dem eine „Macht waltet", die in ihren Entscheidungen immer recht hat. Das Individuum wird mehr oder weniger als passiv beziehungsweise als Objekt der Gerechtigkeit und Empfänger ihrer Urteile gesehen. Daher zeichnet sich dieses Weltbild durch eine Akzeptanz der bestehenden Verhältnisse beziehungsweise der dahinter stehenden „gerechten Mächte" aus. Eine bemerkenswerte Konsequenz findet sich in der Formulierung „Ich halte es für gerechtfertigt, dass jeder nur seine eigenen Interessen verfolgt". Die wahrgenommene regierende Gerechtigkeit und die Akzeptanz der Verhältnisse lässt solidarisches Engagement als unnötig erscheinen. Es erscheint legitim, sich nur um die eigenen Belange zu kümmern.

In Bezug auf die wahrgenommene „gerechte Welt" teilt sich die *ViD*-Stichprobe wie folgt auf: 50,4% (N=238) glauben an eine „gerechte Welt", erreichen also über alle vier Items einen Mittelwert von 4 (die Skalenmitte) oder höher. 49,6% (N=234) glauben nicht an eine „gerechte Welt", das heißt, sie erzielen über alle vier Items einen niedrigeren Mittelwert als 4. Es lässt sich somit feststellen, dass wir mit dieser Skala auch in der *ViD*-Stichprobe über ein geeignetes Instrument zur Differenzierung der Befragten verfügen.

2.1.3 „Partizipation": Ansichten über die wahrgenommene Wichtigkeit und Möglichkeit des Einzelnen, sich in der Gesellschaft einzubringen

Gesellschaftliche Partizipation bedeutet zunächst die Mitverantwortung eines jeden für die Gestaltung des Zusammenlebens. Der Fokus liegt hierbei auf einer Gemeinschaft (auch: einer Wertegemeinschaft), für die alle die Verantwortung mittragen. Sich als von den Belangen der Gemeinschaft betroffen wahrzunehmen und Möglichkeiten sich einzubringen zu erkennen, sind wichtige Voraussetzungen, um sich wirklich daran zu beteiligen, das gemeinsame Leben in dieser Gemeinschaft zu gestalten.

In der Studie *ViD* wurden auch Inhalte erhoben, die die Einstellung zur gesellschaftlichen Partizipation direkt erfragen. Diese Items befragen eine spezifische

Art des individuellen Einsatzes in der Gesellschaft, nämlich das solidarische Handeln. Im Sinne des Vermögenskulturansatzes ist Partizipation ein wichtiger Faktor zur Unterscheidung verschiedener Spielarten der Vermögenskultur und wurde daher bei der Erstellung unserer mentalen Profile mit berücksichtigt.

Tabelle 3: Überzeugungen zur gesellschaftlichen Partizipation[9]

	Item	Anteil der Zu-stimmungen (%)	Inhaltliche Erläuterung
1	Wenn man sich sozial oder politisch engagiert, kann man die gesellschaftlichen Verhältnisse beeinflussen.	50,4%	Eine gesellschaftspolitische Grundeinstellung, die dem partizipativen Gesellschaftsmodell entspricht. Gleichzeitig kommt hier eine Überzeugung der gesellschaftspolitischen Selbstwirksamkeit zum Ausdruck (als Prinzip).
2	Soziale und karitative Organisationen sind auf jede Art von Unterstützung angewiesen. Deshalb fühle ich mich persönlich aufgefordert, einen Beitrag zu leisten.	65,7%	Neben dem allgemeinen Prinzip zur Stellung der sozialen und karitativen Organisationen in unserer Gesellschaft kommt hier auch die persönliche Beteiligung zum Ausdruck: Die Person gib an, sich aufgefordert zu fühlen, an der Unterstützung der Arbeit dieser Organisationen zu partizipieren und damit ihre Existenz zu sichern.
3	Der Staat kann nicht alle sozialen Probleme lösen. Ich fühle mich verpflichtet, selbst Verantwortung für die Gesellschaft zu übernehmen.	60,4%	Ein Staatsverständnis, dass dem demokratischen Mitbestimmungsprinzip entspricht. Auch hier kommt das persönliche Zugeständnis zum Ausdruck, sich „für die Gesellschaft" mitverantwortlich zu fühlen.
4	Vermögende Personen haben eine höhere gesellschaftliche Verantwortung als nicht vermögende Personen und sollten sich daher auch stärker finanziell (z.B. philanthropisch) engagieren.	65,9%	Eine bemerkenswerte Gewichtung bekommt das partizipative Prinzip durch dieses spezifische Item: Die partizipative Beteiligung wird von Vermögenden normativ eingefordert, beziehungsweise ihnen wird eine höhere Verantwortung für die Partizipation zugeschrieben.

In Bezug auf die partizipative Einstellungen teilt sich die *ViD*-Stichprobe wie folgt auf: 73,5% (N=347) der *ViD*-Stichprobe geben an, eine positive Einstellung zur gesellschaftlichen Partizipation zu haben, erreichen also über alle vier Items einen Mittelwert von 4 (die Skalenmitte) oder höher. 26,3% (N=124) geben eine negative Einstellung zur gesellschaftlichen Partizipation an, das heißt, erzielen über alle vier Items einen niedrigeren Mittelwert als 4.

---

9   Reliabilität der Skala beträgt: α=.788.

2.2 Darstellung der mentalen Typen

Im Folgenden werden im Sinne des mehrdimensionalen Ansatzes die oben darge-stellten drei Skalen miteinander kombiniert. Die *ViD*-Stichprobe wird somit in ei-nem dreidimensionalen Raum betrachtet, sodass sich jeder Typus aus einer Dreier-konstellation ergibt. Wesentlich hierbei ist, dass aus der kombinierten Betrachtung der drei Dimensionen ein inhaltlicher Mehrwert gewonnen wird: Die Ausprägung auf einer Dimension liefert nur eine beschränkte (skalenimmanente) Interpretati-onsmöglichkeit (Merkmal anwesend oder abwesend); durch die Kombination mit den Ausprägungen auf den übrigen Dimensionen wird hingegen eine vertiefte in-haltliche Interpretation möglich, da die Ausprägung auf einer Skala ein Deutungs-muster für die Ausprägung auf den anderen Skalen bietet und vice versa.

Kombiniert man die drei Skalen miteinander, resultiert ein 2x2x2 Schema, das folgende Besetzungszahlen[10] in der Gesamtstichprobe aufweist (siehe Tabelle 4).

Tabelle 4: Die mentalen Typen

Skalen	Psychologische Typologie							
Kontroll-überzeugung (K)	Hoch (+)				Niedrig (-)			
Glaube an gerechte Welt (G)	Ja (+)		Nein (-)		Ja (+)		Nein (-)	
Einstellung zur Partizipa-tion (P)	Positiv (+)	Negativ (-)	Positiv (+)	Negativ (-)	Positiv (+)	Negativ (-)	Positiv (+)	Negativ (-)
Typus	I K+G+P+	II K+G+P-	III K+G-P+	IV K+G-P-	V K-G+P+	VI K-G+P-	VII K-G-P+	VIII K-G-P-
Besetzungs-zahlen (N; %)	94 (20%)	52 (11%)	128 (27,2%)	18 (3,8%)	65 (13,8%)	25 (5,3%)	59 (12,5%)	29 (6,1%)

Für die Kennzeichnung der Typen haben wir die Initialen der Skalen gewählt, und deren beigemessenen positiven (+) oder negativen (-) Wert hinzugefügt. Die Kom-bination der drei Vorzeichen weist bereits das jeweilige Leitprofil des Typus aus.

---

10 Um die Aussagekraft zu schärfen, wurden die Analysen auf jene Teilstichprobe eingeschränkt, wo die Befragten eindeutig als Haushaltsvorstände ausgemacht werden konnten. Es ergaben sich keine systematischen Abweichungen in den Besetzungsverhältnissen (p=.127). Für die weitere Datenanalyse wurden daher die Daten der Gesamtstichprobe herangezogen.

Später werden den Typen bei der Darstellung und Besprechung des jeweiligen mentalen Profils zur besseren Verständlichkeit idiomatische Bezeichnungen zugeordnet. Die mentalen Typen werden nun anhand aller Daten, die in der Studie *ViD* erhoben wurden, näher beschrieben (siehe Abschnitt 3). Bei der deskriptiven Besprechung der Typen gehen wir jedoch lediglich auf jene Variablen des *ViD*-Fragebogens ein, bei denen in der Datenanalyse signifikante Unterschiede (Signifikanzniveau: $p<.05$) zur Gesamtstichprobe *ViD* beziehungsweise entsprechende Abweichungen von der Skalenmitte (4) auftraten, wenn es darum geht, die Zustimmung beziehungsweise Ablehnung eines Typus zu einem bestimmten Item zu belegen.

3. Empirische Charakterisierung der Typen

Zur besseren Verständlichkeit der mentalen Profile der einzelnen Typen erfolgt neben ihrer Beschreibung eine graphische Zusammensicht des spezifischen Antwortverhaltens der jeweiligen Gruppe (grau-transparent) vor dem Hintergrund der Gesamtstichprobe (schwarz). Das Netzdiagramm ist entsprechend der Itemvorgabe im Fragebogen skaliert von 1-7, der Wert 1 „Ablehnung" befindet sich im Zentrum, der Wert 7 „Zustimmung" liegt am Rand des Netzdiagramms. Das Profil jeder Gruppe ergibt sich über die Mittelwerte ihres Antwortverhaltens zum jeweiligen Item. Die drei Skalen (Kontrollüberzeugung, Glaube an die gerechte Welt, Einstellung zur gesellschaftlichen Partizipation) sind zur besseren Orientierung mit unterschiedlichen Grauschattierungen unterlegt.

Im Folgenden wird zunächst das Profil der Gesamtstichprobe (also der schwarze Hintergrund) dargestellt und für jedes der zwölf Items erläutert (siehe Abbildung 1). Die nachfolgende Darstellung der Profile der acht Typen – immer vor dem Hintergrund des Profils der Gesamtstichprobe von *ViD* – sieht dann von der expliziten Besprechung der Einzelitems ab und fokussiert auf die Besonderheiten, die die jeweilige Gruppe in den übrigen Items des *ViD*-Fragebogens aufweist. Generell gilt, dass nur jene Charakteristika bei der Besprechung der Typologien berücksichtigt werden die auch statistische Signifikanz (also $p<.05$) zur genannten Vergleichsgröße aufweisen. Die anderen p-Werte wurden zwecks Transparenz dennoch in den Text aufgenommen. Für die Mittelwertsvergleiche wurden einfache parametrische Verfahren (T-Test, ANOVA) herangezogen; die Prozentwerte werden lediglich dort angeführt, wo die Chi2 Statistik eine signifikante (auch hier $p<.05$) Über- oder Unterrepräsentierung eines Merkmales nachweist.

Abbildung 1: Mentales Profil der Gesamtstichprobe *ViD*

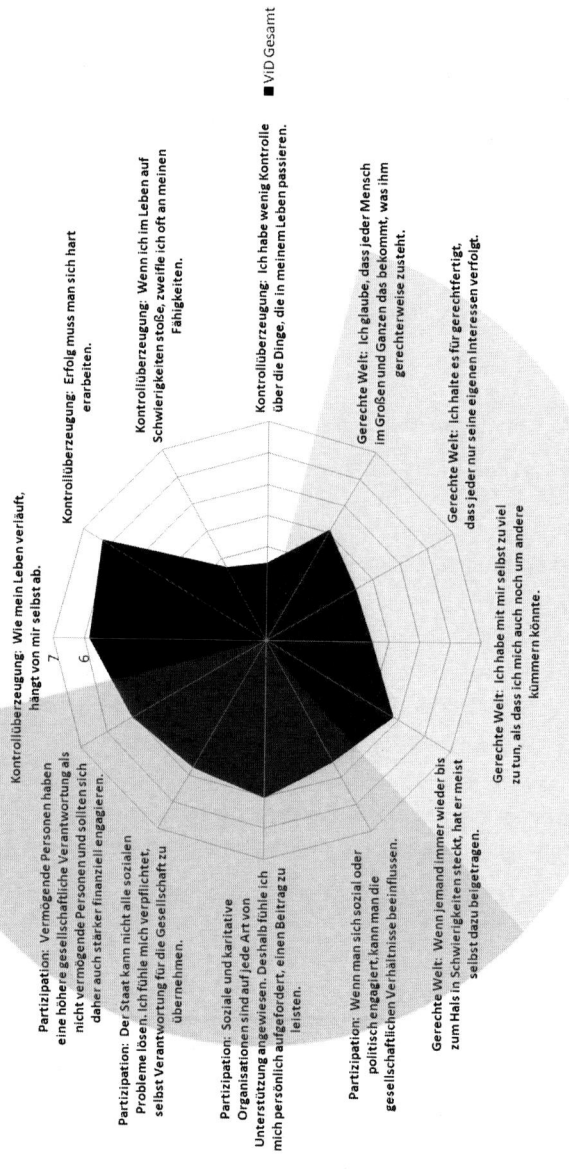

Das mentale Profil der *ViD*-Gesamtstichprobe verdeutlicht zunächst die bereits angesprochene sehr hohe Kontrollüberzeugung der Studienteilnehmer: den beiden Items „Wie mein Leben verläuft, hängt von mir selbst ab" (M=5,79; p<.001)[11] und „Erfolg muss man sich hart erarbeiten" (M=6,23; p<.001) wurde besonders stark zugestimmt. Den beiden Items, die eine geringe Kontrollüberzeugung formulieren („Wenn ich im Leben auf Schwierigkeiten stoße, zweifle ich oft an meinen Fähigkeiten" (M=2,64; p<.001); und „Ich habe wenig Kontrolle über die Dinge, die in meinem Leben passieren", (M=2,44; p<.001), wurde entsprechend starke Ablehnung entgegengebracht. Dies ist insofern wenig überraschend, als mit der *ViD*-Stichprobe Personen untersucht wurden, die nahezu ausschließlich durch Selbständigkeit oder durch leitende Positionen in großen Betrieben (zusammen 97,8% von *ViD*) einen überdurchschnittlich hohen ökonomischen Erfolg aufweisen.

Die Mittelwerte für die Items der anderen beiden Skalen gestalten sich hingegen moderater. Über die Gesamtstrichprobe betrachtet, wird dem „Glauben an die Gerechte Welt" tendenziell Ablehnung entgegengebracht:

- „Ich glaube, dass jeder Mensch im Großen und Ganzen das bekommt, was ihm gerechter Weise zusteht" (M=4,06: unentschieden; p=.367);

- „Ich halte es für gerechtfertigt, dass jeder nur seine eigenen Interessen verfolgt" (M=3,34: leicht ablehnend; p<.001);

- „Ich habe mit mir selbst zu viel zu tun, als dass ich mich auch noch um andere kümmern könnte" (M=3,44: leicht ablehnend; p<.001);

- „Wenn jemand immer wieder bis zum Hals in Schwierigkeiten steckt, hat er meist selbst dazu beigetragen" (M=4,80: leicht zustimmend; p<.001).

Die Items der Skala der Einstellung zur Partizipation findet bei den *ViD* Studienteilnehmern hingegen tendenzielle Zustimmung:

- „Wenn man sich sozial oder politisch engagiert, kann man die gesellschaftlichen Verhältnisse beeinflussen" (M=4,44: leicht zustimmend; p<.001);

- „Soziale und karitative Organisationen sind auf jede Art von Unterstützung angewiesen. Deshalb fühle ich mich persönlich aufgefordert, einen Beitrag zu leisten" (M=5,02: zustimmend; p<.001);

- „Der Staat kann nicht alle sozialen Probleme lösen. Ich fühle mich verpflichtet, selbst Verantwortung für die Gesellschaft zu übernehmen" (M=4,70: leicht zustimmend; p<.001);

---

11   Die Signfikanzwerte (p) für die *ViD* Gesamtstichprobe in diesem Teil kennzeichnen die Abweichungen von der Skalenmitte (Wert 4) und werden als Grundlage zur Bestimmung der Unentschiedenheit, Zustimmung (signifikant über der Skalenmitte 4) oder Ablehnung (signifikant unter der Skalenmitte 4) herangezogen.

- „Vermögende Personen haben eine höhere gesellschaftliche Verantwortung als nicht vermögende Personen und sollten sich daher auch stärker finanziell engagieren" (M=5,02: zustimmend; p<.001).

Vor dem Hintergrund des dargestellten *ViD*-Gesamtprofils und der übrigen Daten des *ViD*-Fragebogens werden nun die einzelnen Typen charakterisiert. Ihre Netzdiagramme informieren über das spezifische Antwortverhalten der jeweiligen Gruppe (graue Farbe) im Vergleich zur Gesamtstichprobe (schwarze Farbe).

3.1 Der Gönner": K+G+P+ (N=94; 20%)

Demographisch finden sich überdurchschnittlich viele Haushalte dieser Gruppe (40%; *ViD*:29%) in den kleinen Gemeinden Deutschlands (weniger als 10.000 Einwohner) und bezeichnender Weise weniger im anonymen großstädtischen Kontext (14%; *ViD*:19%). Geographisch sind sie im Verhältnis zur *ViD*-Gesamtstichprobe leicht überrepräsentiert in Oberbayern (18%; *ViD*:11%) und kommen eher nicht aus Niedersachsen (8%; *ViD*:14%). Mit einem durchschnittlichen Alter von 54,7 Jahren weichen sie kaum vom *ViD*-Durchschnittsalter (M=55,6) ab, weisen jedoch beim Familienstand die Besonderheit auf, relativ selten verwitwet zu sein (2%; *ViD*:7%).

Ihr Anlegeverhalten lässt auf einen eher konservativen und Sicherheit suchenden Typus schließen: sie wählen überdurchschnittlich oft „festverzinste Wertpapiere" (84%; *ViD*: 75%), und „Bankkonten" (95%; *ViD*:89%). Mit 72% verfügen besonders viele Personen in dieser Gruppe über „vermietete/verpachtete Immobilien/Grundstücke" (*ViD*: 64%) und 85% beziehen ihre Gelder aus privaten Lebensversicherungen (*ViD*:74%). Überproportional viele (60%; *ViD*:45%) geben an, durch Immobilienbesitz vermögend geworden zu sein. Im Beruf arbeiten 20% als Angestellte mit umfassenden Führungsaufgaben (*ViD*:13%).

Abbildung 2: Mentales Profil von Typ I: hohe interne Kontrollüberzeugung;
glaubt an eine „gerechte Welt"; positive Einstellung zur
Partizipation

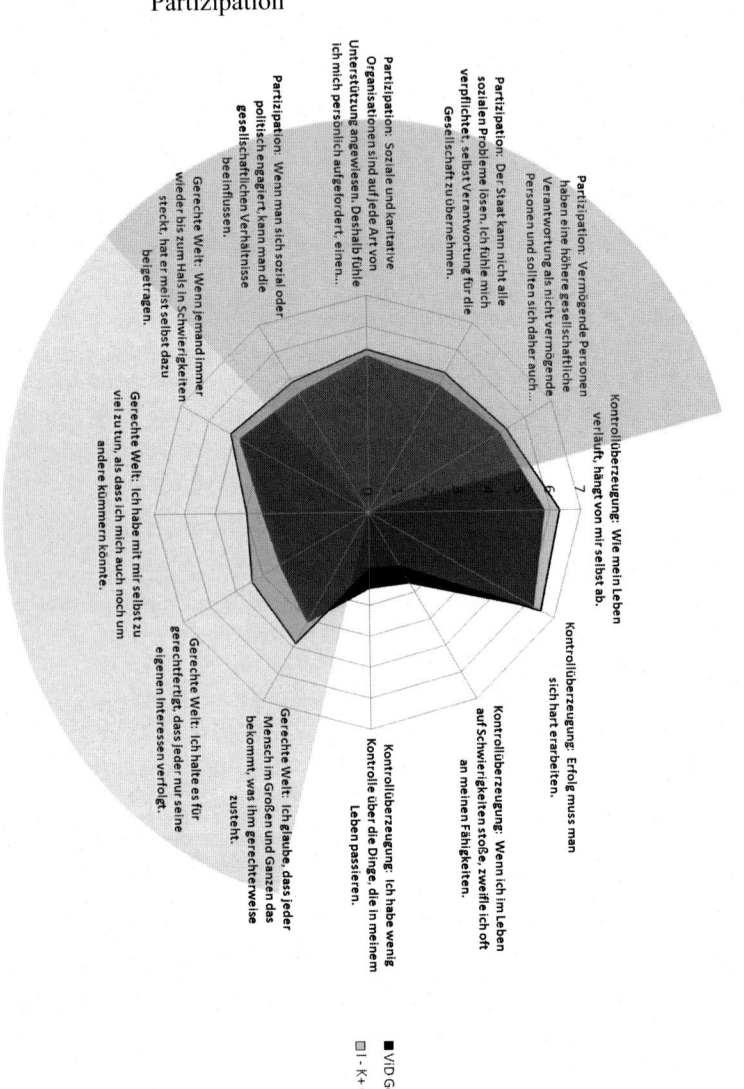

Wie im Netzdiagramm erkenntlich (siehe Abbildung 2), folgt das mentale Profil dieses Typus (grau) weitgehend dem *ViD*-Gesamtprofil (schwarz). Stärkere Abweichungen finden sich überall dort, wo Überzeugungen zum Ausdruck kommen, die die Macht des Individuums hervorheben und seine Herrschaft über das eigene Leben betonen. Die hohe Kontrollüberzeugung der Personen dieser Gruppe ergänzt sich mit den Angaben, welche im *ViD*-Fragebogen zum Profil der Eltern erhoben wurden. Die Personen dieses Typus wuchsen in einem traditionellen Haushalt auf, in dem der Beruf des Vaters dem familiären Leben übergeordnet wurde (M=5,26; *ViD*=4,69; p<.001) was oft im Zusammenhang damit genannt wird, dass diese(r) (erfragt wurden „Eltern") an den wirtschaftlichen Entwicklungen besonders interessiert war(en) (M=5,65; *ViD*=5,26; p=.001) und auch (eine) bekannte Persönlichkeit(en) vor Ort war(en) (M=4,89; *ViD*=4,55; p=.045). Den Eltern war Geld und Wohlstand sehr wichtig (M=5,00; *ViD*=4,60; p=.007), was sehr oft gemeinsam mit dem hohen Anspruch erwähnt wird, den sie an ihre Kinder stellten (M=4,87; *ViD*=4,11; p<.001). Die Eltern wollten ihren finanziellen Erfolg (M=5,99; *ViD*=5,58; p=.004) und haben schon früh Verantwortung übertragen (M=5,90; *ViD*=5,56; p<.001). Außerdem wurden die Kinder besonders nach religiösen Werten erzogen (M=5,00; *ViD*=4,66; p<.001). Insgesamt zeigt sich hier, dass diese Personen bereits in einem Milieu herangewachsen sind, in dem Verantwortung, Herausforderung, und materieller Erfolg von zentraler Bedeutung waren. Die Eltern werden darüber hinaus als kulturell interessiert (M=5,13; *ViD*=4,72; p=.007) und als besonders sozial engagiert beschrieben (M=4,38; *ViD*=3,82; p<.001).

Es ist zu vermuten, dass dieses besonders deutliche Profil der Eltern (in der Beschreibung treten sie in keiner anderen Gruppe so statistisch wie inhaltlich bedeutsam hervor) prägend auf die Personen dieser Gruppe wirkte. Die Zustimmung zu Überzeugungen, die die Eigenverantwortung des Individuums unterstreichen, wonach ein jeder das bekommt, was ihm gerechter Weise zusteht (M=4,86; *ViD*=4,06; p<.001), bestärkt die Vermutung, dass dieser Typus durch ein Weltbild geprägt ist, in dem die Gesellschaft durch die Instanz einer gerechten Autorität reguliert wird. Im Rahmen einer hohen Eigenverantwortung erscheint es daher auch „gerechtfertigt, dass jeder nur seine eigenen Interessen verfolgt" (M=4,41; *ViD*=3,31; p<.001).

Insofern mag zunächst das hohe soziale Engagement in dieser Gruppe überraschen: mit 85% (*ViD*:75%) spenden in dieser Gruppe überdurchschnittlich viele Personen Geld. Allerdings zeigt sich, dass sie besonders bei Spenden in der Kategorie „Freizeit" (40%; *ViD*:28%), überdurchschnittlich aktiv sind, hingegen unterdurchschnittlich oft sozialpolitische Spenden tätigen (5%; *ViD*:10%). Zu ihren sozialen Aktivitäten geben 35% an, Mitglied in einem Heimatverein zu sein (*ViD*: 22%). Befragt nach den Motivationen für ihr soziales Engagement geben

sie an, dadurch die Möglichkeit zu erhalten „am gesellschaftlichen Leben teilzuhaben und Kontakte zu pflegen" (M=5,17; ViD=4,73; p=.012), wie auch „Zugang
zu neuen gesellschaftlichen Kreisen" (M=4,53; ViD=3,96; p=.003) zu erlangen. Es
macht ihnen „einfach Spaß, [sich] für die Gesellschaft zu engagieren" (M=5,09;
ViD=4,79; p=.039). Über ihre Eltern sind sie „in die Tradition, sich für die Gesellschaft zu engagieren, hineingewachsen" (M=4,84; ViD=4,29; p=.001; siehe entsprechend Eltern oben) und können sich „dadurch ein Stück weit selbst verwirklichen" (M=4,74; ViD=4,34; p=.017). Schließlich möchten sie durch ihr Engagement
„der Gesellschaft etwas zurückgeben" (M=4,60; ViD=4,24; p=.030).

In dieser Gruppe kommt eine besondere Auffassung von „gesellschaftlicher
Partizipation" zum Ausdruck: Wie bereits in Abbildung 2 ersichtlich, verfügen die
Personen dieser Gruppe über eine durchwegs positive Einstellung zur Frage der
Partizipation. Verantwortung, Verpflichtung und Aufforderung sind Stichwörter,
die für sie privat wie auch gesellschaftlich Gültigkeit haben. Für diesen Typus stehen diese auch nicht in einem Widerspruch zum meritokratischen Ideal höchster
Eigenverantwortung, die er mit dem Glauben an eine gerechte Welt vertritt. Berücksichtigt man die Selbstbeschreibung der Persönlichkeit der Befragten, die im
ViD-Fragebogen anhand einer psychologischen Standardskala („Big Five") erhoben wurde, so lassen sich in dieser Gruppe Personen erkennen, die einen sehr hohen Grad an Geselligkeit aufweisen (M=6,07; ViD=5,74; p=.006). Sie beschreiben
sich entsprechend als sehr „kommunikativ" (M=6,32; ViD=6,01; p=.001) und geben an „gut verzeihen zu können" (M=5,83; ViD=5,51; p=.002). Darüber hinaus
bescheinigen sie ihre soziale Attraktivität durch „Originalität" (M=5,69; ViD=5,29;
p=.012) und ihre „lebhafte Phantasie" (M=5,39; ViD=5,12; p=.036). Mit dieser of-
fensichtlichen Gesellschaftsfähigkeit kommt in dieser Gruppe eine Persönlichkeit
zum Ausdruck, die nicht nur besonders gesellig ist, sondern ein ebenso hohes Ge-
sellschaftsbedürfnis aufweist. Soziales Engagement, und mit diesem „gesellschaftliche Partizipation", erweist sich hier als ein überzeugendes Mittel gesellschaftlicher Teilhabe des Teilhabens wegen und somit gewissermaßen als Selbstzweck.
Die bevorzugte Wahl des sozialen Engagements („Freizeit": Sport und Musikver-
eine) verleiht dem „sozialen Wesen" diese Gruppe im Sinne der Geselligkeit ebenso Ausdruck, wie die Rangordnung der von ihnen genannten Motive des sozialen
Engagements (1. Teilhabe, 2. Spaß, 3. Tradition).

Die Bezeichung „Gönner"[12] erschien uns insofern treffend für diese Gruppe, als der Glaube an eine „gerechte Welt" (jeder bekommt, was er verdient) für

---

12   „Der Gönner, des -s, *plur. ut nom. sing.* Fämin. die Gönnerinn, *plur.* die -en. 1) Überhaupt, eine
      Person, welche der andern Gutes gönnet, ihr geneigt ist. In dieser weitesten Bedeutung wird in
      dem 1501 zu Rom gedruckten Deutsch-Italiänischen Vocabulario der gunner durch *lo amico*
      übersetzet. In einigen Gegenden, selbst Obersachsens, wird dieses Wort auch noch in eben diesem

manche sozial und wirtschaftlich erfolgreichen Menschen offenbar mit der Überzeugung verbunden ist, eine besondere Stellung innerhalb der Gesellschaft durchaus verdient zu haben. Es ist in diesem Zusammenhang auch zu vermuten, dass das soziales Engagement dieses Typus, abgesehen von der besprochenen „Selbstverwirklichung", stark abhängt von seinem Urteil, inwieweit Betroffene ihre Situation „selbst verschuldet" haben oder nicht (Stichwort: Eigenverantwortung). Entsprechend engagieren sich die Gönner wahrscheinlich besonders dort, wo das Leid unverschuldete Opfer trifft (Braman & Lambert, 2001).

3.2 „Der Meritokrat": K+G+P- (N=52; 11%)

Das Durchschnittsalter in dieser Gruppe beträgt 52 Jahre (*ViD*=56), was sie zur jüngsten Gruppe unter allen Typen macht. In dieser Gruppe befindet sich ein überproportionaler Anteil von Personen im geschiedenen Familienstand (15%; *ViD*:8%). Wie das Netzdiagramm zeigt (siehe Abbildung 3), haben wir es hier mit Menschen zu tun, die sich durch die starke Überzeugung auszeichnen, Herr der eigenen Lebensgestaltung zu sein und den Lauf der Dinge im Leben in den eigenen Händen zu haben. Der Aussage „Wie mein Leben verläuft, hängt von mir selbst ab" stimmen die Vertreter dieses Typus entsprechend besonders stark zu (M=6,33; *ViD*=5,80; p<.001).

In ihrer Persönlichkeit beschreiben sich diese Menschen als wenig „nervös" (M=2,29; *ViD*=3,00; p<.001), alles andere als zurückhaltend (M=2,73; *ViD*=3,56; p<.001) beziehungsweise als sehr gesellig (M=6,29; *ViD*=5,79; p<.001) und kommunikativ (M=6,38; *ViD*=6,01; p=.010). Offenbar verbinden sie ihre Kommunikationsfreude und Geselligkeit mit eher strikten Anforderungen an andere Menschen, was zum Ausdruck kommt, wenn sie gemeinsam mit der Gruppe VI (K-G+P-: „Der Resignierte") am stärksten in der Gesamtstichprobe die Aussage ablehnen, dass „viele Menschen [...] ohne eigenes Verschulden in schwierige Notsituationen [geraten]" (M=4,84; *ViD*=5,14). Der starke Anspruch an sich und die Anderen kommt auch in der Aussage zum Ausdruck: „Erfolg muss man sich hart erarbeiten" (M=6,52; *ViD*=6,23; p<.001; siehe Abbildung 3).

Verstande in Titulaturen von Höhern gegen Geringere gebraucht, so wie anderwärts in eben diesem Verstande das Wort Freund üblich ist. Ehrbare gute Gönner, redet der Amtmann in Sachsen bey gewissen feyerlichen Gelegenheiten die Zimmerleute an. 2) In engerer und gewöhnlicherer Bedeutung ist es eine Person, die unser Glück aus Wohlwollen befördert; wo es zugleich ein Titel ist, welchen Geringere solchen Personen zu geben pflegen, welche höher und vornehmer sind als sie." (Adelung, Grammatisch-kritisches Wörterbuch der Hochdeutschen Mundart, Band 2. Leipzig 1796, S. 754.)

Abbildung 3: Mentales Profil von Typ II: hohe interne Kontrollüberzeugung; glaubt an eine „gerechte Welt"; negative Einstellung zur Partizipation

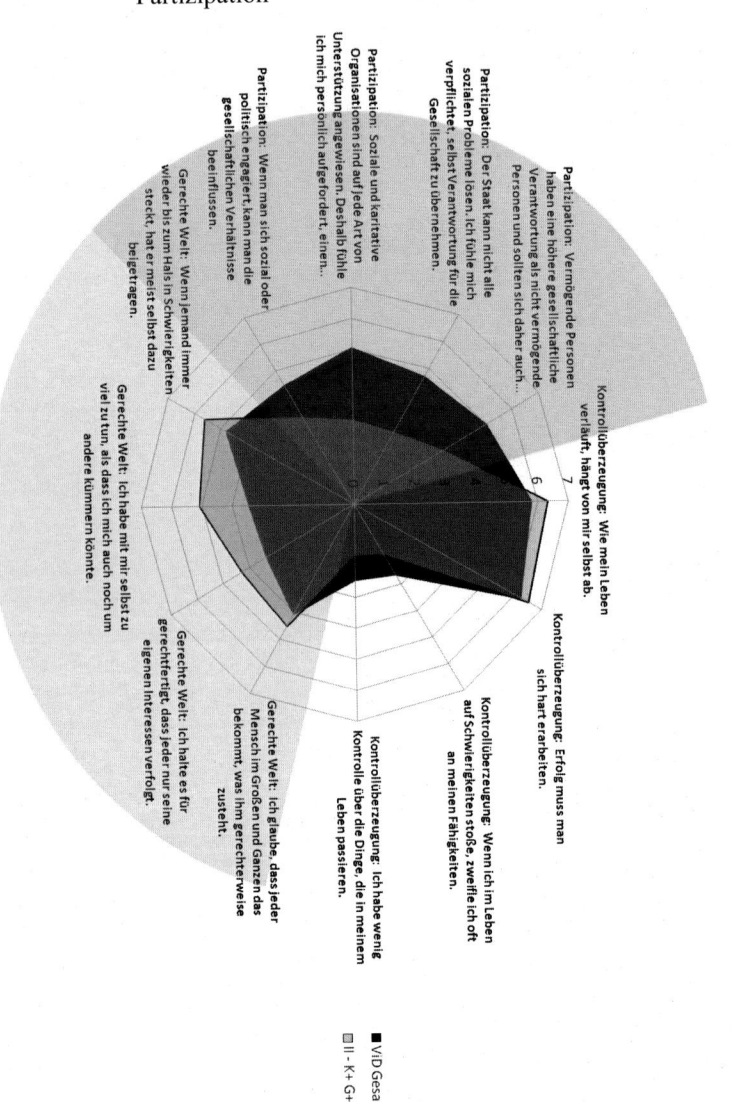

Die Vertreter dieses Typus lehnen darüber hinaus am stärksten über die gesamte Stichprobe die Aussage ab, dass die Möglichkeiten, die sie im Leben haben, „von den sozialen Umständen abhängen" (M=3,60; ViD=4,22; p=.007). Sie beschreiben sich zwar als gesellig und kommunikativ (siehe oben), betonen aber zugleich, dass das, was sie erreichen, nicht von Anderen abhängt, sondern von ihnen selbst, den eigenen Stärken (M=6,31; ViD=5,80; p<.001). Damit korrespondiert auch der Umstand, dass die Vertreter dieses Typus von allen anderen Typen am wenigsten Bekannte mit einem ähnlichen finanziellen Hintergrund (also „Gleichrangige") haben (M=4,17; ViD=4,72; p<.001). Ihre deutliche Überzeugung von sich selbst und den eigenen Leistungen drückt sich inhaltlich konsistent auch in der stärksten (über alle Typen) Ablehnung der Vorstellung aus, dass das, „was man im Leben erreicht, in erster Linie eine Frage von Schicksal oder Glück [ist]" (M=3,19; ViD=3,74; p=.018). Beim eigenen Erfolg sehen sie sich völlig unabhängig von Anderen und auch frei von den Launen des Schicksals, sie folgen dabei aber auch der Überzeugung, dass Leistung immer entsprechend honoriert wird, und umgekehrt, fehlende Leistung negative Konsequenzen nach sich zieht, also „bestraft wird" (M=4,52; ViD=4,06; p=.025). Wir haben für diesen Typus daher die Bezeichnung „Meritokrat" gewählt.[13]

Geographisch finden sich die Haushalte dieser Gruppe überrepräsentiert in Niederbayern (29%; ViD:17%) und Brandenburg/Berlin (10%; ViD:4%). Überdurchschnittlich viele Vertreter dieses Typus sind Unternehmer, die ihre Betriebe, oft Firmen mit weniger als zehn Mitarbeitern, eigenständig aufgebaut haben (33%; ViD:25%), und entsprechend angeben, ihr Vermögen durch Unternehmertum (52%; ViD:32%) und berufliche Selbstständigkeit (73%; ViD: 54%) erreicht zu haben.

Konsistent mit dieser Selbstbeschreibung ist auch der Umstand, dass 75% der Personen in dieser Gruppe eine niedrige oder keine Religiosität angeben (ViD: 48%) und bekunden, dass die eigenen Eltern sie so gut wie gar nicht nach religiösen Werten erzogen haben (M=3,58; ViD=4,66; p<.001; der niedrigste Wert in der Gesamtstichprobe). Ebenso geben die Vertreter dieses Typus an, dass ihre Eltern sich so gut wie gar nicht sozial engagiert haben (M=2,59; ViD=3,82; p<.001; auch dieser Wert ist der geringste über alle anderen Typen). Die geringe bis fehlende Religiosität geht im mentalen Profil dieses Typus mit einem sehr starken Glauben an eine „gerechte Welt" einher, also an fest bestehende gerechte Verhältnisse und die Maxime „jedem das Seine". Im Netzdiagramm (siehe Abbildung 3) werden folgende charakteristische Einstellungen erkennbar:

---

13 In Anlehnung an den 1958 von Michael Young in die Debatte um die Leistungsgesellschaft eingebrachten Begriff; von *meritum*, lat. für „Verdienst", und *kratein*, griech. für „herrschen".

- „Wenn jemand immer wieder bis zum Hals in Schwierigkeiten steckt, hat er meist selbst dazu beigetragen" (M=5,63; *ViD*=4,80; p<.001) und
- „Ich habe mit mir selbst zu viel zu tun, als dass ich mich auch noch um andere kümmern könnte" (M=5,10; *ViD*=3,45; p<.001).

Entsprechend diesen Einstellungen sind die Vertreter dieses Typus, ähnlich wie ihre Eltern, kaum engagiert: Das zeigt sich zum Beispiel daran, dass sie die schlechtesten Geldspender in der Gesamtstichprobe sind (46%; *ViD*:75%) sowie selten Sachmittel spenden (33%; *ViD*:45%). Keiner in dieser Gruppe gibt an, sich aktiv in Hilfsaktion zu engagieren.

Gefragt nach den Motiven für ihr Engagement, geben die Engagierten in dieser Gruppe am wenigsten unter allen an, eine religiöse Verpflichtung zu spüren (M=1,94; *ViD*=3,44; p<.001). Sie fühlen sich auch nicht von der Vorstellung angesprochen, ihr Vermögen zu rechtfertigen (M=2,39; *ViD*=3,47; p<.001), indem sie einen Teil davon für gemeinnützige Zwecke einsetzen. Gefragt danach, was Sie mit dem Überschuss machen, um den die Gesamteinnahmen die laufenden Lebenshaltungskosten übersteigen, stimmen sie über alle Typen von allen vorgegeben Antwortmöglichkeiten am stärksten der Formulierung zu „Ich/Wir gönnen uns etwas Spezielles von dem Geld" (M=5,33; *ViD*=5,08; p<.001). Es zeichnet sich also alles in allem ein mentales-, wie auch Handlungsprofil ab, das mit der Verantwortungsübernahme im Sinne der Vermögenskultur wenig Kompatibilität aufweist.

3.3 „Der Solidarische": K+G-P+ (N=128; 27%)

Die Haushalte dieser Gruppe befinden sich überproportional im Nordwesten Deutschlands um Hamburg (23%; *ViD*:12%) und Bremen (21%; *ViD*:14%) und weniger im Gebiet Oberbayerns (9%; *ViD*17%) und im Nordosten Deutschlands (1%; *ViD*:4%).

Wie in Abbildung 4 ersichtlich, zeichnen sich auch die Menschen dieses Typus durch eine starke Überzeugung aus, wirksam handeln zu können. So geben sie an, einen Einfluss auf den Lauf der Dinge in ihrem Leben und ihrer Umwelt nehmen können (M=6,23; *ViD*=5.80; p<.001). Dieser Typus ist insofern interessant, als sein mentales Profil in seinem Verlauf zwar die Kontur des Profils der Gesamtstichprobe fast exakt nachzeichnet, allerdings eine deutliche Verschiebung auf dem Netzdiagramm in Richtung einer verstärkt positiven Einstellung zur gesellschaftlichen Partizipation aufweist (siehe Abbildung 4). Im Gegensatz zum vorherigen Typus sind diese Menschen viel solidarischer eingestellt. Sie sind offen gegenüber den Belangen der (gemeinschaftlichen) Welt, in der sie sich verorten, und damit fokussieren sie sich nicht ausschließlich auf die eigene Person und

Abbildung 4: Mentales Profil von Typ III: hohe interne Kontrollüberzeugung; glaubt nicht an eine „gerechte Welt"; positive Einstellung zur Partizipation

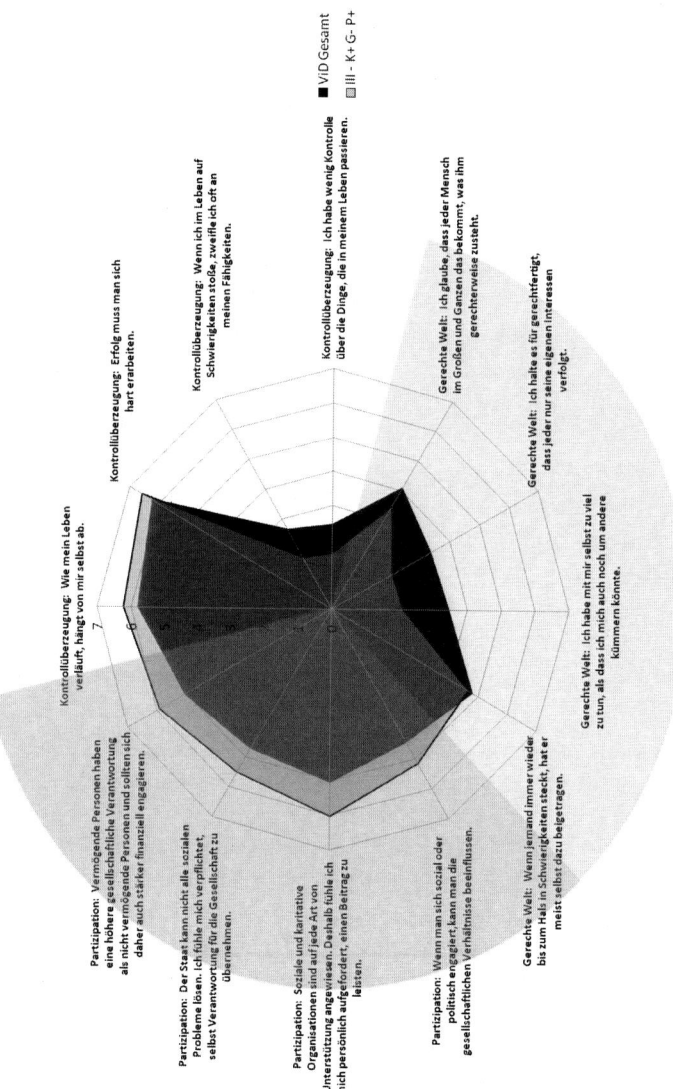

Leistung. Bei diesem Typus haben wir zum Beispiel den höchsten Anteil an Personen, die Mitglieder in einer der vom *ViD*-Fragebogen abgefragten Organisationen sind (60%; *ViD*:45%).

Es lässt sich deutlich erkennen, dass die Menschen dieses Typus besonders engagiert sind (erfreulicherweise ist diese Gruppe mit 128 Personen auch die größte von allen acht Typen). Sie sind die zweitbesten Geldspender in der Gesamtstichprobe (85%; *ViD*:75%). Über die Gesamtstichprobe spenden sie auch überdurchschnittlich häufiger als alle anderen Sachmittel (55%; *ViD*:45%). Auffallend bei diesem Typus ist aber nicht nur das angegebene Ausmaß des tatsächlichen Engagements, sondern auch die Resonanz bezüglich der Motivation. So geben die Engagierten in dieser Gruppe am stärksten von allen Typen an, folgende Motive zu teilen:

- „Durch mein Engagement kann ich einer bestimmten Zielgruppe helfen". (M=6,29; *ViD*=5,64; p<.001)

- „Durch mein Engagement kann ich Einfluss auf gesellschaftliche Prozesse nehmen". (M=4,77; *ViD*=4,27; p<.001)

- „Ich trage mit meinem Engagement dazu bei, gesellschaftlichen Missständen entgegenzuwirken". (M=5,58; *ViD*=4,77; p<.001)

- „Ich möchte mit meinem Engagement der Gesellschaft etwas zurückgeben". (M=4,69; *ViD*=4,24; p<.001)

- „Ich habe die finanziellen Möglichkeiten, also fühle ich mich verpflichtet, für das Gemeinwohl zu engagieren". (M=5,67; *ViD*=4,83; p<.001)

- „Mir macht es einfach Spaß, mich für die Gesellschaft zu engagieren". (M=5,31; *ViD*=4,79; p<.001)

- „Mein Engagement hat positive Auswirkungen auf mein Selbstwertgefühl". (M=5,07; *ViD*=4,13; p<.001)

Wie in auch in Abbildung 4 ersichtlich (siehe Items zur Partizipation), haben wir es hier mit Menschen zu tun, die sich besonders verpflichtet fühlen, „selbst Verantwortung für die Gesellschaft zu übernehmen" (M=5.52; *ViD*=4,70; p<.001). Wie oben unter den Motivationen des Engagements zu sehen ist, geben sie an, neben der reinen „Verpflichtung" auch Spaß daran zu haben, mit ihrem Engagement am gesellschaftlichen Leben teilzuhaben. Es ließ sich auch feststellen, dass diese sozial orientierten Menschen für ihre Spenden vor allem Zielbereiche aussuchen, die dem Idealmodell der „partizipativen Demokratie" entsprechen, nämlich: Politik (16%; *ViD*:10%), Entwicklungshilfe (35%; *ViD*:26%) und Kultur (20%; *ViD*:14%). Bei Politik und Entwicklungshilfe liefert diese Gruppe den höchsten Anteil an Spendern über die Gesamtstichprobe. Mit diesem „gesellschaftlich-politischen" Profil korrespondieren auch die politischen Prioritäten, die im *ViD*-Fragebogen erfragt

wurden: überproportional vielen Menschen in dieser Gruppe ist „das Recht auf
freie Meinungsäußerung" wichtig (36%; *ViD*:25%), „der Kampf gegen die steigenden Preise" hingegen relativ wenigen (10%; *ViD*:26%).

Die starke Orientierung dieser Menschen auf solidarisches und gemeinschaft-
liches Handeln legt die Vermutung nahe, dass sie in ihrem Handeln sehr auf eine
Solidargemeinschaft angewiesen sind und allein, das heißt nur auf sich gestellt,
weniger initiativ wirken. Für die Vermögenskultur ist das insofern relevant, als
wir es hier vermutlich mit Menschen zu tun haben, die kaum losgelöst von einem
bestimmten sozialen Kontext und einer bestimmten Wertegemeinschaft agieren
(und Verantwortung übernehmen). Dies lässt den Schluss zu, dass stark partizipativ eingestellte Menschen bei der Verwertung ihrer persönlichen Ressourcen nur
bedingt vermögenskulturell handlungsfähig sind, da sie als Voraussetzung ihres
engagierten Handelns einer Gemeinschaft etwa gleichrangiger Bürger bedürfen,
die den Raum für ihren partizipativen Einsatz bietet.

3.4 „Der Individualist": Typus K+G-P- (N=18; 4%)

Der als „Individualist" bezeichnete Typus unterscheidet sich durch seine negative
Einstellung zur Partizipation von dem vorangegangenen Typus und durch seinen
fehlenden Glauben an eine „gerechte Welt" vom „Meritokraten" (Typ II). Er zeigt
insgesamt in seinen Überzeugungen einen deutlichen Unterschied zu den beiden
zuvor beschrieben Profilen.

Die Menschen in dieser Gruppe geben an, besonders stark von eigener Wirksamkeit und Leistung überzeugt zu sein (siehe Netzdiagramm, Abbildung 4). Gegenüber allen anderen Typen stellen sie außerdem am wenigsten von sich fest, „im
Vergleich zu Anderen nicht das erreicht zu haben, was sie verdienen" (M=1,56;
ViD=2,35; p=.003), schätzen also im sozialen Vergleich ihre Leistung besonders
hoch ein und ziehen gesellschaftlich daher auch Bekannte mit einem ähnlichen finanziellen Hintergrund vor (M=5,11; *ViD*=4,72; p<.001). Außerdem betonen sie,
an ihrem Wohnort verwurzelt zu sein (M=5,78; *ViD*=5,52; p<.05), der sich überproportional im Bereich Brandenburg (10%; *ViD*:4%) und im Norden Bayerns
(29,2%; *ViD*:17%) befindet.

Abbildung 5: Mentales Profil von Typ IV: hohe interne Kontrollüberzeugung; Glaubt nicht an eine „gerechte Welt"; negative Einstellung zur Partizipation

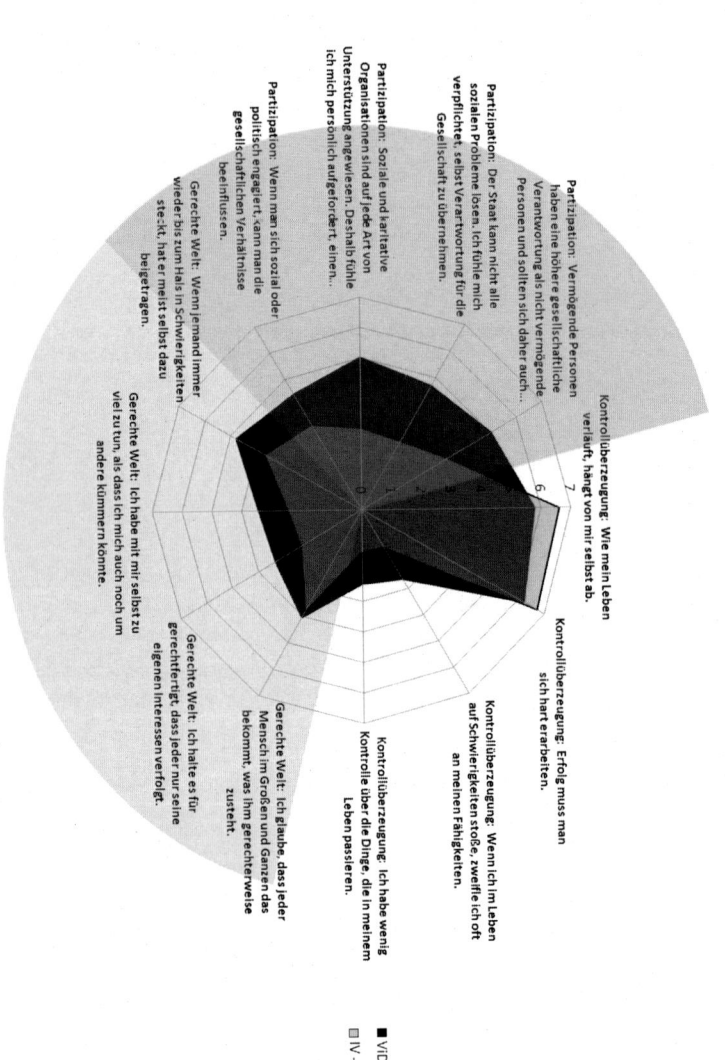

Es lässt sich vermuten, dass es sich hierbei um „Self-made"-Menschen handelt, die auf den eigenen materiellen Aufstieg besonders stolz sind. Diese Vermutung wird dadurch bestärkt, dass sie im Fragebogen ihre Eltern als Menschen beschreiben, die „immer schon wollten, dass ihr Kind es finanziell zu etwas bringt" (M=6,22; ViD=5,58; p<.001), und dass sie in ihrem Werdegang diesem Wunsch der Eltern entsprechen. Die Menschen dieses Typus betonen am stärksten von allen anderen, dass ihre Eltern ihnen „früh die Verantwortung übertragen haben" (M=6,22; ViD=5,56; p<.001), und verweisen damit auf ihren selbstbewussten Umgang mit der übertragenen Verantwortung.

Mehr als alle andern Typen sind diese Menschen der Meinung: „Wichtiger als alle Anstrengungen, sind die Fähigkeiten, die man mitbringt" (M=5,78; ViD=5,18; p=.022). Dennoch lehnen sie – als erfahrene „Self-made"-Menschen – die Rolle des Schicksals und des Glücks nicht gänzlich ab (M=4,17; ViD=3,73; p=.288), da sie vermutlich die Schwierigkeiten kennen, die einem auf dem Weg „nach oben" begegnen können. Sie messen also der Grundausstattung des Menschen einen hohen Wert bei, da sie um die „Launen des Schicksals" wissen, aber dennoch überzeugt sind, den eigenen Werdegang beeinflussen können. Entsprechend sind die Menschen dieses Typus daher auch am meisten von allen Befragten geneigt zuzustimmen, dass viele Menschen ohne eigenes Verschulden in schwierige Situationen geraten (M=5,61; ViD=5,13; p=.192).

Obwohl wir es hier offensichtlich mit sehr potenten Persönlichkeiten zu tun haben, sind diese Menschen vor allem auf den eigenen Werdegang fokussiert und weniger an sozialen Belangen interessiert. Sie zeigen sich im Gegensatz zum vorangegangenen Typus so gut wie gar nicht solidarisch und unterdurchschnittlich engagiert. Mit 44% liegt der Anteil der Geldspender signifikant unter dem Durchschnitt der Gesamtstichprobe (ViD:75%).

Auffallend ist auch, dass sich die Engagierten unter ihnen von der Motivationsvorgabe „Mitgefühl mit den Notleidenden" in besonderer Weise nicht angesprochen fühlen (M=3,00; ViD=4,95; p<.001) und über alle Typen hinweg am geringsten die Vorstellung teilen, dass man mit „sozialem Engagement" das eigene Vermögen „rechtfertigen" kann (M=2,10; ViD=3,47; p<.001). Ausgehend von ihrem Profil verdeutlicht sich, dass „Self-made"-Menschen, die einen hohen persönlichen Aufwand für den eigenen Aufstieg geleistet haben, offenbar weniger der Ansicht sind, dass man das „erarbeitete" Vermögen sozial rechtfertigen muss. Die eigene Leistung rechtfertigt ihr Vermögen in ihren Augen hinreichend.

Die fehlende solidarische Einstellung zeigt sich auch darin, dass sich die Vertreter dieses Typus kaum von allgemeinen demokratischen Werten angesprochen fühlen und beispielsweise nur wenig an freier Meinungsäußerung interessiert sind

(6%; *ViD*:25%). Zu vermuten ist, dass diese Menschen sich wenig mit dem „System" an sich identifizieren und sich als „Einzelgänger" verstehen, da sie genau mit dieser Strategie erfolgreich waren.

Der überdurchschnittlich geringe Nachweis sozialen Engagements bei diesem Typus sollte allerdings mit Vorsicht beurteilt werden. Gerade im Sinne des vermögenskulturellen Handelns ist zu vermuten, dass sich diese Menschen zwar von den vorgegebenen Formen sozialen Engagements nicht angesprochen fühlten, dass sie aber – als potente, selbstbewusste und Initiative ergreifende Menschen – durchaus mit verschiedenen Sponsoring- und Förderungsprojekten ihre idiosynkratischen Interessen und sehr eigene Ziele umsetzen könnten. Fest steht, dass die Vertreter dieses Typus mit der Verantwortung für eigene Ressourcen und Leistungen umgehen können. Unter bestimmten Voraussetzungen wird man bei ihnen auch Interesse am vermögenskulturellen Handeln wecken können.

3.5 „Der passiv Defensive": K-G+P+ (N=65; 14%)

Diese Gruppe ist die zweitjüngste in der Gesamtstichprobe (53 Jahre; *ViD*=55). Mit 48% befinden sich überdurchschnittlich viele Haushalte in den kleineren Gemeinden Deutschlands (10.000 bis 50.000 Einwohner; *ViD*:35%) sowie im Bereich des Saarlands, des südlichen Rheinland-Pfalz und im Süden Hessens (25%; *ViD*:9%) und eher nicht im Nordwesten Deutschlands (2%; *ViD*:12%). Leicht überproportional vertreten ist die Kategorie des „Beamten im gehobenen bis höheren Dienst" (8%; *ViD*: 4%)

Das in der Buchstabenkombination, die diesen Typus bezeichnet, enthaltene „K-" bedeutet zunächst einmal, dass wir es hier im Gegensatz zu den ersten vier Typen mit Menschen zu tun haben, die weniger sicher sind und sich als weniger wirksam erleben. So hat diese Gruppe dem Item „Ich habe wenig Kontrolle über die Dinge, die in meinem Leben passieren" (siehe Netzdiagramm, Abbildung 6) im Vergleich zur Gesamtstichprobe sichtbar stärker zugestimmt (M=4,31; *ViD*=2,44; p<.001). Auch die Angabe aus dem Fragebogen, bei Schwierigkeiten an den eigenen Fähigkeiten zu zweifeln, wird in dieser Gruppe auffallend häufiger als in der Gesamtstichprobe gemacht (M=4,31; *ViD*=2,64; p<.001). Die Befragten dieses Typus betonen zudem besonders, dass ihre Eltern bescheiden gelebt haben (M=5,44; *ViD*=4,94; p<.001), was sich auch mit ihrer Ansicht verbindet, dass die Möglichkeiten, die sie im Leben haben, „von sozialen Umständen bestimmt" werden (M=4,88; *ViD*=4,22; p<.001).

Abbildung 6: Mentales Profil von Typ V: geringere interne
Kontrollüberzeugung; glaubt an eine „gerechte Welt"; positive
Einstellung zur Partizipation

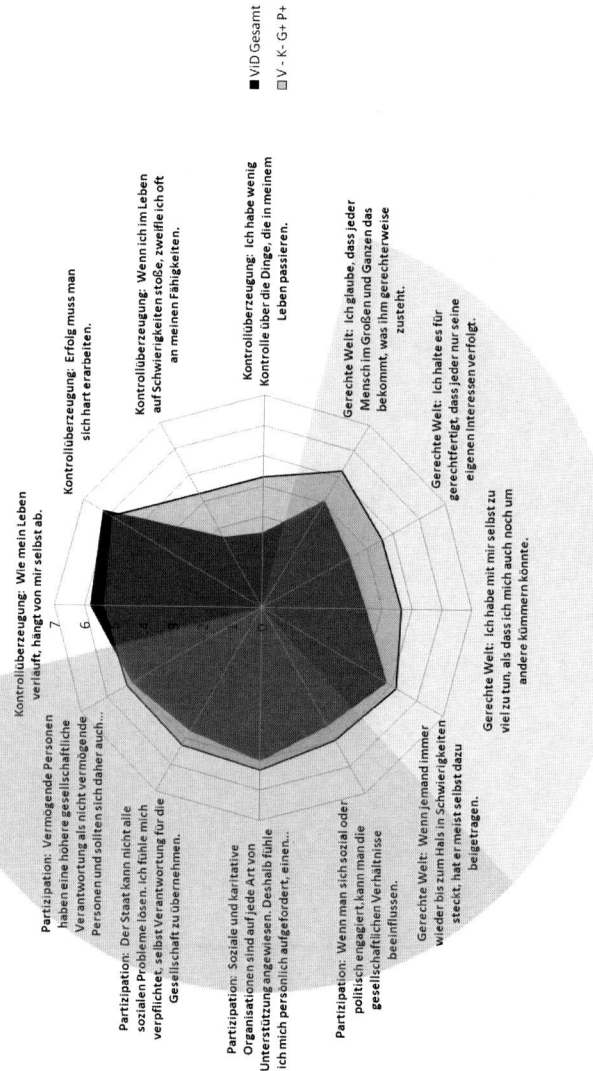

In ihrer Persönlichkeit („Big Five") beschreiben sich die Menschen dieses Typus als „leicht nervös" (M=4,23; *ViD*=3,00; p<.001) und sehr zurückhaltend (M=4,60; *ViD*=3,56; p<.001) und sie geben an, sich viel Sorgen zu machen (M=5,09; *ViD*=4,00; p<.001). Diese Selbstbeschreibung weist wiederum auf eine eher unsichere und etwas labile Persönlichkeit hin. Außerdem glauben sie, im Vergleich zu Anderen nicht das erreicht zu haben, was sie verdient haben (M=3,73; *ViD*=2.35; p<.001). In ihrer wahrgenommen Selbstwirksamkeit tendieren sie somit auch über den sozialen Vergleich dazu, schlecht abzuschneiden. Sie geben zudem an, dass das, „was man im Leben erreicht, in erster Linie eine Frage von Schicksal und Glück ist" (M=4,66; *ViD*=3,73; p<.001). Sie schieben somit ihre Misserfolge vor allem auf äußere Umstände. Gleichzeitig stimmen die Befragten dieses Typus sichtbar stärker (siehe Abbildung 6) der Aussage zu, dass „jeder Mensch im Großen und Ganzen das bekommt, was ihm gerechterweise zusteht" (M=5,23; *ViD*=4,06; p<.001). Darin kommt erneut zum Ausdruck, wie gering sie die eigene Wirksamkeit einschätzen und wie wenig sie vom eigenen Handlungsvermögen überzeugt sind. Insgesamt lässt sich zusammenfassen, dass sich die Vertreter dieses Typus von „sozialen" und „schicksalhaften" Umständen beeinflusst sehen und somit sehr wahrscheinlich zu eher passiven beziehungsweise defensiven Verhaltensmustern tendieren.

Vor dem Hintergrund der geringen wahrgenommenen Selbstwirksamkeit ist es wenig überraschend, dass diesen Menschen, ihren eigenen Angaben zufolge, das Recht auf freie Meinungsäußerung wenig wichtig ist (9%; *ViD*:25%). Da sie mit den eigenen Fähigkeiten und dem eigenen Handeln wenig Wirksamkeit verbinden, erscheint diese Einstellung konsistent mit ihrer allgemeinen Selbstbeschreibung, vor allem mit dem Umstand, dass sie sich selbst nicht unbedingt als mündige und potente Persönlichkeiten wahrnehmen und konsequenterweise von diesem Recht auch wenig Gebrauch machen wollen. Hingegen hat der Kampf gegen steigende Preise, so die Angaben der Befragten dieses Typus, für sie eine hohe politische Priorität (34%; *ViD*:25%) – wiederum eine defensive Haltung.

Diese Selbstwahrnehmung geht überraschenderweise mit einer positiven Einstellung zur gesellschaftlichen Partizipation einher (siehe Abbildung 6). In der Praxis sind die Personen dieser Gruppe allerdings deutlich weniger engagiert. So liegen sie im Umfang ihres Spendenverhaltens signifikant unter dem Gesamtgruppendurchschnitt: 60% spenden Geld (*ViD*: 75%), 34% spenden Sachmittel (*ViD*: 45%). Darüber hinaus weisen sie über alle Gruppen hinweg den zweithöchsten Anteil an Personen (72%) auf, die keine einzige Mitgliedschaft in Organisationen angeben (*ViD*:55%).

Stärker als alle anderen Typen fühlen sich die engagierten Vertreter in dieser Gruppe am ehesten vom Motiv „steuerliche Vorteile" angesprochen (M=5,04;

ViD=3,94; p<.001), können dagegen kaum solidarische oder auch intrinsische Motive im sozialen Engagement erkennen. Sie spüren zwar eine starke Verpflichtung, sich sozial zu engagieren („Der Staat kann nicht alle sozialen Probleme lösen. Ich fühle mich verpflichtet, selbst Verantwortung für die Gesellschaft zu übernehmen." M=5,26; *ViD*=4,70; p<.001). Es mangelt ihnen jedoch offenbar an der Fähigkeit hierzu: „Ich habe mit mir selbst zu viel zu tun, als dass ich mich auch noch um andere kümmern könnte" (M=4,65; *ViD*=3,44; p<.001). Die Härte dieser Aussage wird einerseits durch die Selbstbeschreibung ihrer Persönlichkeit unterlegt, wonach sie sich als „manchmal grob zu anderen" (M=4,23; *ViD*=3,40; p<.001) bezeichnen und als „leicht nervös" (M=4,23; *ViD*=3,00; p<.001). Andererseits machen sie „sich oft Sorgen" (M=5,09; *ViD*=4,00; p<.001) und beschreiben sich als sehr „zurückhaltend" (M=4,60; *ViD*=3,56; p<.001). Es wird somit eine Persönlichkeit deutlich, die sowohl im privaten wie auch sozialen Leben wenig Stabilität aufweist. Interessant ist hierbei, dass die sozial Engagierten unter ihnen sich durch das Motiv, mit dem sozialen Engagement das eigene Vermögen zu „rechtfertigen", besonders angesprochen fühlen (M=4,45; *ViD*=3,47; p<.001), was wiederum auf ihre insgesamt defensiv ausgerichtete Position im Leben hinweist.

Da die Menschen dieses Typus auch an die „gerechte Welt" glauben, bringen sie nur geringe mentale Voraussetzungen mit, ihre „Opferhaltung" und ihr defensives Verhalten zu revidieren. Sie sind offenbar geneigt, die bestehenden Verhältnisse zu akzeptieren. Die defensive Position im Leben lässt die Aufmerksamkeit verstärkt auf die eigene Person (und ihre Schwächen) fokussieren, womit man gegenüber der Welt und ihren Belangen weniger offen ist beziehungsweise nur wenig Möglichkeiten sieht, darin das eigene Handlungsvermögen wirken zu lassen. Wie bereits erwähnt wurde, unterscheiden sich die Menschen dieses Typus von der Gesamtstichprobe deutlich durch hohe Zustimmung bei den Aussagen „Ich habe mit mir selbst zu viel zu tun, als dass ich mich auch noch um andere kümmern könnte" (M=4,65; *ViD*=3,44; p<.001) und „Ich halte es für gerechtfertigt, dass jeder nur seine eigenen Interessen verfolgt" (M=4,58; *ViD*=3,34; p<.001).

Im Zusammenhang mit den übrigen mentalen Charakteristika lässt sich schlussfolgern, dass sich solche Menschen wenig veranlasst sehen, im vermögenskulturellen Sinne zu handeln. Ihre deutliche partizipative Einstellung wird durch die Kombination mit anderen mentalen Merkmalen abgeschwächt. Dies stützt weder solidarisches Handeln noch Impulse für Eigeninitiative; das Einbringen in der Gesellschaft ist auf eine passiv defensive Haltung beschränkt. Es bleibt zu vermuten, dass die Personen dieses Typus vor allem dann zum sozialen Engagement zu aktivieren sind, wenn sich die Möglichkeit der Unterstützung einer Initiative in ihrem nahen Umfeld bietet.

3.6 „Der Resignierte": K-G+P- (N=25; 5%)

Diese Gruppe zeichnet sich durch das zweithöchste Lebensalter (M=59 Jahre; *ViD*=55) im Vergleich mit allen anderen Typen aus, mit überdurchschnittlich vielen Personen in einem verwitweten Lebenstand (16%; *ViD*:7%). Geographisch verorten sich die Haushalte dieser Gruppe eher im Nordosten Deutschlands (Mecklenburg-Vorpommern: 16%; *ViD*:3% und Brandenburg: 12%; *ViD*: 4%).

Wie beim vorangegangenen Typus, geben auch die Personen dieser Gruppe an, den Lauf der Dinge in ihrem Leben nur relativ wenig kontrollieren zu können (M=4,64; *ViD*=5,79; p=.004). Darüber hinaus erscheinen sie sozial eher zurückgezogen: mit nur 24% sind verhältnismäßig wenige von ihnen Mitglieder in einer Organisation (*ViD*:45%). Auch das Antwortverhalten im Fragebogen bringt eine gewisse zurückgezogene Haltung zum Ausdruck. Die Menschen dieses Typus beschreiben weder sich selbst noch ihre Eltern hinreichend ausdifferenziert und zeichnen so ein eher unklares Bild ihrer Persönlichkeit.

Die Geringschätzung der eigenen Wirksamkeit beziehungsweise Leistung kommt auch bei sozialen Vergleichen stark zum Ausdruck: Vertreter dieses Typus erzielen den zweithöchsten Wert (nach dem zuvor dargestellten Typ V) in der Gesamtstichprobe bei der Einstellung „Im Vergleich zu Anderen habe ich nicht das erreicht, was ich verdient habe" (M=3,16; *ViD*=2,35; p=.063). Bemerkenswerter Weise zeigen sie kaum Anzeichen für Zweifel an der Überzeugung der eigenen Wirkungslosigkeit und akzeptieren die gegeben Umstände offenbar protestlos. Dieser Umstand korrespondiert mit dem ausgeprägten Glauben an das Bestehen einer „gerechten Ordnung" in der Welt. Auf dem Netzdiagramm (siehe Abbildung 7) ist im Vergleich zum Profil der Gesamtstichprobe ein deutlicher Rückgang bei den partizipativen Einstellungen und eine starke Zunahme bei der Zustimmung zu den Aussagen über die „gerechte Welt" sichtbar.

Die Menschen dieses Typus lehnen somit die partizipativen Prinzipien im gesellschaftlichen Leben verstärkt ab. 50% dieser Gruppe messen laut eigenen Angaben konsequenterweise der „Aufrechterhaltung von Ruhe und Ordnung im Land" eine besonders hohe gesellschaftspolitische Priorität zu (*ViD*: 32%). Diese Priorität, zusammen mit dem Glauben an eine „gerechte Welt", die keinen Protest erfordert, sowie mit einer sehr geringen Überzeugung von eigener Wirksamkeit ergibt das Bild eines eher konservativ und passiv eingestellten Menschen, der stark an bestimmte überlieferte Grundsätze und Werte glaubt.

Abbildung 7: Mentales Profil von Typ VI: geringere interne
Kontrollüberzeugung; glaubt an eine „gerechte Welt"; negative
Einstellung zur Partizipation

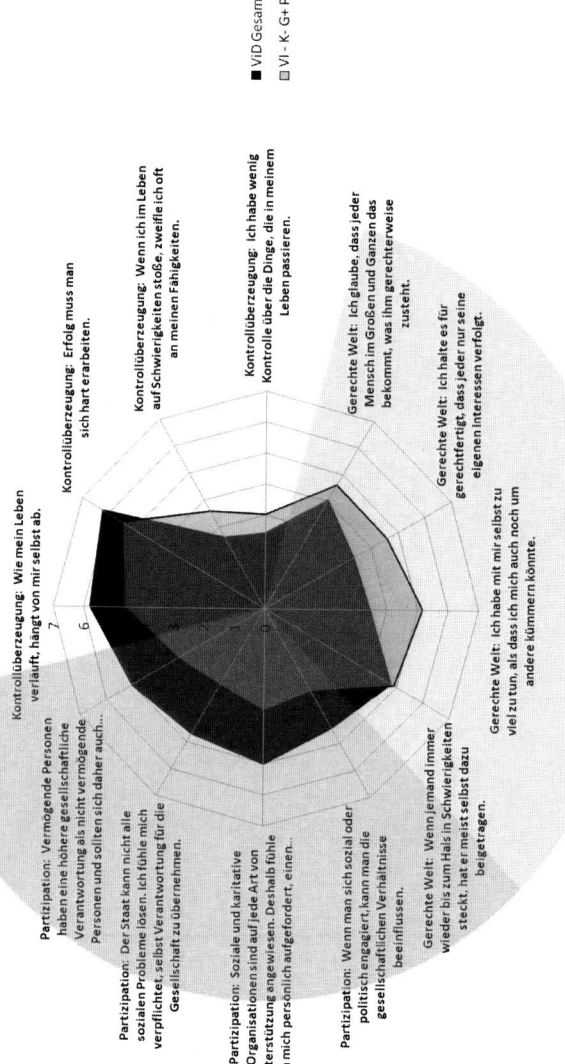

Bemerkenswert ist der Umstand, dass 68% in dieser Gruppe ebenso wie Typ II („Der Meritokrat") – nicht, oder nur wenig religiös sind (*ViD*:48%). Zugleich geben sie der Überzeugung Ausdruck, dass „viele Menschen ohne eigenes Verschulden in schwierige Notsituationen geraten" (M=5,15; *ViD*=5,13; p=.402), und zeigen somit Bereitschaft für Mitgefühl mit Notleidenden. Kein Einziger in dieser Gruppe engagiert sich aktiv bei Hilfsprojekten, und mit einem Anteil von lediglich 40% an Personen, die in den letzten 12 Monaten eine Geldspende getätigt haben, liegt dieser Typus signifikant unter dem Gesamtgruppendurchschnitt (*ViD*=75%).

Es lässt sich zusammenfassend feststellen, dass sich die Menschen dieses Typus durch einen prinzipiellen Zweifel an ihrer persönlichen Möglichkeit, positiv verändernd auf die Umwelt wirken zu können, auszeichnen. Es ist zu vermuten, dass sie durch ihr Weltbild es auch für prinzipiell unnötig halten, sich in dieser Welt für einen Wandel zu engagieren; für karitatives Engagement und Hilfe an Menschen in Not sind die Vertreter dieses Typus hingegen bedingt offen. Ihre Geringschätzung der eigenen Potenziale und ihr Weltbild, das sich durch quasi per se gegebene Gerechtigkeitsverhältnisse auszeichnet, bilden eine wenig effektive Grundlage für eine aktive Lebensgestaltung im Sinne der Vermögenskultur.

3.7 „Die Idealistin": K-G-P+ (N=59; 13%)

In dieser Gruppe haben wir es mit Personen zu tun, die dazu tendieren, die Kontrolle über die eigene Lebensgestaltung moderater wahrzunehmen: Alle Items zur Kontrollüberzeugung werden zwar entsprechend einer positiven internen Kontrollüberzeugung beantwortet, dies jedoch moderater und weniger überzeugt als die ersten vier Typen (I - IV).

Geographisch weist diese Gruppe die Besonderheit auf, dass sie sich als einzige der acht Gruppen nicht lokalisieren lässt. Mit einem Anteil von 39% finden sich Frauen überdurchschnittlich hoch repräsentiert (%; *ViD*:27%). Mit einem Anteil von 25% gibt es in dieser Gruppe überproportional viele Personen die durch Heirat zu Reichtum kamen (*ViD*: 16%). Das Durchschnittsalter beträgt 60 Jahre (*ViD*=56), womit diese Gruppe den höchsten Altersdurchschnitt von allen acht Typen aufweist. Sie zeichnet sich auch durch den höchsten Anteil an religiösen Personen aus (81%; *ViD*:52%) und weist den geringsten Anteil an geschiedenen Personen auf (2%; *ViD*:8%). Die relativ hohe Religiosität von Frauen ist ein häufiger Befund in der empirischen Religionsforschung (Francis, 1997) und wird in Zusammenhang mit dem beobachteten Entscheidungsverhalten von Frauen interpretiert, wonach risikoscheues Verhalten ein signifikanter Prädiktor für Religion ist (A. S. Miller & Hoffmann, 1995).

Abbildung 8: Mentales Profil von Typ VII: geringere interne
Kontrollüberzeugung; glaubt nicht an eine „gerechte Welt";
positive Einstellung zur Partizipation

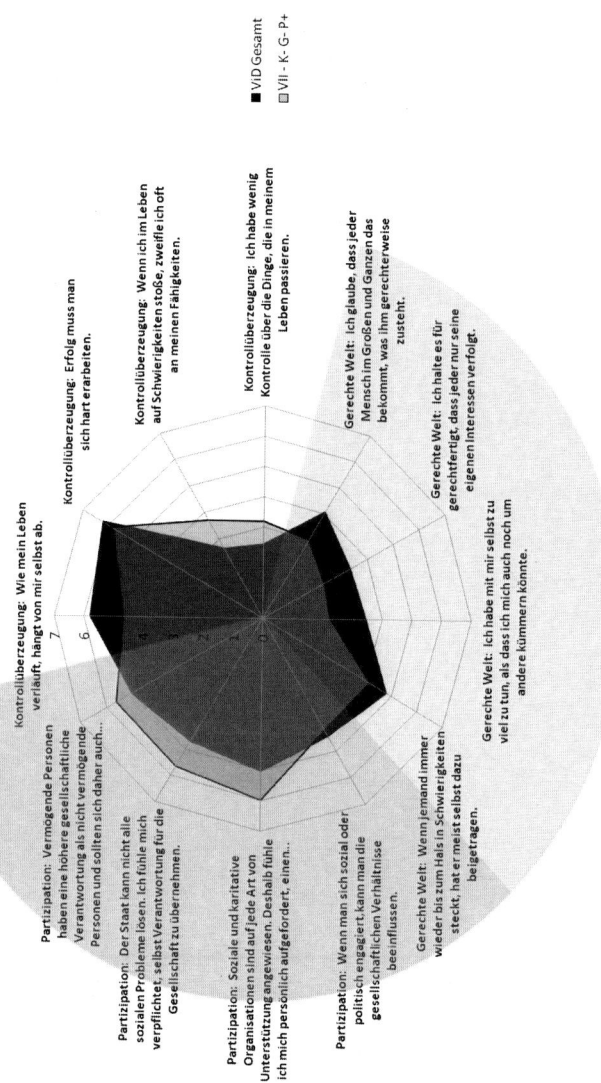

Konsistent mit diesem religiösen Hintergrund erscheint, dass von den Motiven für das so genannte soziale Engagement vor allem die religiöse Verpflichtung angegeben wird (M=4,20; *ViD*=3,44; p<.001) sowie ein Mitgefühl mit Notleidenden (M=5,75; *ViD*=4,95; p<.001). Für die Engagierten in dieser Gruppe ist das Motiv „Mit meinem Engagement kann ich dort ansetzen, wo die Möglichkeiten der Politik aufhören" (M=5,29; *ViD*=4,68; p<.001) wichtig, welches darauf hinweist, dass es sich um eine der Welt gegenüber aufgeschlossene Religiosität handelt. Dies bestätigt auch der Umstand, dass bei der Frage nach den politischen Prioritäten in dieser Gruppe häufig „Der Schutz des Rechts auf freie Meinungsäußerung" (35%; *ViD*:25%) als wichtig genannt, der Kampf gegen die steigenden Preise hingegen als besonders unwichtig erachtet wird (7%; *ViD*:18%). Abbildung 8 ist auch zu entnehmen, dass sich die Vertreter dieses Typus mit ihrer starken partizipativen Orientierung deutlich vom Profil der Gesamtstichprobe abheben, obwohl sie bei einem wichtigen Item zur Erhebung partizipativer Grundeinstellung unentschieden Antworten („Wenn man sich sozial oder politisch engagiert, kann man die gesellschaftlichen Verhältnisse beeinflussen." (M=4,22; p=.207: siehe dazu unten).

Was das erhobene Engagement betrifft, so liegt der Fokus auf einer ganz bestimmten Form, nämlich dem Spenden. Knapp 90% der Befragten diesen Typus haben Geld gespendet, was signifikant überdurchschnittlich ist im Vergleich zur Gesamtstichprobe (*VID*:75%). Mit 42% spenden überproportional viele Vertreter dieses Typus an Kirchen beziehungsweise Glaubensgemeinschaften (*ViD*:25%), wie auch für soziale Zwecke (19%; *ViD*:15%); unterproportional sind in dieser Gruppe Personen die für „Freizeit" spenden (8%; *ViD*:15%).

Aus der Perspektive der Vermögenskultur lässt sich sagen, dass die Menschen dieses Typus wenig Voraussetzungen zur eigenen Initiative mitbringen. Sie finden sich eher dort, wo sie zu bestehenden Projekten etwas beitragen können, und zwar ausschließlich in der Form der Geldspende, die so gut wie keine direkte Kontrolle über das jeweilige Projekt selbst erlaubt und auch vergleichsweise wenig Verantwortung bedeutet. Im mentalen Profil (siehe Abbildung 8) fällt besonders auf, dass die Menschen dieses Typus eher nicht davon überzeugt sind, durch soziales oder politisches Engagement die gesellschaftlichen Verhältnisse beeinflussen zu können – eine Überzeugung, die für die Personen in den anderen Gruppen ein wichtiges Leit-Item ihrer positiven partizipativen Grundeinstellung ist. Es lässt sich vermuten, dass sie sich davor scheuen, die mit dieser Einstellung verbundene Verantwortung zu übernehmen, und eher darauf ausgerichtet sind, quasi als „System- und Projekterhalter" zu agieren, den bereits angefangenen Initiativen mit materiellen Mitteln zu helfen und dabei in ihrem Auftreten und ihrer Selbsteinschätzung im Hintergrund zu bleiben.

3.8 Die Exzentrikerin": K-G-P- (N=29; 6%)

Auch diese Gruppe tritt durch einen besonders hohen Frauenanteil hervor, den höchsten im Vergleich zu allen anderen Gruppen (45%; ViD:27%). Als Quelle des Vermögens wird ähnlich wie bei Typ VII („die Idealistin") überproportional häufig angegeben, durch Heirat (28%; ViD:16%) oder durch Erbschaft (72%; ViD:57%) vermögend geworden zu sein und eher nicht durch Unternehmertum (17%; ViD:33%). Im Gegensatz zum Typus VII gibt die Mehrheit in dieser Gruppe an, wenig oder gar nicht religiös zu sein (59%; ViD:48%). Geographisch befindet sich ein überproportional hoher Anteil der Haushalte im Nordosten Deutschlands (Mecklenburg-Vorpommern und Brandenburg: 26%; ViD:4%).

Psychologisch charakterisieren sich die Personen dieser Gruppe zunächst dadurch, dass sie am wenigsten davon überzeugt, dass man sich Erfolg hart erarbeiten muss (M=4,90; ViD=6,23; p<.001). Wichtiger als die Anstrengungen sind für sie die Fähigkeiten, die eine Person mitbringt (M=4,52; ViD=5,18; p=.010), wobei sie selbst öfter an ihren Fähigkeiten zweifeln, wenn sie auf Schwierigkeiten stoßen (M=3,97; ViD=2,64; p<.001). Überhaupt tendieren sie weniger zu der Annahme, Kontrolle über das eigene Leben zu haben (M=3,72; ViD=5,79; p<.001), und machen eher die Erfahrung, dass Andere über ihr Leben bestimmen. (M=3,79; ViD=2,68; p=.007).

Diese durchaus kritischen und auch selbstkritischen Ansichten in Bezug auf ihr Leben finden ihr Pendant in einer Reihe von Extremwerten bei der Beschreibung der eigenen Persönlichkeit: In ihrem Handeln bezeichnen sie sich über alle Gruppen hinweg am wenigsten als gründlich arbeitend (M=5,59; ViD=6,40; p<.001), als eher ineffizient im Erledigen von Aufgaben (M=5,28; ViD=6,15; p<.001) und eher faul (M=2,86; ViD=2,05; p<.001). Gesellschaftlich beschreiben sie sich am wenigsten als: kommunikativ (M=5,14; ViD=6,01; p<.001), originell (M=4,26; ViD=5,29; p<.001), fantasievoll (M=4,66; ViD=5,12; p<.001) und gesellig (M=4,86; ViD=5,74; p<.001). Emotional tendieren sie am ehesten dazu, sich Sorgen zu machen (M=4,66; ViD=4,00; p=.012), sind leicht nervös (M=3,69; ViD=3,00; p<.001), weniger entspannt (M=4,24; ViD=5,22; p<.001) und können am wenigsten verzeihen (M=4,79; ViD=5,51; p=.004).

Bezüglich der Eltern geben die Vertreter dieses Typus am wenigsten über alle Typen hinweg an, dass diese dem Wohlstand und Geld einen großen Stellenwert beigemessen haben (M=3,69; ViD=4,60; p<.001). Sie seien auch vergleichsweise wenig am finanziellen Erfolg der Befragten interessiert gewesen (M=4,37; ViD=5,58; p<.001).

Abbildung 9: Mentales Profil von Typ VIII: geringere interne
Kontrollüberzeugung; glaubt nicht an eine „gerechte Welt";
negative Einstellung zur Partizipation

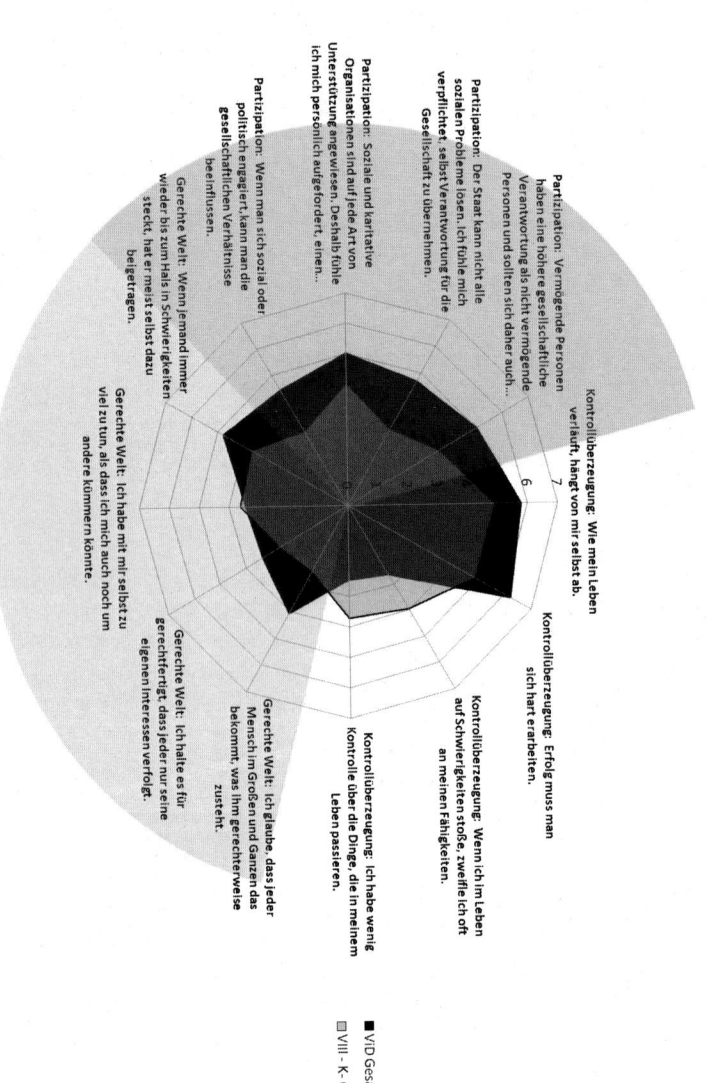

In ihrem Bekanntenkreis befinden sich weniger Menschen mit einem ähnlichen finanziellen Hintergrund (M=4,17; *ViD*=4,72; p<.05). Auch fühlen sie sich mit Abstand am wenigsten von allen anderen Gruppen an ihrem Wohnort „verwurzelt" (M=4,48; *ViD*=5,52; p<.001), was einen weiteren Hinweis auf ein bestehendes soziales Unbehagen liefert, wie es bereits in den Angaben zur Persönlichkeit deutlich wurde. Soziale Urteile wie „Wenn jemand immer wieder bis zum Hals in Schwierigkeiten steckt, hat er meist selbst dazu beigetragen" lehnen sie sehr deutlich ab (M=3,72; *ViD*=4,80; p<.001) und glauben auch nicht, „dass jeder Mensch im Großen und Ganzen das bekommt, was ihm gerechterweise zusteht" (M=2,50; *ViD*=4,06; p<.001). Sie glauben folglich nicht an eine „gerechte Welt", aber interessanter Weise ebenso wenig an gesellschaftliche Partizipation: Sie sehen mit ihrem Reichtum keine höhere gesellschaftliche Verantwortung verbunden, die zum sozialen Engagement verpflichtet (M=3,56; *ViD*=5,02; p<.001), und schneiden auch insgesamt sehr niedrig auf der Partizipationsskala ab (siehe die entsprechenden Items auf dem Netzdiagramm, Abbildung 9).

Erstaunlich erscheint vor diesem Hintergrund, dass diese Menschen jedoch nicht resignieren, sondern sich durchaus sozial engagieren. So lässt sich feststellen, dass sie in einigen abgefragten Formen des sozialen Engagements sogar über alle anderen Typen hinweg führen. Sie beteiligen sich von allen Typen am häufigsten an Hilfsaktionen (28%; *ViD*: 16,2%). Signifikant mehr als andere Typen geben die Menschen dieser Gruppe auch an, „eine gemeinnützige Stiftung gegründet oder aktiv die Gründung einer Stiftung unterstützt" zu haben, und stechen auch damit überproportional aus der Gesamtstichprobe heraus (10%; *ViD*=4%). Ebenfalls auffällig sind die Ergebnisse in Bezug auf die Kategorie „anderes Engagement". Beim vorliegenden Typus geben die Menschen überdurchschnittlich häufig an, sich in verschiedenen anderen Formen, die von Fragen und Antwortvorgaben des *ViD*-Fragebogens nicht erfasst wurden, zu engagieren (15%; *ViD*:6%). Der Umstand, dass die Restkategorie „anderes Engagement" bei keiner weiteren Gruppe so viele Nennungen hatte, weist wiederum auf eine gewisse „Unangepasstheit" dieses Typus hin: Die vorgegeben Engagementformen erscheinen nicht ausreichend beziehungsweise haben dem tatsächlich betriebenen Engagement nicht wirklich entsprochen. Mehr als alle anderen Befragten geben also Menschen dieses Typus an, auf individuelle Formen des sozialen Engagements ausgewichen zu sein.

Auch was die Motive zum sozialen Engagement betrifft, scheint es, dass sie unter keiner der Vorgaben im Fragebogen eine Entsprechung finden konnten. Die einzige Aussage, die sie zumindest nicht ablehnen, findet sich in der Feststellung „Soziale und karitative Organisationen sind auf jede Art von Unterstützung angewiesen. Deshalb fühle ich mich persönlich aufgefordert, einen Beitrag zu leisten."

(M=4,03; siehe Abbildung 9). Deutliche Ablehnung kommt hingegen überall dort zum Ausdruck, wo gesellschaftliche Verantwortung mit ihrem Vermögen in einen direkten Zusammenhang gebracht wird (M=3,56; p=.001; siehe Abbildung 9) beziehungsweise wo Verantwortung durch die begrenzten Möglichkeiten des Staates begründet wird (M=2.90; p<.001; siehe Abbildung 9).

Die Ablehnung des letztgenannten Punktes ist jedoch keineswegs Ausdruck gesellschaftspolitischen Desinteresses. Befragt auf ihre gesellschaftspolitischen Prioritäten erweisen sie sich als besonders partizipativ eingestellt und fordern als einzige Gruppe „mehr Einfluss der Bürger auf die Entscheidung der Regierung" (45%; ViD:26%). Die niedrigen Werte bezüglich ihrer Einstellungen zur gesellschaftlichen Partizipation erhalten dadurch ein interessante Bedeutung, die vermutlich auch die relativ „exzentrische Form" ihres sozialen Engagements erklärt: Gesellschaftliche Verantwortung und Verpflichtung ergibt sich für sie nicht durch die „begrenzten Möglichkeiten des Staates", da sie beides dem Staat, und erst über diesen, sich selbst zurechnen. Wir nehmen in diesem Sinne die deutliche Forderung nach mehr Einfluss der Bürger als einen Hinweis für eine systemkritische Einstellung in dieser Gruppe. Die Tatsache, dass die für die ViD-Gesamtstichprobe wichtigste Priorität „Aufrechterhaltung von Ruhe und Ordnung" (ViD:32%) bei ihnen an letzter Stelle (17%) rangiert, ist ein weiteres Indiz hierfür.

Aus der Perspektive der Vermögenskultur finden sich in dieser Gruppe Personen, die für die empirische Forschung eine besondere Herausforderung darstellen. Es scheint deutlich, dass die Verwendung von klassischen Verfahren wie normierten Skalen besonders dort an ihre Grenzen stoßen, wo besondere Persönlichkeiten (unter Anderem in der Form von Stiftern) auftreten. Über die „Exzentrikerin" sei daher an dieser Stelle so viel vermerkt, als dass wir uns ihr in zukünftigen Studien besonders zuwenden werden, um zu verstehen, was sie zu ihrer sehr speziellen Form des sozialen Engagements motiviert. Sehr deutlich wird in der Untersuchung dieser Gruppe die Vielschichtigkeit des sozialen Engagements und dessen enges Verhältnis zu gesellschaftspolitischen Fragen. Vor allem die Frage der „gesellschaftlichen Verantwortung" zeigt sich hier in ihrer besonderen Problematik, da deutlich wird, dass die Polarisierung von Verantwortungsträger (Staat, Staatsbürger) und Verantwortungsobjekt (Staatsbürger, Staat) nicht ohne weiteres aufrecht zu erhalten ist.

4. Diskussion und Ausblick

Im vorliegenden Beitrag haben wir die Daten, die im Rahmen der Studie „Vermögen in Deutschland" (ViD) erhoben wurden, aus der Perspektive des Ansatzes der

Vermögenskultur einer eigenständigen Analyse unterzogen. Da in der *ViD*-Studie ein besonderes Segment der deutschen Gesellschaft befragt wurde, nämlich Menschen, die im Vergleich zum gesellschaftlichen Durchschnitt über überdurchschnittliche materielle Ressourcen verfügen, ging es bei dieser Analyse um die zentrale Fragestellung der Vermögenskulturforschung, die Frage nach dem Umgang mit Ressourcen und nach dessen mentalen und sozialen Bedingungen.

Aus der Perspektive des Vermögenskulturansatzes wird eine systematische qualitative Unterscheidung zwischen „reich" und „vermögend" vorgenommen, die sich vor allem im unterschiedlichen Erleben von und Umgang mit den vorhandenen Ressourcen manifestiert. Das bloße Vorhandensein von Ressourcen erlaubt noch nicht, eine Person als „vermögend" zu bezeichnen. Erst wenn die Potenziale dieser Ressourcen wahrgenommen sowie bewusst und verantwortungsvoll eingesetzt werden, bilden diese Ressourcen zusammen mit den entsprechenden Fähigkeiten ihrer Besitzer ein Vermögen. Daraus ergibt sich die zentrale Frage, welche mentalen Qualitäten den gegebenen „Ressourcenreichtum" eines Menschen zu seinem tatsächlichen Vermögen machen. Erst die Kenntnis dieser spezifischen mentalen Charakteristika erlaubt uns, die eigentlichen – psychologisch wie auch soziologisch relevanten – Potenziale des Reichtums zu begreifen.

Ausgehend von einer analytischen Vertiefung des Druyenschen Vermögenskonzepts wurde deutlich, dass das „Vermögen" als Resultat eines komplexen psychologischen Aneignungsprozesses zu verstehen und somit als eine mentale (psychologische) Kategorie zu begreifen ist, bei der ein spezifisches bewusstes Erleben der eigenen Ressourcen sowie die erlebte eigene Wirkmächtigkeit zentral sind. Ein konstitutiver Bestandteil dieses mentalen Phänomens ist konsequenterweise die Verantwortungsübernahme, wobei mindestens drei zentrale Elemente zu unterscheiden sind: „a) ein Subjekt der Verantwortung, b) ein Objekt der Verantwortung und c) ein System von Bewertungsmaßstäben" (Bayertz, 1995, S. 15f.). Somit sind zum einen die individuelle Ausstattung der Person (und zu dieser Ausstattung gehören auch die Ressourcen, über die die Person verfügt), zum zweiten Handlungsfolgen und die Reichweite des individuellen Handelns (die wiederum auch stark von vorhandenen Ressourcen abhängen) und zum dritten der soziale Kontext von Interesse, wenn es darum geht, Vermögen als psychologische und soziologische Kategorie aufzufassen.

In unserer Datenbetrachtung der Studie *ViD* stand folglich der Versuch im Vordergrund, das angegebene soziale Engagement über die psychologischen Variablen, die in der Studie erhoben wurden, verstehend zu erfassen und zu versuchen, wichtige mentale Charakteristika zu beschreiben. Es wurden zwölf Items identifiziert, die uns über die Kontrollüberzeugung (K), Einstellungen zur sozialen Partizipation (P) und soziale Gerechtigkeitsvorstellungen (G) informierten und im Sinne einer Grundcharakterisierung zur mentalen Typenbildung eingesetzt werden konnten. Darüber hinaus haben wir uns bei den vorliegenden mentalen Profilen der Studienteilnehmern gefragt, ob diese mentale Ausstattung für das individuelle und öffentliche Handeln im Sinne der Verantwortungsübernahme jeweils eine eher günstige oder ungünstige Bedingung darstellt.

Als Resultat ergaben sich acht mentale Typen, die sich soziodemographisch, motivational wie auch in ihrem beschriebenen Handeln deutlich voneinander unterscheiden. Damit zeigt sich, dass die eingehendere Berücksichtigung der mentalen Ausstattung einer Person, die gemeinhin als „reich" etikettiert wird, einen wesentlichen Erkenntnisgewinn über ihr Handeln in der Gesellschaft beziehungsweise ihr soziales Dasein erbringt. Die Analyse der *ViD*-Daten aus der Perspektive der Vermögenskulturforschung zeigt also, dass die Modellierung von Typen auf der Basis der mentalen Konstitution eine bedeutsame Interpretationshilfe für das in *ViD* erhobene soziale Engagement bietet.

Entsprechend unserer Erwartung haben sich die acht modellierten Typen nicht einfach in „engagierte" versus „nicht engagierte" aufteilen lassen. Es zeigt sich deutlich, dass unterschiedlichen Typen nicht nur ein unterschiedliches Ausmaß, sondern zum Teil auch qualitativ andere Formen des Engagements eigen sind. Es zeigte sich weiter, dass die drei konstitutiven Variablen (K, G, P) unserer Typenmodellierung mit unterschiedlichem Gewicht über das Ausmaß des sozialen Engagements entschieden haben. Letztlich sind es aber die konkreten Kombinationen der drei Variablen, die das mentale „Engagementprofil" bestimmten.

Von den acht Varianten erwies sich vor allem die Kombination K+G-P+ (Typ III, „Der Solidarische") als besonders „engagementfreundlich". Menschen dieses Typus zeichnen sich durch eine starke partizipative Einstellung aus, in Kombination mit einer wahrgenommenen hohen Selbstwirksamkeit und dem fehlendem Glauben an fest verankerte, „per se" gegebene gerechte Verhältnisse in der Welt. Bei zwei zentralen Engagementformen, die vom *ViD*-Fragebogen abgefragt werden, nämlich Geld- und Sachspenden, schneidet diese Gruppe besonders gut ab. Sie ist allerdings nicht nur in ihrem selbstbeschriebenen Verhalten, sondern auch in der Angabe der Motive für das „soziale Engagement" eine besondere Gruppe: Am stärksten über alle Typen teilen die Menschen dieses Typus die meisten vorgegebenen solidarischen Motive. Mit ihrem durchaus als gemeinschaftlich wahrgenommenen Handeln können die Menschen dieses Typus Verantwortung für die Gemeinschaft, mit der sie sich identifizieren, übernehmen. Da es sich bei dem erhobenen sozialen Engagement vor allem um das Spendenverhalten handelt, lässt sich im Umkehrschluss folgern, dass das Spendenverhalten von gemeinschaftlichen Motiven stark unterstützt wird.

Eine interessante Ergänzung findet dieser Typus in einem weiteren, nämlich dem Typus VII (K-G-P+, „Der Idealistin"), der sich lediglich in seiner Kontrollüberzeugung von dem oben beschriebenen unterscheidet. Die geringere Kontrollüberzeugung über die Dinge im eigenen Leben ist nicht der einzige Unterschied zwischen diesen beiden Typen. Hinzu kommen das Geschlechterverhältnis und die Religiosität: Zum einen sind hier Frauen im Gegensatz zum Typ III überproportional vertreten, zum anderen zeichnet sich diese Kombination im Gegensatz zum Typ III durch besonders starke Religiosität aus. Was das Engagement betrifft, kommt diese Gruppe der zuvor beschrieben Gruppe am nächsten. Mehr sogar: Bei „Geldspenden" schneidet sie im Verhältnis zu allen anderen Typen überdurchschnittlich gut ab, wobei hier vor allem das Motiv der religiösen Verpflichtung bestimmend ist und sehr viele Spenden an Kirchen und Glaubensgemeinschaften getätigt werden.

Man kann also sagen, dass sich die beiden mentalen Kombinationen K+G-P+ (Typ III) und K-G-P+ (Typ VII) kaum im Ausmaß, sondern vor allem in der inhaltlichen Ausrichtung des Spendenverhaltens unterscheiden: Bei der einen Gruppe sind es vor allem die partizipativen („demokratischen"), bei der anderen die religiösen Motive, die dem Spenden zu Grunde liegen. Die erlebte „Kontrollüberzeugung" (Typ III) scheint allerdings ein wichtiger Prädiktor für die partizipative Grundeinstellung, und somit für ein viel breiteres Spektrum an Engagementmotiven und auch -zielen zu sein. Es ist leider hier nicht möglich, ausführlich auf die soziale Bedeutung der Spende und vor allem auf die Verantwortung, die damit übernommen beziehungsweise abgegeben wird, einzugehen. Jedoch sollte an dieser Stelle kurz darauf hingewiesen werden, dass die beiden Gruppen der Studienteilnehmern, die sich am meisten „engagieren", dies in einer eher von der Verantwortung entlastenden Form – nämlich per Geldzahlung – tun.

Vor diesem Hintergrund sind besonders zwei weitere Typen interessant. Bei der Kombination K+G-P- (Typ IV, „Der Individualist") haben wir es mit sehr potenten und sehr selbstbewussten „Self made"-Menschen zu tun, die jedoch kaum partizipative oder solidarische Einstellungen und Motive teilen. Ihr starkes Selbstbewusstsein wird vor allem, so das Bild, das sich aus den *ViD*-Daten ergibt, als Ressource für den eigenen Werdegang eingesetzt. Diese Menschen sind „Einzelgänger", die auf das Erreichte stolz sind und die Meinung vertreten, dass ihr Aufstieg einzig und allein auf ihre Leistung und eben nicht auf den sozialen Kontext zurückzuführen ist. Im Gegenzug sehen sie sich auch nicht als Unterstützer ihrer politischen beziehungsweise Wertegemeinschaft. Was das Spenden betrifft, so ist diese Gruppe signifikant unterdurchschnittlich im Verhältnis zur Gesamtstichprobe. Es lässt sich allerdings fragen, ob das Spenden eine für sie geeignete Form des Engagements ist, da sie sich einerseits laut den erhobenen Einstellungen mit dem vorhandenen politischen System wenig identifizieren und ihm auch wenig zutrauen, andererseits sehr verantwortungsvoll mit eigenen Ressourcen umgehen und somit dem Spenden eher wenig Interesse entgegen bringen können. Würde man diesen erfahrenen und selbstbewussten Einzelgängern, Formen des Engagements bieten, die sie individuell und verantwortungsvoll gestalten und umsetzen können und die auf voller Selbstbestimmung basieren, würden sie sich davon vermutlich angesprochen fühlen.

Bei der Kombination K-G-P- (Typ VIII, „Die Exzentrikerin") verändert sich gegenüber dem vorher beschrieben Typus IV nur das Vorzeichen zur Kontrollüberzeugung, was vor allem zum Ausdruck bringt, dass diese Menschen eher an sich zweifeln und weniger Kontrolle über den Lauf der Dinge im eigenen Leben wahrnehmen. In einer weiteren Eigenschaft sind sie den Menschen des vorhergegangen Typus sehr ähnlich: Sie geben an, sich gerne mit sich selbst und den eigenen Problemen zu beschäftigen. Wenn man diesen Typus mit den ersten beiden (III „Der Solidarische" und VII „Die Idealistin") vergleicht, so zeigt sich, dass dieser (wie Typ IV „Der Individualist") beim Spenden weniger aktiv ist. Es wäre jedoch voreilig, den Schluss zu ziehen, dass diese Menschen soziales Engagement ablehnen. Bemerkenswert ist, dass sie gerade bei „besonderen" Formen des Engagements wie Stiftungen oder Hilfsaktionen sowie bei der Restkategorie (nicht näher bezeichnete „andere" Formen des „sozialen Engagements") über alle Typen hinweg besonders positiv hervorstechen. Vor diesem Hintergrund kommen die gleichen Überlegungen wie beim Typus IV zum Tragen: Menschen dieses Typus sind vermutlich motivierbar für besondere, individuell kreative Formen des Engagements.

Von acht modellierten Typen sind es nun diese vier, die sich aus der vermögenskulturellen Perspektive auf das erhobene soziale Engagement als relevant erwiesen haben. Es sind die Kombinationen: K+G-P+; K-G-P+; K+G-P-; K-G-P-. Ein Grundmerkmal bleibt über all diese Typen konstant, nämlich der fehlende Glaube an die so genannte „gerechte Welt" (G-), also an bestehende, sich quasi selbst regulierende gerechte Verhältnisse in der sozialen Realität. Wie bereits bei der Skalenbeschreibung oben erläutert (Abschnitt 2.1.2.), deckt sich dieser Befund mit den empirischen Studien zum Phänomen „wahrgenommene gerechte Welt". Die jeweilige Kombination aus den Ausprägungen der anderen beiden Grundmerkmale K und P bestimmt die Art und Weise des erhobenen Engagements, das, wie oben besprochen wurde, inhaltlich sehr unterschiedlich ausgerichtet sein kann.

Ein interessanter Befund im Zusammenhang mit dem „Glauben an die gerechte Welt" ergab sich über die Kombination mit der Einstellung zur gesellschaftlichen Partizipation: Jene zwei Typen, die sich durch einen Glauben an die „gerechte Welt" und eine negative Einstellung zur Partizipation ausweisen (also Typ II „Der Meritokrat": K+G+P- und Typ VI „Der Resignierte": K-G+P-), zeichnen sich auch durch eine überdurchschnittliche geringe Religiosität aus. Dies liefert einen Hinweis auf eine bisher noch nicht untersuchte Funktion des Glaubens an die „gerechte Welt": In Kombination mit einer geringen gesellschaftlichen Partizipation verhält sich dieser Glaube als konkurrierendes normatives Überzeugungssystem substitutiv zur Religiosität oder schließt sie zumindest aus. Dies ist insofern wesentlich, als sich hieraus normative Indizien ergeben für die bedingte Ablehnung von sozialem Engagement. Wie oben bereits gezeigt, stellt der fehlende Glaube an eine per se „gerechte Welt" (G-) eine wichtige, wenn nicht gar eine der entscheidenden Bedingungen für das in *ViD* erhobene soziale Engagement dar.

Ebenso lässt sich schlussfolgern, dass die erhobene partizipative Einstellung ein wichtiger Prädiktor für Verantwortungsformen darstellt, für die eine Person eher prädisponiert ist. Wir konnten sehen, dass mit einer positiven partizipativen Einstellung (P+) eher das Spendenverhalten bestärkt wird (siehe hierzu besonders Typ I „Der Gönner"). Der starke Bezug zum gemeinschaftlichen und solidarischen Handeln und eine starke Ausrichtung auf den jeweiligen sozialen Kontext und seine Spielregeln prägen vor allem Formen der Verantwortungsübernahme, die eher systemimmanent sind. Mit einer negativen partizipativen Einstellung (P-) die nicht durch den Glauben an eine gerechte Welt gestärkt wird (G-) gehen dagegen individuellere Formen des Engagements einher. Einzelgängertum und das Ergreifen der Initiative in der Form von Hilfsaktionen oder gar Stiftungsgründungen treten dann verstärkt hervor und bilden vermutlich einen bedeutsamen Beitrag bei den Pionierleistungen im Bereich des sozialen Engagements.

4.1 Abschließend

Die in unserem Beitrag vorgestellte Typologie ist zunächst als das zu fassen was sie sein kann: eine erste heuristische Annäherung an das, was aus vermögenskultureller Perspektive den konstitutiven Aspekt des Vermögens bildet, nämlich Verantwortungsübernahme in einer sozialen Welt. Die acht Typen ermöglichten einen differenzierteren Blick auf die vermögenskulturellen Potenziale in unserer Gesellschaft, jenseits der eindimensionalen Unterscheidung „reich/nicht reich" und „engagiert/nicht engagiert". Es ist jedoch auch deutlich, dass mit den drei Skalen, die zur Erstellung der Typen angewandt wurden, noch keine Idealtypen im Weberschen Sinne erstellt wurden. Auf dem Weg dorthin lassen sich jedoch einige Meilensteine erkennen, die zur besseren Erfassung des vermögenskulturellen Handelns notwendig sind:

Aus *ViD* ging deutlich hervor, dass Reichtum und Kontrollüberzeugung einander nahezu bedingen. Wir erkennen darin den einleitend besprochenen Nexus Vermögen/Verantwortung, nämlich den Prozess der psychologischen Aneignung. Zukünftige Studien zur Frage der Vermögenskultur werden nicht davon absehen können, dem Prozess der psychologischen Aneignung wie auch dem Konzept des Eigenen als kognitive wie auch soziale Dimension stärker auf den Grund zu gehen. Es wird explizit zu klären sein, was das Eigene den Eigentümern bedeutet.

Die Frage der sozialen Gerechtigkeitsauffassung markiert einen weiteren Meilenstein für die zukünftige Untersuchung der Art und Weise des Umgangs mit Ressourcenreichtum. Mit der „gerechten Welt" wurde in *ViD* eine wichtige Dimension der wahrgenommen Gerechtigkeit erfasst, nämlich die Regelgerechtigkeit. Eine weitere, für die Vermögenskultur ebenso bedeutsame Dimension findet sich in der Ergebnisgerechtigkeit, also in der Frage der Verteilung der Ressourcen. Hieraus lassen sich wichtige Einsichten in die motivationale Basis des sozialen Engagements gewinnen, also in die Art und Weise, in der „eigentumsbasierte Verpflichtungen" von der wohlhabenden bis reichen Gesellschaftsschicht wahrgenommen werden – oder nicht. Denn: „Eigentum verpflichtet." (Art. 14.II.1 GG).

Literatur

Aristoteles, 1985: Metaphysik. Philosophische Schriften (4. Aufl., 6 Bde., Bd. 5). Hamburg: Felix Meiner.

Bayertz, K., 1985: Eine kurze Geschichte des Herkunft der Verantwortung. In: Bayertz, K. (Hrsg.): Verantwortung. Prinzip oder Problem? Darmstadt: Wissenschaftliche Buchgesellschaft: 3-71.

Belk, R. W., 1988: Possessions and the Extended Self. In: The Journal of Consumer Research 15(2): 139-168.

Braman, A. C. und Lambert, A. J., 2001: Punishing Individuals for Their Infirmities: Effects of Personal Responsibility, Just-World Beliefs, and In-Group/Out-Group Status. In: Journal of Applied Social Psychology 31(5): 1096-1109.

Castelfranchi, C. und Falcone, R., 2010: Trust Theory: A Socio-Cognitive and Computational Model (1. Aufl.). West Sussex: John Wiley & Sons.

Conte, R. und Castelfranchi, C., 1995: Cognitive and social action. London: Routledge.

Druyen, T., 2007: Goldkinder: Die Welt des Vermögens (2. Aufl.). Hamburg: Murmann.

Druyen, T., 2009: Entstehung und Verbreitung von Vermögenskultur und Vermögensethik. In: Druyen, T.; Lauterbach, W. und Grundmann, M. (Hrsg.): Reichtum und Vermögen: Zur gesellschaftlichen Bedeutung der Reichtums- und Vermögensforschung (1. Aufl.). Wiesbaden: VS Verlag für Sozialwissenschaften: 29-41.

Dudenredaktion (Hrsg.), 1989: Der Duden (10 Bde., Bd. 7, Das Herkunftswörterbuch). Mannheim: Dudenverlag.

Eisler, R., 1904: Wörterbuch der philosophischen Begriffe. Berlin: E. S. Mittler und Sohn.

Fisch, A., 2002: „Entwicklung als Freiheit" – Der Ansatz von A. Sen. In: Köss, H. (Hrsg.): Entwicklungsethische Konkretionen: Herausforderungen, Begründungen, Perspektiven. Münster: LIT: 115-138.

Francis, L. J., 1997: The Psychology of Gender Differences in Religion: A Review of Empirical Research. In: Religion 27(1): 81-96.

Frick, J. R. und Grabka, M. M., 2010: Gestiegene Vermögensungleichheit in Deutschland. In: Wochenbericht des DIW Berlin, Nr. 3. Berlin: Deutsches Institut für Wirtschaftsforschung: 54-68.

Furby, L., 1980: The Origins and Early Development of Possessive Behavior. In: Political Psychology 2(1): 30-42.

Gethmann-Siefert, A., 1993: Ethos und metaphysisches Erbe: Zu den Grundlagen von Hans Jonas' Ethik der Verantwortung. In: Schnädelbach, H. und Keil, G. (Hrsg.): Philosophie der Gegenwart, Gegenwart der Philosophie. Hamburg: Junius: 171-215.

Grundmann, M., 2009: Handlungsvermögen und Wohlfahrtsproduktion. Was leisten Vermögende für die gesellschaftliche Wohlfahrt? I In: Druyen, T.; Lauterbach, W. und Grundmann, M. (Hrsg.): Reichtum und Vermögen: Zur gesellschaftlichen Bedeutung der Reichtums- und Vermögensforschung (1. Aufl.). Wiesbaden: VS Verlag für Sozialwissenschaften: 200-211.

Hamilton, V. L., 1978: Who is Responsible? Toward a Social Psychology of Responsibility Attribution. In: Social Psychology 41(4): 316-328.

Heider, F., 1958: The psychology of interpersonal relations. New York: John Wiley & Sons.

Heinsohn, G. und Steiger, O., 2008: Eigentumsökonomik (2. Aufl.). Marburg: Metropolis.

Heinsohn, G. und Steiger, O., 1996: Eigentum, Zins und Geld (2. Aufl.). Marburg: Metropolis.

James, W., 1890: The principles of psychology (Bd. 1). New York: Macmilian.

Jonas, H., 1979: Das Prinzip Verantwortung: Versuch einer Ethik für die technologische Zivilisation. Frankfurt am Main: Insel.

Kahneman, D.; Knetsch, J. L. und Thaler, R. H., 2000: Anomalies: The Endowment Effect, Loss Aversion, and Status Quo Bias. In: Kahneman, D. und Tversky, A. (Hrsg.): Choices, values, and frames. New York: Cambridge University Press: 159-170.

Klein, G., 2000: Kultur. In: Korte, H. und Schäfers, B. (Hrsg.): Einführung in Hauptbegriffe der Soziologie (5. Aufl.). Augsburg und Opladen: Leske + Budrich: 217-236.

Kluge, F. und Seebold, E., 1989: Etymologisches Wörterbuch der deutschen Sprache. Berlin: Walter de Gruyter.

Lerner, M. J., 2003: The Justice Motive: Where Social Psychologists Found It, How they Lost It, and Why They May Not Find It Again. In: Personality and Social Psychology Review 7(4): 388-399.

Lerner, M. J., 1997: What Does the Belief in a Just World Protect Us from: The Dread of Death or the Fear of Undeserved Suffering? In: Psychological Inquiry 8(1): 29-32.

Lerner, M., 1980: The Belief in a Just World: A Fundamental Delusion (1. Aufl.). New York: Plenum.

Lerner, M. J., 1965: Evaluation of performance as a function of performer's reward and attractiveness. In: Journal of Personality and Social Psychology 1(4): 355-360.

Lerner, M. J. und Miller, D. T., 1978: Just world research and the attribution process: Looking back and ahead. In: Psychological Bulletin: 85(5), 1030-1051.

Miller, A. S. und Hoffmann, J. P., 1995: Risk and Religion: An Explanation of Gender Differences in Religiosity. In: Journal for the Scientific Study of Religion 34(1): 63-75.

Mises, L. von, 1996: Human Action: A Treatise on Economics (4. Aufl.). San Francisco: Fox & Wilkes.

Sartre, J., 1993 [1943]: Das Sein und das Nichts. Versuch einer phänomenologischen Ontologie. Ge-
    sammelte Werke in Einzelausgaben. Philosophische Schriften (15. Aufl., Bd. 3). Reinbek bei
    Hamburg: Rowohlt.
Sen, A., 1985: Commodities and Capabilities. Oxford: Oxford University Press.
Sen, A. K., 1993: Capability and Well-being. In: Nussbaum, M. C. und Sen, A. K. (Hrsg.): The Qua-
    lity of life. New York: Oxford University Press: 30-53.
Sen, A. K., 2001: Development as freedom. Oxford: Oxford University Press.
Van Dyne, L. und Pierce, J. L., 2004: Psychological Ownership and Feelings of Possession: Three Field
    Studies Predicting Employee Attitudes and Organizational Citizenship Behavior. In: Journal of
    Organizational Behavior 25(4): 439-459.
Weiner, B., 1986: An attributional theory of motivation and emotion. New York: Springer.
Werner, M., 1994: Dimensionen der Verantwortung: Ein Werkstattbericht zur Zukunftsethik von Hans
    Jonas. In: Böhler, D. (Hrsg.): Ethik für die Zukunft: im Diskurs mit Hans Jonas. München:
    C.H.Beck: 303-338.

III

Handlungsvermögen und Vermögenskultur

Nur reich oder auch vermögend?
Zum Handlungsvermögen Reicher

Matthias Grundmann

Einleitung

Eine zentrale Frage, die wir uns in der Vermögensforschung stellen, lautet: Inwieweit hängt die Bereitschaft Vermögender, ihren Reichtum gesellschaftlich nachhaltig einzusetzen, von ihrem Handlungsvermögen ab? Anders formuliert: Worin genau äußert sich die Handlungsmächtigkeit Reicher?

Geht man zunächst von der Handlungsmächtigkeit Reicher aus, dann können wir festhalten, dass sich Vermögen nicht allein an der Verfügbarkeit materieller Ressourcen, also Geld, bemisst. Es hat auch damit zu tun, wie Reichtum in kulturelle und soziale Aktivitäten konvertiert werden kann (vgl. Grundmann 2009). Und diese Fähigkeit zur Konvertierung dürfte, so eine zentrale Annahme der Vermögenskulturforschung, mit der Genese von Handlungsvermögen im Zuge biographisch erworbener Fähigkeiten und Einsichten zusammenhängen, also durch Sozialisationsprozesse entstehen. Unabhängig davon ist aber anzunehmen, dass sich das Handlungsvermögen Reicher auch danach unterscheidet, wie reich sie wirklich sind und wie sie ihr Vermögen einsetzen (vgl. Druyen 2009).

Bei der Beantwortung der gestellten Fragen geht es also um eine differenzierte Betrachtung der Gruppe der Vermögenden. Die Frage lautet daher nicht nur, wie Reiche ihren Reichtum vermehren und absichern, sondern ob und in welchem Maße sie gesellschaftliche Verantwortung übernehmen. Das Ausmaß dieser Verantwortung lässt sich dann daran ermessen, wie die verfügbaren ökonomischen, politischen und kulturellen Ressourcen sozial nachhaltig, also im Sinne einer sozialen Mehrwertproduktion, eingesetzt werden.

Bei der Gründung des Forums für Vermögensforschung, das auch für die *ViD*-Studie verantwortlich zeichnet, haben sich die Projektverantwortlichen darauf geeinigt, neben der Etablierung des Begriffs der Vermögenskultur und einer damit verbundenen Erforschung der kulturellen „Dimension" von Vermögen (vgl. Druyen 2009), den Forschungsschwerpunkt zunächst auf die Erhebung verlässlicher Daten über Reiche und Vermögende zu konzentrieren. Dabei lag das Hauptaugenmerk auf der Genese von Vermögen und den sozialstrukturellen „Dimensionen" von Reichtum. Als dritter Forschungsstrang sollte schließlich auch das Handlungsvermögen Reicher in den Blick genommen werden, allerdings erst, nachdem der Vermögenskulturbegriff geklärt und vor allem empirische Daten über die Verteilung von Vermögen und Reichtum in Deutschland vorliegen (vgl. hierzu Druyen/ Lauterbach/Grundmann 2009). Gleichwohl wurden bei der Datenerhebung auch Aspekte von Vermögen erfragt, mit denen es möglich wird, mehr über das Handlungsvermögen Reicher zu erfahren. Hierzu zählen vor allem die Daten zum Umgang mit Reichtum und zur Persönlichkeit Reicher.

Aus den vorliegenden Daten über „Vermögen in Deutschland" können nun erste Befunde über den Zusammenhang von Reichtum und dem Handlungsvermögen Reicher vorgestellt werden. Dabei belegen die in diesem Bericht vorgelegten Analysen bereits eindrücklich, dass Reichsein keineswegs gleichgesetzt werden kann mit Handlungsmächtigkeit oder gar Handlungsvermögen im weiteren Sinne, nämlich der Befähigung, aus ökonomischen Ressourcen auch gesellschaftliche „Wirkung" zu entfalten. So kann man zwar feststellen, dass sich ca. 82 Prozent (vgl. Ströing/Kramer, Abbildung 1) aller Reichen sozial engagieren, wenn man einen sehr weiten Begriff sozialen Engagements zugrunde legt. Demnach ist aber jede Verwendung des Reichtums, und sei es bloß für die eigene Freizeitgestaltung, schon Ausdruck eines sozialen Engagements. Für die Bestimmung des Handlungsvermögens Reicher ist diese Definition von sozialem Engagement aber wenig hilfreich (vgl. Kischel 2009).

Ziel meines Beitrags wird es daher sein, das Handlungsvermögen Reicher genauer zu spezifizieren. Darüber hinaus gehe ich der Frage nach, ob das Handlungsvermögen mit spezifischen Eigenarten des Reichtums (Umfang, Erwerb) und mit Persönlichkeitseigenschaften zusammenhängt, die möglicherweise erklären können, wieso Reiche ihr Geld auf bestimmte Art und Weise „sozial" einsetzen. Die Frage nach dem Handlungsvermögen Reicher lässt sich dann auch zuspitzen, in dem analysiert wird, ob und in welchen Umfang sich Vermögende gesellschaftlich engagieren und auf diese Weise ihr Handlungsvermögen unter Beweis stellen. Zu fragen wäre dann zum Beispiel: Warum engagieren sich einige Reiche nur im Freizeitclub, während sich andere gezielt auch für sozial und gesellschaftlich nachhaltige Projekte einsetzen?

Um diese Frage zu erörtern, gilt es zunächst, den Begriff des Handlungsvermögens zu bestimmen und empirische Befunde vorzustellen, die die bezeichneten Sachverhalte konkretisieren. Dabei kann es sich im Rahmen des hier anvisierten Berichts zunächst nur um Plausibilisierungsstrategien handeln, mit denen dokumentiert wird, dass Reichsein nicht gleichzeitig bedeutet, auch vermögend zu sein.

Letzteres erfordert vielmehr ein Handelnkönnen, das weit über die bloße Verfügbarkeit von Ressourcen hinausgeht. Letztlich erfordert die Analyse der Daten in Hinblick auf die Genese von Handlungsvermögen jedoch weiterführende Untersuchungen, die im Rahmen des vorliegenden Berichts nur punktuell durchgeführt werden können. Daher wird es vor allem darum gehen, Forschungsfragen aufzuwerfen, die in nachfolgenden Analysen beantwortet werden müssen.

Das Konzept des Handlungsvermögens

Der Begriff des Handlungsvermögens zeichnet sich durch eine Verbindung von Vermögen und Handeln aus. Im Alltagsverständnis verweist der Begriff des Vermögens zunächst auf unterschiedliche Aspekte des Reichtums. Mit ihm wird zum einen die Quantität an ökonomischen Ressourcen erfasst. In diesem Sinne sprechen wir von Reichtum. Mit dem Begriff des Vermögens ist aber andererseits auch ein Können gemeint. Vermögen verweist somit nicht nur auf ökonomische Aspekte des Handelns, sondern auch auf die Vorstellung, dass damit spezifische Fähigkeiten verbunden sind. Was aber sind das für Fähigkeiten? Lassen sich diese empirisch identifizieren und eindeutig mit Reichtum in Verbindung setzen? Oder gibt es ein Vermögen, das unabhängig von ökonomischem Reichtum ist, gleichwohl aber zur Akkumulation von Vermögen im weiteren Sinne des „in der Lage sein" beziehungsweise Könnens eingesetzt werden kann? Hat also Vermögen auch mit der Frage zu tun, wozu man fähig ist, mit Handlungsmächtigkeit also? So ist es plausibel davon auszugehen, dass der Erwerb und die Bewahrung von Vermögen eine solche Handlungsmächtigkeit geradezu voraussetzen. Möglicherweise zeichnet sich Handlungsmächtigkeit darüber hinaus auch durch die Fähigkeit aus, seinen Reichtum nicht nur für persönliche Zwecke (den Erwerb, die Mehrung und das Bewahren von Geldvermögen), sondern auch für soziale Zwecke einzusetzen. Und dabei wiederum lässt sich dieser Einsatz von Geld weiterhin differenzieren, nämlich danach, ob er für persönliche Zwecke (Freizeit, Konsum oder soziale Aktivitäten) oder aber für übergeordnete soziale Projekte verwandt wird.

Solche Forschungsfragen verweisen auf die letztlich noch empirisch zu untermauernde Annahme, der zufolge mit Handlungsvermögen jene Aspekte des Umgangs mit persönlichen, sozialen und ökonomischen Kapitalien umschrieben werden können, die es mitunter erst ermöglichen, Reichtum und Vermögen miteinander in Beziehung zu setzen und damit auch Reichtum so zu kultivieren, dass er einen sozialen Mehrwert abwirft und damit der gesellschaftlichen Wohlfahrt zugutekommt (vgl. Grundmann 2009). Eine solche Annahme geht von einem mehrdimensionalen Vermögensbegriff aus, wobei jedoch dem ökonomischen Kapital

(also dem rein monetären Reichtum) eine besondere Bedeutung zukommt. Es eröffnet nämlich in besonderem Maße Handlungsspielräume und Verwirklichungschancen (Sen 1999), die sich zunächst allein daraus ergeben, dass man mit Geld
fast alles kaufen kann. Konkreter: Wenn hinreichend ökonomische Ressourcen zur
Verfügung stehen, lassen sich auch politische Ideen, wie die Idee des Wohlfahrts-
staates oder der Demokratie, besser realisieren. Zudem lässt sich beispielsweise
soziales und kulturelles Handlungswissen (zum Beispiel über den Nutzen eines
demokratischen Gemeinwesens für die Wohlfahrt) leichter gesellschaftlich umsetzen. Demgegenüber können solche Ideen und ein spezifisches Handlungswissen verpuffen, wenn Personen zwar über bestimmte Befähigungen, soziale Netzwerke oder kulturelle Ressourcen verfügen, diese jedoch nicht umgesetzt werden
können, weil die ökonomischen Ressourcen dazu fehlen.

Wenn man diese differenzierte Betrachtung von Reichtum und Vermögen zugrunde legt, dann lassen sich auf idealtypische Weise unterschiedliche „Vermögenspotenziale" bestimmen (vgl. Tabelle 1). Und tatsächlich deutet sich in den
hier vorgelegten deskriptiven Analysen bereits an, dass Reichtum nicht in allen
aber doch in einigen Fällen mit der Stärkung kulturellen und sozialen Kapitals sowie mit Persönlichkeitsmerkmalen einhergeht, die auf eine besonders ausgeprägte
Handlungsmächtigkeit Reicher verweisen.

Tabelle 1:   Vermögenspotenziale und Verwirklichungschancen

Ressourcen/ Verwirklichungschancen	ökonomisch	kulturell	sozial	persönlich
hoch	+	+	+	+
mittel	–	+	+	+
niedrig	–	–	–	–

+ bedeutet: Verfügbarkeit über Ressourcen, – bedeutet: mangelnde Ressourcen.
Quelle: eigene Berechnungen

Dieser Typologie zufolge ist Vermögen durch die Verfügbarkeit von materiellen
und immateriellen Handlungsressourcen gekennzeichnet. Bezogen auf die differenzierte Betrachtung von Reichtum und Vermögen lassen sich auf diese Weise die
„nur" Reichen von „auch" Vermögenden unterscheiden. So kann man die These
vertreten, dass sich Vermögende von den „nur" Reichen dadurch unterscheiden,
dass sie eben nicht nur über ökonomische Ressourcen, sondern auch über sozi-

ale und kulturelle Ressourcen und schließlich auch über spezifische persönliche Handlungsbefähigungen (Wissen und Fertigkeiten) verfügen.

Reiche und Vermögende im Spiegel der Daten

Werfen wir dazu zunächst einen Blick auf die vorliegenden Analysen. Auffällig bei der differenzierten Betrachtung, zum Beispiel des Ausmaßes sozialen Engagements, ist: Wohlhabende (also Menschen mit einem überdurchschnittlichem Einkommen) engagieren sich deutlich häufiger und in verschiedenen „Projekten" beziehungsweise hinsichtlich unterschiedlicher sozialer Bereiche und weisen eine höhere Engagementquote auf als Reiche mit einem Kapitalvermögen, das sie unabhängig von Einkommensbezügen macht (die sogenannte „affluente" Gruppe der Reichen) und High Net Worth Individuals (vgl. Ströing/Kramer, Abbildung A1). Demnach ist es nicht das verfügbare ökonomische Kapital allein, das Handlungsvermögen begründet. Im Gegenteil: Geld scheint dieses auf den ersten Blick eher zu verringern. Dieser Eindruck bestätigt sich, wenn man die Varianten des sozialen Engagements in der hier sehr grob gefassten Form ins Auge fasst (vgl. Ströing/Kramer, Abbildung 10). In fast allen Engagementbereichen weisen die Wohlhabenden die höchsten Werte auf. Lediglich bei den Geldspenden haben die HNWIs „die Nase vorn", was angesichts ihres Geldvermögens nicht verwundert. Die Affluents zeichnen sich durchweg durch geringeres Engagement aus.

Allein diese Befunde bestätigen die obige These, dass Geld allein noch kein Handlungsvermögen begründet. Offensichtlich bedarf es dazu spezifischer Eigenschaften oder Fähigkeiten, die dem ersten Blick zufolge bei den Wohlhabenden eher zu finden sind als bei den Reichen (zum Beispiel Wertorientierungen, Verantwortungsgefühl, Persönlichkeit). Was aber hält die Reichen davon ab, ihr Geld für soziale Zwecke einzusetzen? Welches Handlungsvermögen trägt dazu bei, sich sozial zu engagieren? Worin unterscheidet sich das Handlungsvermögen der Wohlhabenden von denen der Reichen? Erfordert der verantwortungsvolle Umgang mit Vermögen möglicherweise Kompetenzen und Tugenden, die sich vor allem auf das „Bewahren" reduzieren? Führt das möglicherweise dazu, den sozialen Mehrwert, der Reichtum ja auch innewohnt, auszublenden? Oder kommen spezifische soziale und kulturelle Perspektiven in den Blick, die das soziale Engagement der Reichen auszeichnet?

Um diese Fragen weiter zu verfolgen, macht es Sinn, den Blick auf die Gruppe der Reichen zu lenken. Dabei können wir annehmen, dass die Erfahrungen und Kompetenzen der Menschen, die Vermögen erworben haben und verwalten, durchaus einen lebenspraktischen Sinn haben. Handlungsvermögen äußert sich dann auch darin, wie Vermögendsein kultiviert wird. Dabei kann das Handlungsvermögen zunächst nach einem Vitalvermögen (Handlungswissen, Verantwortungsbewusstsein, Wertorientierungen) und einem Arbeitsvermögen (hier gemessen an performativen Persönlichkeitseigenschaften) unterschieden werden. Und tatsächlich verweisen zum Beispiel die pragmatischen Wertorientierungen reicher Unternehmer, die sich scheinbar einer postmateriellen Wertorientierung entziehen, darauf, dass diese aus einer ganz realistischen Perspektive zunächst die materielle Absicherung ihres Vermögens im Auge behalten. Gleichwohl weisen sie im Vergleich zur Gesamtbevölkerung ein überdurchschnittlich ausgeprägtes Bewusstsein für Fragen der Wohlfahrtssicherung, der Sicherung demokratischer Grundrechte und der Verwirklichung persönlicher Lebensziele auf. Das äußert sich in allgemeinster Form auch darin, dass die Gruppen der Wohlhabenden und Reichen im Vergleich zur Gesamtbevölkerung in hohem Maße einen hohen Bildungs- und Berufsabschluss haben (vgl. Lauterbach/Tarvenkorn, Abbildung 1, Tabelle 7).

Will man also das Handlungsvermögen Reicher genauer erfassen, sind jene sozialen und kulturellen Ressourcen in den Blick zu nehmen, die die Reichen zu einer gesellschaftlich verantwortungsvollen Kultivierung von Vermögen im umfassenderen Sinne befähigen. Der Umgang mit Vermögen erfordert demnach eben nicht nur ein Handlungsverständnis, das sich an Notwendigkeiten des Reichseins und Reichbleibens orientiert. So spricht beispielsweise die in den vorliegenden Analysen durchscheinend geringe postmaterialistische Wertorientierung reicher Männer eben gerade für eine solche eingeschränkte Handlungsbefähigung. Sie achten offensichtlich zunächst darauf, dass die materiellen Grundlagen ihres Vermögens gesichert sind. Bei den reichen Frauen sieht das aber schon anders aus. Denn dort herrscht eine eher umsichtige, auf den sozial nachhaltigen Umgang mit Handlungsressourcen fokussierte Wertorientierung vor.

Die Analysen bestätigen also die Vermutung, dass sich Vermögen nicht allein auf den Umstand reduzieren lässt, viel zu besitzen und den Besitz zu wahren, sondern auch auf die Fähigkeit, den Reichtum gesellschaftlich nutzbringend einzusetzen. Erst ein solch kultivierter Umgang mit Reichtum annonciert Handlungsvermögen und damit auch den Umstand eben nicht „nur" reich zu sein. Erst so nämlich wird Solidarität im Sinne von Mitgefühl und Verständnis für die Lebenssituation Anderer sowie die Unterstützung sozial Benachteiligter zum Ausdruck gebracht. Im ganz allgemeinen Sinne ist hier die Frage der sozialen Vererbung von Humanvermögen angesprochen; die Beziehungen zwischen Generationen und die Kultivierung einer sozialen und gesellschaftlich verantwortlichen Handlungsbefähigung. Inwieweit besitzen Reiche neben Geld aber eine solche Handlungsbefähigung?

Die ersten vorliegenden Analysen zum gesellschaftlichen Engagement als
Ausdruck eines solchen Handlungsvermögens zeigen folgendes – allerdings noch
sehr grobes – Bild: Zunächst kann festgehalten werden, dass für alle Befragten
(also auch für die Wohlhabenden) gilt, dass ein beachtlicher Anteil des erfassten
sozialen Engagements – hier gemessen an den aktiven Mitgliedschaften in Vereinen und ähnlichen Organisationen und Geldspenden – dem Privatbereich zuzuordnen ist (vgl. Ströing/Kramer, Abbildung 9 und 17). Hier kommt also ein soziales
Engagement zum Vorschein, das nur scheinbar gemeinwohlorientierten Zwecken
dient. 45 Prozent der Befragten nennen hier den Sportverein, 25 Prozent Interes-
senverbände, 23 Prozent Heimat-und Bürgervereine, 22 Prozent private Clubs.
Erst dann folgen kulturelle Vereine, Parteien, Bürgerinitiativen und ähnliche gesellschaftspolitisch engagierte Gruppen und Organisationen. Dabei sind es vor allem die Reichen, die sich in privaten Clubs engagieren (vgl. Ströing/Kramer, Abbildung 18). Im Vergleich zu den Wohlhabenden sind sie deutlich weniger bereit,
sich auch für solche Aktivitäten einzusetzen, die der gesellschaftlichen Wohlfahrt
dienen. Das aber bedeutet keineswegs, dass es nicht auch Reiche gibt, die sich in
diesem Sinne engagieren. Um diese Gruppe der Reichen jedoch genauer zu extra-
polieren und deren Handlungsvermögen herauszuarbeiten, erfordert es vertiefen-
de Analysen, die diesen Bericht sprengen würden.

Gleichwohl können mit den durchgeführten Analysen, zum Beispiel anhand
der Motive für die Übernahme gesellschaftlicher Verantwortung, Reiche identifiziert werden, die sich zumindest ihrem Selbstverständnis nach der Wohlfahrtssicherung widmen (vgl. Ströing/Kramer, Abbildungen 21 und 22). Dabei zeigt sich,
dass Reiche sehr wohl motiviert sind, sich gesellschaftlich zu engagieren, und dass
sie sich ihrer gesellschaftlichen Verantwortung bewusst sind. Dies ist vor allem
bei den HNWIs der Fall, die ihr Engagement zusätzlich damit begründen, an politischen Prozessen beteiligt zu sein. Selbstverwirklichung spielt als Motiv bei ihnen, im Vergleich zu den beiden anderen Gruppen, die geringste Rolle. Wohlhabende hingegen engagieren sich vor allem in Hinblick auf Selbstverwirklichung,
der Verwirklichung gesellschaftspolitischer Ziele und zum Zweck der Teilhabe
beziehungsweise Einbindung in politische Kreise. Bei den Affluents finden sich,
verglichen mit den anderen Gruppen, vor allem bei der moralisch-dankbaren Verantwortungsübernahme die höchsten Werte.

Auch die Antwort auf die Frage, ob Reichtum mit spezifischen Persönlichkeitseigenschaften korrespondiert, kann uns auf der Suche nach den „auch" Vermögenden weiterhelfen. Aber auch hier gilt zunächst, dass wir uns nur einer groben
Differenzierung der Gruppe der Reichen annähern. Indem wir Handlungsvermögen durch die Einschätzung definieren, etwas zu können und sich als handlungs-

mächtig zu definieren, lässt sich zunächst festhalten, dass alle Befragten sich im
Vergleich zur Mittelschicht der Gesamtbevölkerung als überdurchschnittlich hand-
lungsmächtig erfahren (vgl. Lauterbach/Taverkorn, Abbildung 6 und 7). Die Unterscheidung zwischen den Gruppen der Wohlhabenden und Reichen bringt dabei
aber keine weitere Aufklärung, womöglich deshalb, weil ein bestimmtes Maß an
ökonomischen Ressourcen das Gefühl grundsätzlich bestimmt, Herr seines Lebens
zu sein. Bemerkenswerterweise verzeichnen die Reichen auch vergleichsweise geringe Werte auf der Skala „Neurotizismus". Hier findet sich zudem eine deutliche Differenz zu den Reichen, deren Werte auf dieser Skala noch einmal deutlich
unter denen der Wohlhabenden liegen. Interpretiert man Neurotizismus mit dem
Hang, sich persönlich um sein Leben zu sorgen, dann deutet sich hier ein Zusammenhang an: Je mehr Geld jemand zur Verfügung hat, desto weniger persönliche
Sorgen treiben ihn in seinem Leben um. Schließlich ist aber auch feststellbar, dass
Wohlhabende und Reiche über eine ordentliche Portion Extraversion verfügen, was
sich ebenfalls in das Bild einpasst: Man kann es sich eben leisten, sich auch nach
außen darzustellen und entsprechend aufzutreten. Das erklärt schließlich auch die
größere Offenheit Wohlhabender und Reicher gegenüber Neuem. Allerdings ist
hier einschränkend festzuhalten, dass es sich bei der Extraversion und Offenheit
lediglich um Trends handelt und nicht um signifikante Unterschiede zur Mittelschicht der Gesamtbevölkerung. (Vgl. Lauterbach/Taverkorn, Abbildung 4 und 5.)

Ausblick

Die vorliegenden Datenanalysen belegen, dass es Sinn macht, das Handlungsvermögen Reicher genauer in den Blick zu nehmen, um Reiche von Vermögenden zu
unterscheiden. Dabei deutet sich aber auch schon an, dass die Gruppen der Wohlhabenden und Reichen selbst weiter differenziert werden müssen. Wichtiges Un-
terscheidungskriterium wird zum einen sein, ob und wie sie ihren Wohlstand beziehungsweise ihren Reichtum pflegen und mehren. Auch dabei kommen sehr wohl
soziale Gründe ins Visier, die zumindest gesellschaftliche Verantwortung und politische Partizipation annoncieren. Ob man diesbezüglich aber schon von Vermögendsein sprechen kann, bleibt im Einzelfall zu prüfen.

Sicher ist jedoch, dass es auch eine Gruppe von Wohlhabenden und Reichen
gibt, die ihr Handlungsvermögen und damit auch ihr Vermögendsein unter Beweis stellen. Um deren Handlungsvermögen genauer zu beschreiben, sind vielfältige und mitunter ins Detail gehende Analysen notwendig, die weiterführenden
Untersuchungen vorbehalten werden müssen. So stellt sich die Frage, inwieweit
das Handlungsvermögen mit spezifischen Haltungen und Einsichten zusammen-

hängt, die ein gesellschaftliches Verantwortungsbewusstsein stärken. Dazu lassen sich mit Blick auf das vorliegende Datenmaterial schon erste Vermutungen formulieren. So ist anzunehmen, dass der Umgang mit Vermögen bereits in der Herkunftsfamilie vermittelt wird und diese Erfahrungen für die spätere Orientierung an beruflichem und finanziellem Erfolg grundlegend sind (vgl. Grundmann 2009). Reichtum und Vermögen sind daher eben nicht einfach herzustellen, sondern setzen eine langfristige Entwicklung, auch der Persönlichkeit, voraus. Hier zeichnen sich auch Konturen einer gesellschaftlichen Elitebildung ab, die sich über mehrere Generationen bildet und verfestigt, und die besondere Verantwortungsbereitschaft, zum Beispiel von Familiendynastien, erklären können. Gleichzeitig lassen sich diese Befunde auch sozialisationstheoretisch untermauern. Denn offensichtlich spielen Erfahrungen im sozialen Herkunftsmilieu, berufliche Laufbahnen und soziale Beziehungen eine besondere Rolle bei der Genese von Handlungsvermögen (siehe dazu Grundmann; im Druck), was sich dann eben auch darin äußert, ob und wie der Reichtum in gesellschaftliche Wohlfahrtsaktivitäten konvertiert wird oder doch nur der Verfolgung privater Interessen dient.

Literatur

Druyen, T.; Lauterbach, W. und Grundmann, M. (Hrsg.), 2009: Vermögen in Deutschland. Zur gesellschaftlichen Bedeutung der Reichtums- und Vermögensforschung. Wiesbaden: VS-Verlag für Sozialwissenschaften.

Druyen, T., 2009: Entstehung und Verbreitung von Vermögenskultur und Vermögensethik. In: Lauterbach, W. und Grundmann, M. (Hrsg.): Vermögen in Deutschland. Zur gesellschaftlichen Bedeutung der Reichtums- und Vermögensforschung. Wiesbaden: VS-Verlag für Sozialwissenschaften: 29-44.

Grundmann, M. (im Druck). Entwicklung und Sozialisation von Handlungsbefähigung. Festschrift zum 80. Geburtstag von Wolfgang Edelstein, Berlin, Max-Planck-Institut für Bildungsforschung, 2009.

Grundmann, M., 2009: Handlungsvermögen und Wohlfahrtsproduktion – Was leisten Vermögende für die gesellschaftliche Wohlfahrt? In: Druyen, T.; Lauterbach, W. und Grundmann, M. (Hrsg.), 2009: Vermögen in Deutschland. Zur gesellschaftlichen Bedeutung der Reichtums- und Vermögensforschung. Wiesbaden: VS-Verlag für Sozialwissenschaften: 200-211.

Grundmann, M., 2008: Handlungsbefähigung – eine sozialisationstheoretische Perspektive. In: Otto, H.-U. und Ziegler, H. (Hrsg.): Capabilities – Handlungsbefähigung und Verwirklichungschancen in der Erziehungswissenschaft. Wiesbaden: VS-Verlag für Sozialwissenschaften: 131-142.

Grundmann, M., 2006: Sozialisation. Skizze einer allgemeinen Theorie. Konstanz: UTB

Kischel, Martina, 2009: Das gesellschaftliche Engagement von vermögenden Personen. In: Druyen, T.; Lauterbach, W. und Grundmann, M. (Hrsg.), 2009: Vermögen in Deutschland. Zur gesellschaftlichen Bedeutung der Reichtums- und Vermögensforschung. Wiesbaden: VS-Verlag für Sozialwissenschaften: 184-199.

Lauterbach, W. und Ströing, M., 2009: Wohlhabend, Reich und Vermögend. Was heißt das eigentlich? In: Druyen, T.; Lauterbach, W. und Grundmann, M. (Hrsg.), 2009: Vermögen in Deutschland. Zur gesellschaftlichen Bedeutung der Reichtums- und Vermögensforschung. Wiesbaden: VS-Verlag für Sozialwissenschaften: 13-28.

Sen, A., 1999: Development as Freedom. Oxford u.a.: Oxford University Press.

Über die Studie „Vermögen in Deutschland" und die vermögenskulturelle Zukunft

Thomas Druyen

Die vorliegende Publikation ist ein weiterer Beleg der Etablierung der Vermögensforschung. Das im Jahre 2002 von mir entwickelte Konzept der Vermögenskultur[1] wurde im Laufe der letzten Jahre in verschiedene Forschungsperspektiven aufgeteilt. Die laufenden Studien und Befragungen offenbaren Materialien und Einblicke in die vermögende Klientel, die eine immer pragmatischer werdende Kategorisierung erlauben. Es ist spannend und herausfordernd, die ursprüngliche Idee nun wissenschaftlich immer mehr zu präzisieren, um die verborgene Struktur des Reichtums, des Vermögens und der Vermögenden zu entschlüsseln. Zum gegenwärtigen Zeitpunkt kann die Vermögensforschung wie folgt differenziert werden:

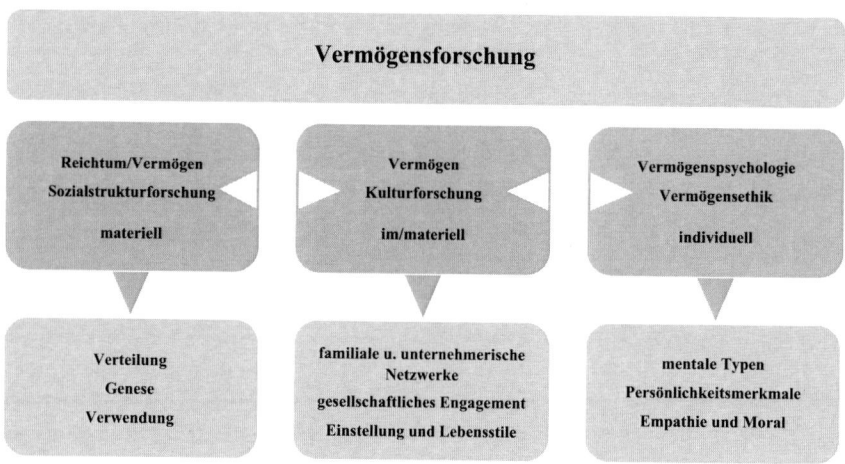

---

1   Siehe: Druyen, Thomas, 2007: Goldkinder. Die Welt des Vermögens. Hamburg: Murmann

Die Grafik verdeutlicht, dass die Vermögensforschung über den klassischen Rahmen der Reichtums- und Verteilungsforschung hinausgeht, um eben auch initiative und psychologische Faktoren aufzunehmen. In der Studie „Vermögen in Deutschland" wurde dieser Ansatz zum ersten Mal verwirklicht. Im Sinne der Vermögenskultur sollte diese Arbeit eben nicht mehr „Reichtum in Deutschland" genannt werden – stattdessen wurde das Vermögen ostentativ in den Mittelpunkt gerückt, um das dynamische Potenzial des Vermögensbegriffs nutzbar zu machen. Reichtum ist eben nur ein quantitativer Aggregatszustand, während dem Vermögen auch ein qualitativer Verwendungszusammenhang innewohnt. Vor diesem Hintergrund interagieren in unserer Studie die sozialstrukturell orientierte Reichtums- und die wertorientierte Vermögensforschung, um eine vernünftige Plattform für die zukünftigen vermögenskulturellen Studien zu schaffen.

Ist ein Buch erst einmal gedruckt, versinken die komplizierten Entstehungszusammenhänge meist in der Erinnerung. Auch in diesem Fall sind Leistungen anzuerkennen, die im Produkt selbst kaum sichtbar werden. Es beginnt damit, dass es nach wie vor nicht einfach ist, reiche Personen zu einer wissenschaftlichen Befragung einzuladen. In dieser Hinsicht sind wir TNS Infratest und Herrn Klaus Kortmann sehr dankbar, dass erfolgreich versucht wurde, die Grenzen des Erreichbaren nach oben zu verschieben. Die Studienstruktur und die Durchführung sind kräfteraubend, vor allem, wenn es sich um eine innovative Zusammenführung von klassischer Reichtumsforschung und neuer Vermögensforschung handelt. Bei der Lösung dieser tragenden Aufgabe haben sich Wolfgang Lauterbach und sein Team von der Universität Potsdam sehr verdient gemacht und zur Bewältigung dieser Pionierarbeit wesentlich beigetragen. Auch meinen Mitarbeitern vom Institut für Vergleichende Vermögenskultur und Vermögenspsychologie gebührt großer Respekt, haben sie sich doch zum ersten Mal dem Risiko ausgesetzt, den vermögenskulturellen Ansatz in mentale Vermögenstypen zu übertragen.

Grundsätzlich werden neue Forschungsintentionen immer kritisch beobachtet; und das ist auch gut so. Dennoch ist uns von der wissenschaftlichen Domäne viel Wohlwollen entgegengebracht worden, so dass wir uns auch in der Zukunft hoffentlich konstruktiv begleitet weiter bewegen werden. Die Vermögensforschung bedarf der interdisziplinären Kooperation und kann nur so effektiv sein, wie es Partner, kritische Reflektoren und vor allem die zu untersuchende Klientel erlaubt. In diesem Sinne gilt unser Dank natürlich und grundlegend all den Personen, die sich für diese Befragung zur Verfügung gestellt haben. Ebenso gilt die Verbundenheit unseren motivierenden Sponsoren, ohne deren Unterstützung diese Studie nicht umsetzbar gewesen wäre.

Im folgenden möchte ich skizzenhaft einige von Wolfgang Lauterbach und seinen Mitarbeitern Melanie Kramer, Miriam Ströing und Alexander Tarvenkorn erarbeitete Eckpunkte und Erkenntnisse der Studie zusammenfassen. Dies geschieht in enger Anlehnung an die vorgegebenen Texte. Im Sinne und gemäß der Logik der vorliegenden Reichtumspyramide[2] haben ungefähr 32 Prozent der deutschen Bevölkerung ein überdurchschnittliches Einkommen, sind aber nicht wohlhabend. Fast sieben Prozent generieren das Doppelte bis Dreifache des durchschnittlichen Einkommens, können demnach als wohlhabend bezeichnet werden. Über zwei Prozent verdienen mehr das Dreifache des Durchschnitts und gehören zu den sehr wohlhabenden Haushalten. Im Jahr 2008 lebten in Deutschland 810.000 HNWIs.[3] Dies entspricht, gemessen am damaligen Bevölkerungsstand (82.000.000) etwa einem Prozent der Bevölkerung.

Mit der vorliegenden Studie ist es gelungen, zum ersten Mal Haushalte mit einem frei verfügbaren Kapitalvermögen von mindestens 200.000 Euro standardisiert zu befragen. Die Aufteilung fand in drei relevante Gruppen statt: Einmal wurden Haushalte mit einem Vermögen zwischen 200.000 und 500.000 Euro (nachfolgend „*wohlhabend*"), zweitens Haushalte mit einem Vermögen zwischen 500.000 und 1.000.000 Euro (nachfolgend „*affluent*") und drittens Haushalte mit mehr als 1.000.000 Euro (nachfolgend „*HNWI*") untersucht. Der hier angesprochene große Studienteil wurde als quantitative Untersuchung[4] konzipiert. Es wurden annähernd 500 Haushalte mit insgesamt mehr als 800 Personen zu verschiedenen Lebensbereichen befragt, inklusive der Haushaltsvorstände und ihrer Partner.

Die Interviewten dieser Studie sind stärker als die Mittelschichten davon überzeugt, dass der Lebenszyklus sowie das Gelingen beziehungsweise Scheitern einer Biographie deutlich vom eigenen Handeln geprägt werden. Pauschalisiert kann man sagen: Reiche agieren mehr und sie reagieren weniger. Das ist natürlich kein Naturgesetz, sondern Ergebnis einer beobachteten Tendenz. Dazu gehört auch, dass vor allem eine akademische Ausbildung die Wahrscheinlichkeit zur Gruppe der *HNWIs* zu gehören, wesentlich erhöht. So bedingt ein Universitätsabschluss gegenüber einer Lehre die Chancenwahrscheinlichkeit um mehr als das Vierfache. Einen ebenso bedeutsamen Einfluss hat das Unternehmertum auf die Möglichkeit dieser Gruppe anzugehören.

Ebenso wurde konstatiert, dass die Gruppe der Reichen selbst nicht homogen ist. Auf der einen Seite unterscheiden sich die *Wohlhabenden* nur geringfügig von den *Affluents*. Die Unterschiede zwischen jenen, die ein frei verfügbares Kapital-

---

2   Vgl. Lauterbach/Kramer/Ströing, Abb. 3
3   Im Jahre 2010 sind es 860.000 HNWIs (High Net Worth Individuals).
4   Die vermögenskulturelle Fragestellung reflektiert in erster Linie qualitative Aspekte.

vermögen zwischen 250.000 und 500.000 Euro (wohlhabend) haben, und denjenigen, die über 500.000 und unter 1.000.000 Euro frei verfügbares Kapitalvermögen, sind nur geringfügig. Ab einer Höhe von 1.000.000 Euro frei verfügbarem Kapitalvermögen wird der Gruppenunterschied wesentlich deutlicher. Interessant ist die Tatsache, dass die in der Studie getroffene Unterscheidung zwischen *affluent* und *wohlhabend* eine klare Differenz in der Vermögenshöhe darstellt, in der Sozialstruktur jedoch nur marginale Unterschiede aufweist. Sozial- und persönlichkeitsspezifische Unterschiede wurden erst in der Gruppe der HNWIs wieder deutlich erkennbar. Diese Gruppe ist durch unternehmerische Aktivitäten, eine hohe akademische Ausbildung, ein höheres Alter im Haushaltskontext und durch kreative Neugierde gekennzeichnet. Dies sind Merkmale, die überwiegend *Reiche* von der gesellschaftlichen Mitte differenzieren. Zwar haben jene vorwiegend ein höheres Bildungsniveau als die Mittelschicht, sowohl durch schulische wie auch berufliche Bildung, aber das darüber hinaus erhöhte Bildungsniveau der HNWIs schlägt sich auch in höheren Berufsstellungen nieder. Die Befunde weisen allerdings auch darauf hin, dass hohe berufliche Positionen mit Verantwortungsübernahme und Entscheidungskompetenz in abhängiger Beschäftigung zwar vermehrt zu Wohlstand führen, aber ein frei verfügbares Kapitalvermögen von mehr als 1.000.000 Euro in prioritärer Weise durch freies und mitarbeiterintensives Unternehmertum erlangt wird. Die Ergebnisauswertung beantwortet die Ausgangsfrage der Studie, ob denn *Reiche* eine heterogene oder homogene Gruppe sind, weitgehend. Jene nach den hier benutzten Kriterien *Reiche*, unterscheiden sich zwar deutlich von der Mittelschicht, vor allem gemäß dem Bildungsniveau, und der Stellung im Beruf, aber ein deutlicher Unterschied hinsichtlich persönlicher Merkmale beginnt erst mit einem frei verfügbaren Kapitalvermögen von mehr als 1.000.000 Euro.

Die zentrale Suche nach der Engagementbereitschaft von Vermögenden ergab folgende Tendenz: 82 Prozent der Befragten engagieren sich entweder mit finanziellem Aufwand, mit zeitlichem Aufwand oder mit beidem. Dieser Anteil liegt deutlich höher, als dies anhand bestehender Befunde aus der Gesamtbevölkerung anzunehmen war. Etwa 36 Prozent der Deutschen sind ehrenamtlich aktiv und der Anteil jener, die Spenden steuerlich geltend machen können, liegt konstant bei etwa einem Drittel der Steuerpflichtigen. Offensichtlich erhöht Reichtum die Wahrscheinlichkeit, sich gesellschaftlich zu engagieren und Verantwortung zu übernehmen. Dabei sind die unter 45-Jährigen zu 71 Prozent gesellschaftlich aktiv, während die Befragten im Rentenalter (ab 65 Jahren) mit 87 Prozent klar dominieren. Es erscheint nicht wirklich überraschend, dass die Gruppe derjenigen, die in erster Linie durch Erbschaft, Börsengewinn oder Immobilienbesitz reich wurden, mit einigem Abstand den geringsten Engagementanteil verzeichnen. Jene

Befragten, die dokumentierten, vor allem durch Arbeit zu materiellem Reichtum gelangt zu sein, weisen mit 88 Prozent deutlich häufigere Aktivitäten auf. Dieses Ergebnis führt zur Vermutung, dass die persönliche Erfahrung durchaus mühevoll Reichtum zu erwerben, die Übernahme von Verantwortung für die Gesellschaft begünstigt. Dieser Eindruck wurde von den Befragten selbst oftmals bestätigt. Ein wesentlicher Faktor der Bereitschaft zum Engagement ist die Einstellung der einzelnen Bürger zur sozialen Verantwortung. Auch die Einbeziehung weiterer Kontrollfaktoren machte deutlich, dass verantwortungsbewusste Menschen fünfmal wahrscheinlicher ambitioniert sind als Andere.

Insgesamt gibt es natürlich vielfältige Optionen, Verantwortung zu operationalisieren. Hier wird in Zukunft die Tiefenschärfe unserer Analysen noch erhöht werden, um tiefergehende Kategorisierungen zu erarbeiten. Die hohe Resonanz in Bezug auf engagiertes Verhalten mit über 80 Prozent der Befragten bedarf in Zukunft einer weiteren Spezifizierung. Ein 45-prozentiger Anteil der Aktivitäten allein in Sportvereinen macht es unverzichtbar, zwischen Mitgliedschaft, Förderung, Aktivitätsformat oder bloßer Zugehörigkeit zu unterscheiden. Klar erkennbar ist aber, dass Geldspenden die mit Abstand am stärksten genutzte Variante gesellschaftlicher Verantwortungsübernahme sind. Knapp drei Viertel aller Befragten haben im Jahr vor der Befragung mindestens einmal Geld gespendet. Das entspricht 88 Prozent aller Engagierten. Es gilt nun zu hoffen, dass das hier vorgelegte Material universitär und gesellschaftlich genutzt wird, um dementsprechende Interpretationen, Vorurteilsanalysen und neue Fragestellungen zu erarbeiten.

Den neuen Fokus der Vermögenskultur hat die Arbeit von Tarek el Sehity und Anna Schor-Tschudnowskaja auf diese Studie gerichtet. Bei der Klärung der Handlungsfähigkeit einer Person im vermögenskulturellen Sinne, kann man von einer a priori Kategorisierung entsprechend des gezeigten Verhaltens – zum Beispiel soziales Engagement versus kein soziales Engagement – weitgehend absehen. Das Hauptaugenmerk legt die Vermögenskulturforschung auf das dem Handeln zugrundeliegende Selbst- und Weltbild der Menschen, um den Umgang mit vielfältigen Ressourcen in ihrem jeweiligen Kontext zu verstehen. Unter dieser Voraussetzung haben die Autoren systemische Erkenntnisse über mentale Charakteristika im Rahmen einer Typologisierung herausgearbeitet. Dieses vermögenspsychologische Modell erlaubt es, Handlungsgrundlagen, basierend auf psychologischen und soziologischen Konstrukten zu erfassen.

Dazu gehört die zu verinnerlichende Praxis, jene sozial-kognitiven Prozesse analytisch zu verorten, die dem Vermögensphänomen zugrunde liegen. Aus der Perspektive der Vermögenskulturforschung beginnt die differenzierte Betrachtung des Ressourcenreichtums auf der Ebene des individuellen Erlebens mit der entscheidenden Frage, ob der Ressourceneigentümer von jenen deutliche Kenntnis besitzt. Dieses Wissen um die Beschaffenheit einer Ressource impliziert auch ihre subjektive Bewertung unter Berücksichtigung der Ziele, die ihr Besitzer verfolgt: Unter der Bedingung, dass ein Eigentümer glaubt, seine Ziele mithilfe seiner Ressourcen erreichen zu können, koppelt er an diese Einsatzmöglichkeiten sein Interesse, sie zu besitzen, und generiert mit diesem Interesse an den Ressourcen auch ihren subjektiven Wert. In diesem Prozess werden die ersten Schritte zur psychologischen Aneignung vollzogen, und die Ressource kann im psychologischen Sinne als „eigene" verstanden und angeeignet werden. In diesem Zusammenhang gilt es festzuhalten, dass interne wie auch externe Ressourcen nicht als Vermögen in der oben dargestellten Begrifflichkeit gedacht werden können, wenn sie nicht persönlich als „eigene" wahrgenommen und erlebt werden. Diese psychologische Aneignung einer Ressource kann nicht einfach aus einem formal-vertragsrechtlichen Verhältnis zwischen einer Person und einer Ressource abgeleitet werden. Erst aus der kognitiven Perspektive entscheidet sich jene mentale Aneignungsleistung, ob jemand nicht nur aus institutioneller Sicht als rechtmäßiger „Eigentümer" einer Ressource erscheint, sondern, ob sie für ihn auch einen subjektiven Wert hat.

Dieser psychologische Aneignungsprozess und mit ihm die soziale Etablierung von Eigentum transformieren das gefahrenträchtige Abhängigkeitsverhältnis gegenüber materiellem Reichtum in einen eigenständigen und abgesicherten Modus. Nur so können Zugriffsmöglichkeiten auf die Ressourcen realisiert und Zugriffsrechte sozial etabliert werden. Die Möglichkeit ihrer Verwertung im Sinne ihres Zwecks, wie auch die soziale Absicherung ihrer Verfügbarkeit verweisen auf einen weiteren und für den Vermögenskulturansatz unverzichtbaren Prozess: die Verantwortungsübernahme. Für die Vermögenskulturforschung ist eine kombinierte soziale und kognitive Betrachtung der individuellen und der sozialen Dimension der Verantwortung signifikant, um den vermögenden Umgang mit den eigenen Ressourcen zu verstehen und zu definieren. Im Zuge der prospektiven Verantwortungsübernahme ist zu überprüfen, inwieweit die Verantwortlichkeit auf die potenziellen Effekte wirkt, die das Objekt der Verantwortung in der Zukunft verursachen kann. Hier besteht eine dominante kognitive Leistung in der kontinuierlichen Antizipation. Das vorgelegte Modell der vermögenskulturellen mentalen Typen betritt Neuland und hat experimentellen Charakter. Wir sehen allerdings in der konkreten Befragungsarbeit, dass diese psychologische Dimension von beträchtlicher Wertigkeit ist, da auch die Interviewten diese innere Prospektion annehmen und sowohl sich als auch uns auf diese Weise neue Reflexionsgrade eröffnen. Die weitere Verfeinerung und Überprüfung dieser Typologie sowie der psychologischen Aneignungsprozesse, die diesem Studienteil als theoretischer

Leitfaden dienten, um den Zusammenhang zwischen Vermögen und Verantwortung zu verdeutlichen, wird ein wichtiger Bestandteil kommender theoretischer und empirischer Vermögenskulturforschung sein.

Zum Abschluss möchte ich noch einen Ausblick vermitteln, der – nach ambitionierten Diskussionen mit den Autoren – die weitere Arbeit der vermögenskulturellen und vermögenspsychologischen Forschung andeutet. Im Umfeld der Organisationspsychologie hat in den letzten Jahren das Konzept der psychologischen Aneignung zunehmende Aufmerksamkeit erhalten.[5] Es konnte gezeigt werden, dass diese Konstruktion eine wichtige Bedeutung für die psychologische Kompatibilität hat, die einen Mitarbeiter an seine Organisation oder sein Unternehmen bindet.[6] Zusätzlich erklärt sich die Bedeutung und Sinnhaftigkeit, im Interesse des Unternehmens engagiert zu sein. In Analogie zum psychologischen Vertrag mit einer Organisation, einem Unternehmen oder einer Kultur stellen sich im Radius der Vermögenskultur wesentliche Fragen, die auch im übertragenen Sinne den „psychologischen Vertrag" oder die Kompatibilität des Vermögenden mit der Gesellschaft betreffen. Diese Zielrichtung orientiert sich durchaus an jenem „Gesellschaftsvertrag", der von den Theoretikern der Aufklärung erdacht wurde und zum Leitprinzip der zivilen Rechtsgesellschaft wurde. Demnach sind Erkundungen, die das erlebte Vertrauen des Vermögenden in die Gesellschaftskonstitution betreffen ebenso von zentraler Bedeutung wie die Einstellung zu Reputation und Status innerhalb der Gesellschaft. Dieser Blickwinkel gehört zu jenem Rahmen der Vermögenskulturforschung, der die kombinierte Betrachtung der individuellen und der sozialen Dimension der Verantwortung als zentralen Wert verinnerlicht hat.

Gesellschaftstheoretisch und psychologisch liegt aber auch die Frage nahe, wie viel Vermögen kognitiv möglich ist. Hans Jonas hat in seiner „Heuristik der Furcht"[7] die schiere Unfassbarkeit vieler auf große Zeitspannen angelegter Prozesse und zukünftiger Sachverhalte, die bereits heute einen verantwortungsvollen Umgang erfordern, thematisiert. Aus Sicht der Vermögenskultur sind diesbezüglich auch die Dimensionen einer kognitiven Überforderung zu erörtern, die sich nicht selten aus beruflich erforderlicher, aus selbstüberschätzend naiver oder aus unterlassener Verantwortungsübernahme ergeben. Der psychologische Aneignungsprozess erfordert kognitive Kompetenz, und diese ist nicht nur limitiert, sondern kann bisher auch kaum auf professionelle Lerninhalte zugreifen. Es ist sicherlich

---

5   Avey, J.; Avolio, B.; Crossley, C. und Luthans, F., 2008: Psychological Ownership: Theoretical Extensions and analysis of a multi-dimensional theory-based measure. In: Journal of Organizational Behavior 30: 173-191.

6   Ebenda

7   Jonas, H., 1979: Das Prinzip Verantwortung: Versuch einer Ethik für die technologische Zivilisation. Frankfurt am Main: Insel.

überzeichnet, von einem „Vermögensführerschein" zu sprechen. Aber dass es unverzichtbar ist, die Folgenabschätzung des eigenen und gesellschaftlichen Lebens nicht nur dem Zufall zu überlassen, bedarf keiner weiteren Begründung. An dieser kognitiven Schnittstelle wird existentielle Arbeit zu leisten sein, die ein Koordinatensystem der Verantwortung pragmatisch umsetzt. Dazu gehört auch abschließend auf die zentrale und verwirrende Bedeutung des Geldes selbst hinzuweisen. In diesem Zusammenhang ist die Frage zu stellen, wie weit sich Geldreichtum diametral zur Vermögenskultur verhält, da Geld lediglich Anspruch auf Eigentum, jedoch nicht auf Vermögen ist. Dem folgt die Überlegung, wie weit sich mit der quantitativen Dimension des Geldes auch seine qualitative Bedeutung wandelt. So bleibt noch zu klären, was das Geld dem Vermögenden bedeutet.

Der Anspruch dieser Auftaktstudie besteht darin, wissenschaftlich weiter in die Welt des Vermögens vorzudringen und vor allem in die bisher kaum erforschten Hochregionen, um eine gesellschaftlich nutzbare und konkrete Transparenz zu erzeugen. Je besser dies gelingen wird, umso konstruktiver kann auch der durch den demografischen Wandel unverzichtbar gewordene Dialog der Generationen geführt werden. Mit den zu verfeinernden Mitteln der Vermögens- und Vermögenskulturforschung wollen wir für dieses Ziel einen erkennbaren Beitrag leisten. Die hier vorgelegte Publikation mit einem vermögenskulturellen Zuschnitt wird im zweiten Schritt auf weitere deutschsprachige Länder ausgeweitet und soll dann auch in einigen europäischen Staaten fortgeführt werden. Diese geplante Kontinuität impliziert auch eine aus den gemachten Erfahrungen resultierende Optimierung der Fragenkonstellation. Jedes Feedback nehmen wir ernst, um dadurch die grundlegende Kompetenz zu erhöhen, die nicht nur der Wissenschaft selbst, sondern vor allem der Gesellschaft dienen soll.

Verzeichnis der Autorinnen und Autoren

Dr. Thomas Druyen ist Professor für vergleichende Vermögenskultur und Vermögenspsychologie und Direktor des gleichnamigen Institutes (IVV) an der Sigmund Freud PrivatUniversität Wien.
Sigmund Freud PrivatUniversität Wien · Institut für Vergleichende Vermögenskultur und Vermögenspsychologie (IVV)
Schnirchgasse 9a · A-1030 Wien
thomas.druyen@sfu.ac.at

Dr. Tarek el Sehity ist Assistenzprofessor am Institut für vergleichende Vermögenskultur und Vermögenspsychologie (IVV) der Sigmund Freud PrivatUniversität Wien.
Sigmund Freud PrivatUniversität Wien · Institut für Vergleichende Vermögenskultur und Vermögenspsychologie (IVV)
Schnirchgasse 9a · A-1030 Wien
tarek.el-sehity@sfu.ac.at

Dr. Matthias Grundmann ist Professor am Institut für Soziologie der Westfälischen Wilhelms-Universität Münster.
Westfälische Wilhelms-Universität Münster · Institut für Soziologie
Scharnhorststraße 121 · D-48151 Münster
matthias.grundmann@uni-muenster.de

Melanie Kramer, M.A. ist wissenschaftliche Mitarbeiterin im Profilbereich Bildungswissenschaften an der Universität Potsdam.
Universität Potsdam · Humanwissenschaftliche Fakultät · Arbeitsbereich sozialwissenschaftliche Bildungsforschung
Karl-Liebknecht-Straße 24-25 · D-14476 Potsdam/Golm
melanie.kramer@uni-potsdam.de

Dr. Klaus Kortmann ist Leiter des Arbeitsbereichs „Sozialpolitische Forschung" bei TNS Infratest Sozialforschung.
TNS Infratest Sozialforschung · Arbeitsbereich Sozialpolitische Forschung
Landsberger Straße 338 · D-80687 München
klaus.kortmann@tns-infratest.com

Dr. Wolfgang Lauterbach ist Professor für sozialwissenschaftliche Bildungsforschung im Profilbereich Bildungswissenschaften der Universität Potsdam und Leiter der Studie „Vermögen in Deutschland" (*ViD*).

Universität Potsdam · Humanwissenschaftliche Fakultät · Arbeitsbereich sozialwissenschaftliche Bildungsforschung
Karl-Liebknecht-Straße 24-25 · D-14476 Potsdam/Golm
wolfgang.lauterbach@uni-potsdam.de

Anna Schor-Tschudnowskaja, M.A. ist wissenschaftliche Mitarbeiterin am Institut für Vergleichende Vermögenskultur und Vermögenspsychologie (IVV) der Sigmund Freud PrivatUniversität Wien.

Sigmund Freud PrivatUniversität Wien · Institut für Vergleichende Vermögenskultur und Vermögenspsychologie (IVV)
Schnirchgasse 9a · A-1030 Wien
anna.schor-tschudnowskaja@sfu.ac.at

Miriam Ströing, M.A. ist wissenschaftliche Mitarbeiterin im Profilbereich Bildungswissenschaften an der Universität Potsdam.

Universität Potsdam · Humanwissenschaftliche Fakultät · Arbeitsbereich sozialwissenschaftliche Bildungsforschung
Karl-Liebknecht-Straße 24-25 · D-14476 Potsdam/Golm
stroeing@uni-potsdam.de

Alexander Tarvenkorn, M.A. ist wissenschaftlicher Mitarbeiter im Profilbereich Bildungswissenschaften an der Universität Potsdam.

Universität Potsdam · Humanwissenschaftliche Fakultät · Arbeitsbereich sozialwissenschaftliche Bildungsforschung
Karl-Liebknecht-Straße 24-25 · D-14476 Potsdam/Golm
alexander.tarvenkorn@uni-potsdam.de

Dr. Rüdiger von Rosen ist geschäftsführendes Vorstandsmitglied des Deutschen Aktieninstituts und Honorarprofessor am Fachbereich Wirtschaftswissenschaften der Johann Wolfgang Goethe-Universität Frankfurt.

Deutsches Aktieninstitut e.V.
Niedenau 13-19 · D-60325 Frankfurt am Main
rosen@dai.de